Albus / Schellenberger

Glaubens A und O

Michael Albus
Bernardin Schellenberger

Glaubens A und O

Patmos Verlag Düsseldorf

Die Deutsche Bibliothek – CIP-Einheitsaufnahme
Albus, Michael:
Glaubens A und O / Michael Albus / Bernardin Schellenberger. –
1. Aufl. – Düsseldorf : Patmos-Verl., 1995
ISBN 3-491-77973-1
NE: Schellenberger, Bernardin:

1. Auflage 1995
Umschlagbild: © Borislav Sajtinac
Druck und Bindung: Offizin Andersen Nexö, Leipzig
ISBN 3-491-77973-1

Inhalt

Vorwort

ABC — Der Glaube liegt im Schnee. Und es gibt mancherlei Versuche — mehr an den Rändern der Kirche als in ihrer Mitte oder gar an ihrer Spitze —, einen neuen Frühling des Glaubens sprießen zu lassen.

Eher wird gegenwärtig »drinnen, hinter verschlossenen Türen« versucht, ängstlich die Tradition — oder das, was man darunter versteht — zu bewahren, als sie lebendig werden zu lassen. Aber so ist kein Glaube zu machen — auch keine Kirche mehr.

Da kann der Welt-Katechismus auf den Markt geworfen werden, da kann der Papst versuchen, »die Schwelle der Hoffnung zu überschreiten« mit einem organisierten Bestseller, da können millionenteure PR-Aktionen — mit Kirchensteuergeldern versteht sich — in Gang gesetzt werden: In Wirklichkeit bleiben solche Versuche Glaubens-Laden-Hüter und versanden und versacken nach den herrschenden Marktgesetzen ziemlich schnell.

Worum geht es uns mit unserem Buchstabierversuch?

Wir sind beide recht kritisch gegenüber der katholischen Kirche eingestellt, wie sie sich derzeit gebärdet, ihre Glaubwürdigkeit verspielt und darin versagt, den Menschen von heute hilfreiche Lichter aufzustecken. Aber von Kritik allein kann man nicht leben. Verlegt man sich zu sehr darauf, so vergiftet sie einen selbst. Aus diesem Grund haben wir uns gesagt: Versuchen wir doch einfach, etliche Grundbegriffe unserer katholischen Tradition frisch durchzubuchstabieren. Probieren wir, eine andere Sprache zu finden für die Werte und Inhalte, die uns kostbar und wichtig sind und aus denen wir selbst leben. Natürlich bleibt das eine unvollkommene Sache, eine Buchstabiererei. Wir mußten uns beschränken und haben nach intensiven Gesprächen beschlossen, für jeden der 26 Buchstaben des Alphabets die uns wichtigsten Stichworte zu wählen. Die Arbeit an den Stichworten haben wir uns hälftig geteilt und dann alle gemeinsam bearbeitet.

Sachlich gäbe es natürlich zu manchen Buchstaben zehn wichtige Stichwörter und mehr, zu manchen nur eines. Andererseits ist eine Glaubensüberzeugung innerlich so vernetzt, daß es im Grunde zweitrangig ist, über welche Buchstaben man in das Netz einsteigt: Man gerät auf jeden Fall ins Ganze hinein und findet in jedem Stichwort weitere ausgelassene Stichwörter. Schon das zu entdecken war reizvoll.

Natürlich glauben wir nicht, jetzt die »neue« Sprache gefunden zu haben. Es bleibt ein Buchstabierversuch, der anregen, inspirieren möchte, selbst weiterzubuchstabieren und ungeschminkt den Glauben zur Sprache zu bringen. Das wird immer notwendiger, meinen wir, denn immer mehr ungetaufte Kinder wachsen auf, die von Gott, Christentum und Kirche wenig oder gar nichts wissen. Und mit der vielbeschworenen Weitergabe des Glaubens ist es auch nicht gerade bestens bestellt. Aber dieser Glaube ist uns zu kostbar, als daß man den Mund halten und ihn als Museumsartikel in den Regalen der Kirchenmänner verstauben lassen sollte. Vielleicht werden sich manche über unseren Versuch ärgern. Solange sie nicht mehr Geist entwickeln, müssen sie sich etwas ärgern lassen. Wer sich ärgert, kann ja gleich damit beginnen, sein eigenes Glaubensalphabet durchzubuchstabieren.

Michael Albus
Bernardin Schellenberger

Abstinenz

Unter »Abstinenzlern« versteht man landläufig Menschen, die keinen Alkohol trinken. Neuerdings spricht man auch von »abstinenten Christen« oder »abstinenten Katholiken«. Das sind keine tief religiös motivierten Antialkoholiker, sondern Menschen, die sich des Sonntagsgottesdienstes und der Sakramente enthalten. In diesem Sinn leben inzwischen weitaus die meisten Katholiken hierzulande »abstinent«.

Solche Art Abstinenz entstammt gewöhnlich nicht einem vorsätzlichen Entschluß, sondern die Betreffenden sind entweder unmerklich darin hineingeglitten oder durch bestimmte Geistliche hineingetrieben worden. Diese Art von Abstinenz hat den Beigeschmack des Alleingelassenwerdens oder des Verlorenhabens. Man kann ihr auch durch Gleichgültigkeit und Trägheit verfallen.

Im Gebrauch der katholischen Kirche hatte »Abstinenz« bislang jedoch eine andere, spezielle Bedeutung. Gemeint waren damit weder abständige Kirchenmitglieder noch der Verzicht auf Alkohol, welchem die katholische Kirche nie ganz abhold war, verwendet sie doch den Wein für ihr zentrales Sakrament des Abendmahls. Nein, Abstinenz bedeutete den Verzicht auf Fleisch, gegen das sie in vielerlei Hinsicht schon immer die größeren Vorbehalte hatte. Der Freitag galt als »Abstinenztag«, markiert durch das »Freitagsgebot«. Am Freitag kein Fleisch zu essen war jahrhundertelang genauso der Inbegriff des Katholischseins, wie für unsere türkischen Mitbürger das Meiden von Schweinefleisch der Inbegriff des Moslemseins ist. Gar am *Karfreitag* Fleisch zu essen war eine nahezu unvorstellbar schlimme Sünde.

Es gibt heute noch Klöster, in denen konsequent nie Fleisch gegessen wird. Sogar Fisch oder Eier gibt es nur an höchsten Feiertagen (z. B. zwei Rollmöpse zu Ostern oder zwei hartgekochte Eier zu Weihnachten). Woher diese »Abstinenzvorschrift« stammt, weiß man nicht mehr recht; es war schon immer so gewesen. In österreichischen Klöstern — etwa in St. Peter in Salzburg — arrangierte man sich mit der Vorschrift, daß es im Speisesaal nie Fleisch geben dürfe, auf architektonische Weise (weil Mönche ohnehin immer gern bauen): Man baute einen zweiten, inoffiziellen Speisesaal, in dem man an den Tagen tafelte, an denen man Lust auf Fleisch hatte. So blieb die Regel voll gewahrt.

Das Wort »Abstinenz« stammt aus dem Lateinischen und setzt sich aus der Vorsilbe »abs« und dem Tätigkeitswort »tenere« zusammen. »Tenere« heißt »halten, festhalten«, »abs« bedeutet, daß man mit dem Festhalten aufhört, daß man sich »ent-hält«. Abstinenz hat also mit innerer Freiheit zu tun: Man kann loslassen, kann auf etwas verzichten.

Es ist eine Verkehrung, wenn »Enthaltung« zwanghaft wird, zum Gesetz und Tabu ausartet. Damit wird die Freiheit wieder zunichte gemacht, um derentwillen Abstinenz sinnvoll ist.

Die Freiheit in der Form der Abstinenz hat mit Askese (aus dem Griechischen: »Übung«, »Training«) zu tun, mit bewußtem Entschluß, und zwar aus einer bestimmten Vision der Wirklichkeit und des Lebens heraus.

Ein biblischer Grund für den Fleischverzicht

Die Bibel in ihrer Bildersprache sagt, das Töten von Tieren sei eine Folge des Sündenfalls und der Schlechtigkeit der Menschen. Am Anfang sei das nicht so gewesen. Als Gott das erste Menschenpaar erschuf, sagte er:

> Hiermit übergebe ich euch alle Pflanzen auf der ganzen Erde, die Samen tragen, und alle Bäume mit samenhaltigen Früchten. Euch sollen sie zur Nahrung dienen.
>
> *(Genesis 1,29)*

Adam und Eva im Paradies waren also Vegetarier. Erst als Noach und seine Söhne nach der Sündflut aus der Arche stiegen, führte Gott eine neue Diät ein und sprach:

> Furcht und Schrecken vor euch soll sich auf alle Tiere der Erde legen, auf alle Vögel des Himmels, auf alles, was sich auf der Erde regt, und auf alle Fische des Meeres; euch sind sie übergeben. Alles Lebendige, das sich regt, soll euch zur Nahrung dienen. Alles übergebe ich euch wie die grünen Pflanzen.
>
> *(Genesis 9,2–3)*

Aus diesen mythischen Geschichten leiteten die frühen christlichen Mönche ab, »paradiesische«, »neue« Menschen — die sie sein wollten — seien Vegetarier und verzichteten auf alle Gewalttätigkeit gegenüber anderen Lebewesen. Der Gedanke, andere Geschöpfe umzubringen, um sich von ihnen zu ernähren, also ihr Dasein auf Aggression und Töten zu gründen, war ihnen zuwider. Kindern ist er das heute noch, wenn sie die liebevoll hochgepäppelten Stallhasen oder das Hausschwein verspeisen sollen. Wahrscheinlich gäbe es ungemein viele Vegetarier, wenn wir jeweils beim Schlachten der Tiere dabeisein müßten (vom

Selberschlachten gar nicht zu reden), die wir in Form schmackhafter Fleisch- und Wurstwaren zu uns nehmen. Können wir mit unserer Lebenspraxis je wieder hinter Noach und seine Söhne zurück: daß die Tiere nicht mit »Furcht und Schrecken« vor uns davonlaufen? Einzelne Menschen haben das anscheinend fertiggebracht. Es gibt zahlreiche Bilder und Überlieferungen, wie Eremiten einträchtig mit wilden Tieren zusammenhausen, etwa Hieronymus mit einem Löwen. Besonders amüsant ist die Geschichte von dem irischen Eremiten, bei dem ein Fuchs einzog und versuchte, wie sein Menschenfreund vegetarisch zu leben. Aber er bekam solche Magenschmerzen, daß er schließlich nicht mehr anders konnte, als wenigstens die Sandalen des heiligen Mannes zu verspeisen.

Nun steckt allerdings hinter der Abstinenz aus Liebe zur Gewaltlosigkeit mehr als nur ein bißchen rührende Tierliebe. Der konsequente Verzicht auf Gewalt ist etwas Todernstes. Vielleicht hängt von ihm auf lange Sicht der Fortbestand der Menschheit ab, denn wenn wir nicht im privaten wie im politischen Bereich lernen, zur Konfliktlösung andere Mittel als diejenigen der Gewaltanwendung zu finden, wird unser Globus allmählich zur Hölle. Die Menschen rücken ja auf der Erde immer enger zusammen, wodurch sich das aggressive Potential zusehends erhöht, wenn ihm nicht mit einer neuen Geisteshaltung gegengesteuert wird.

Die Gewaltlosigkeit ist nicht primär ein Kampf gegen den anderen, sondern in erster Linie ein Ringen mit sich selbst. Die Gewaltanwendung beruht auf einer Reihe von Illusionen über uns selbst und die Welt, in der wir leben. Die Gewaltlosigkeit setzt nicht bei der Gewalt an, die es bereits in der Welt gibt, so daß sie sich ohne weitere Gewalt dieser Gewalt widersetzte. In Wirklichkeit setzt sie beim Widerstand gegen unser eigenes insgeheimes Fasziniertsein von faschistischen oder totalitären Lebensentwürfen an. Sie richtet sich gegen unsere eigene Gewalttätigkeit, unseren Fanatismus und unsere Gier. Sie beginnt als ein Akt der Bewußtwerdung, als spirituelle Suche, als engagierte Lebensweise. Der Feind ist nicht der andere, sondern die Tendenz in jedem von uns, den anderen auszugrenzen und uns selbst zur Norm und zum Fixpunkt menschlichen Verhaltens zu machen. Gewaltlosigkeit ist eine zeitgenössische und politische Form der Kontemplation, eine moderne Form der Mystik mit weitreichenden sozialen Konsequenzen.

(Anthony Padovano, Gedanken Thomas Mertons zitierend)

So sind wir über die scheinbar überholte Übung der Abstinenz vom Fleischgenuß auf eine höchst aktuelle Form der Askese gekommen. Sich um »Abstinenz« zu bemühen, das hieße heute praktisch, sich ein Stück Freiheit von seinen eigenen und von allen eingeimpften Zwängen (aber wo ist da genau der Unterschied?) zu erkämpfen. Sie alle aufzuzählen ist hier nicht nötig. Ansatzpunkte findet jeder allein genug.

Angst

Mit Angst kommen wir in dieses Leben, mit Angst gehen wir in unseren Sterbeprozeß hinein. Ungefähr in der 36. Woche wird es dem Fötus im Mutterleib angst und bange. Da drinnen wird es ihm zu eng, er sucht das Weite: Er kommt in die Welt heraus, oder richtiger, er wird herausgepreßt.

Diese Erfahrung von Enge, die Angst erzeugt, und von Weite, die Befreiung verspricht, macht der Mensch im Leben immer wieder. Wenn er sie durchsteht und die jeweilige angstvolle Enge passiert, fühlt er sich wie neugeboren.

Ängste stellen sich an entscheidenden Durchbruchstellen in der Lebensgeschichte ein. Angst kann sich alltäglich äußern in Form von Lampenfieber, Prüfungsangst, Aufregung vor Begegnungen mit bestimmten Menschen. Ist der befürchtete Augenblick gekommen und besser bestanden als erwartet, dann hat der Mensch ein Mehr an Leben, an Fülle, an Erfahrung gewonnen.

Genau dasselbe, so dürfen wir glauben, blüht dem, der die allerletzte Angst durchlebt, nein, durchstirbt: daß ihm eine Neugeburt blüht. Die wiederholte Erfahrung, aus Ängsten neu geboren worden zu sein, kann das Vertrauen stärken, auch diese letzte Angst werde nicht anders verlaufen.

Angst gehört zu jedem sinnvollen Leben, zu jedem Leben, das sich weiterentwickeln und reifen will.

Sören Kierkegaard, einer der großen Theoretiker (und wohl auch Praktiker) der Angst, hat gesagt:

Dies ist ein Abenteuer, das jeder Mensch zu bestehen hat: Angst haben zu lernen, damit er nicht verloren sei, entweder dadurch, daß ihm nie angst gewesen ist, oder dadurch, daß er in der Angst versinkt; wer daher gelernt hat, auf die rechte Weise Angst zu haben, der hat das Höchste gelernt . . .
Angst ist das Schwindelgefühl der Freiheit. Sollte einer meinen, es sei eben das Große an ihm, daß er nie Angst gehabt habe, so werde ich ihm mit Freuden meine Erklärung dafür eröffnen: das kommt, weil er sehr geistlos ist.

In unserer Gesellschaft allerdings gilt Angst als etwas Nichtseinsollendes. Einer, der Angst hat, gilt als armes Opfer oder als Angsthase.

Horst Eberhard Richter hat in diesem Zusammenhang beobachtet, in unserer Gesellschaft sei eine ganz neue Moral entstanden. Er nennt sie die »Okay-Moral«:

Man will nicht mehr erschrecken, so wie man andere nicht mehr erschrecken darf. Man lächelt einander zu, so wie es auf hunderttausend Reklamepostern und Fernsehspots nur strahlend unbekümmerte und gesunde Gesichter gibt. Sympathisch ist, wer sich als fit und munter inszenieren kann und seine Umgebung entsprechend ansteckend aufmuntert. Jeder des anderen Entertainer — das wäre der Idealzustand.
Wer offen zeigt, daß er Kummer, Schmerz oder Angst hat, sollte lieber nicht unter die Leute, besser gleich zum Lebensberater, Arzt, Psychotherapeuten oder in ein Sanatorium gehen. Natürlich soll für Kranke, Behinderte, Gebrechliche gesorgt werden. Aber man will davon möglichst wenig sehen. Was man nicht sieht, stört nicht die Selbstsicherheit, die man sich und anderen vormacht.

(Horst Eberhard Richter, Umgang mit der Angst)

Damit wir uns in angstfreier Sicherheit wiegen können, haben wir eine gigantische Beschwichtigungs- und Zerstreuungsindustrie aufgebaut. Sie beschäftigt auf allen Ebenen Animatoren und Verdrängungshelfer. Sie alle lehren positives Denken, von den Showmastern im Fernsehen bis zu den großen und kleinen politischen Schwätzern. Die Mühlen dieser Beschwichtigungsindustrie zertrümmern und zermahlen für den Zeitgenossen jedes noch so schwerwiegende Problem und bereiten es ihm genießbar auf. Wir werden alles in den Griff kriegen, sagen die Beschwichtiger unablässig — und wir hören sie ja nur zu gern so reden, um keine Angst zu kriegen. Das Elend im überbevölkerten Süden, das Schwinden des Ozonfilters, der Klimaschock, Tschernobyl, das Sterben der Meere und der Böden, die Naturzerstörung ganz allgemein, die Risiken der Atomwirtschaft — all das wird ein Heer von Fachleuten und Wissenschaftlern schon unter Kontrolle bekommen, wird uns eingeredet. Alles ist machbar, jede Sorge um unsere gemeinsame Zukunft ist übertrieben. Glaubt zuversichtlich an die Experten! Laßt euch von den Pessimisten und Panikmachern nicht das Leben vermiesen! Zuversicht ist Pflicht, Angst ist verboten oder jedenfalls unschick. Für die Wohlstandsschicht auf dem Globus gehört es sich nicht, sie zu haben.

So lebt eine Schicht von Bevorzugten in ständiger Abwehr ihrer Sorgen und Zweifel.

Allerdings ist das Okay-Spiel alles andere als eine friedliche Angelegenheit. Es ist eine Kultur der Unbarmherzigkeit. Die im Kult der Stärke und des Angsttabus vereint sind, zehren von der Ohnmacht der Verlierer — das sind die in den Schatten verdrängten Schwachen, die Bedrückten, die Armen und die Gebrechlichen. In dieses Schattenreich entsendet die Okay-Gesellschaft psychosoziale und medizinische Dienste, Nothilfeorganisationen, Spenden, Modellprojekte. Aber eine unsichtbare Mauer hält diese Ohnmächtigen auf Distanz.

(Richter, a. a. O.)

Das äußere Sich-Abschotten unserer Wohlstandsgesellschaft, etwa ganz konkret der Festung Europa, an der wir gerade bauen, entspricht dem inneren Sich-Abschotten vor allem Negativen, etwa der Angst. Wir überspielen sie. Am ehesten salonfähig ist noch die narzißtische, ichbezogene Angst. Wenn jemand sagt, er habe Angst davor, alleingelassen, krank, pflegebedürftig, geistesverwirrt zu werden, oder Angst vor dem Sterben, dann versteht das jeder. Aber die Angst um unsere gemeinsame Zukunft wirkt eher ärgerlich.

Und das, obwohl — oder vielleicht gerade weil — wir mehr oder weniger deutlich alle ahnen, daß es nicht mehr lange so weitergehen kann mit der aufwendigen Lebensart, mit der wir unseren Planeten ausplündern.

So ersparen wir uns die Angst, die nötig wäre, damit wir uns energisch zu rettender Vorsorge aufraffen.

In Wirklichkeit hätten wir kreative Angst bitter nötig.

Habe keine Angst vor der Angst, habe Mut zur Angst. Ängstige deinen Nachbarn wie dich selbst.

Freilich muß diese unsere Angst eine von ganz besonderer Art sein:

eine *furchtlose* Angst, da sie jede Angst vor denen, die uns als Angsthasen verhöhnen könnten, ausschließt;

eine *belebende* Angst, da sie uns, statt in die Stubenecken hinein, in die Straßen treiben soll;

eine *liebende* Angst, die sich *um* die Welt ängstigen soll, nicht vor dem, was uns zustoßen könnte.

(Günther Anders)

Alle unsere Ängste beziehen sich im Wesentlichen darauf, in unserem Dasein beeinträchtigt, beraubt zu werden: die Angst vor dem Verarmen, Verhungern, Krankwerden, Altern, Versagen, Vereinsamen. Alleingelassenwerden,

Schuldig- (und damit Angreifbar-, In-Frage-Gestellt- und Verurteilt-)Werden und schließlich vor dem Sterben.

Man müßte schon Gott sein, um sich seines Daseins absolut sicher zu sein. Aus dem Grund besteht die Ur-Versuchung des Menschen in der Illusion, *zu werden wie Gott*. Die Bibel erzählt auf ihren ersten Seiten, der Mensch sei dieser Ur-Versuchung tatsächlich verfallen. Wir sind in unserer Zeit die Zeugen des gigantischen, wahnsinnigen Versuchs der Menschheit, gottgleiche Qualitäten anzunehmen: allgegenwärtig zu werden durch immer schnellere Kommunikationsmittel, allmächtig durch immer weiter vorangetriebene Technik und Rüstung und Wissenschaft, unsterblich durch die Ausmerzung von Krankheit und Tod, absolut autonom durch die Aufhebung auch der letzten Tabus und den Anspruch, selbst über Gut und Böse zu befinden.

Was wäre die Alternative? Die Alternative wäre ein unbedingtes Vertrauen in ein absolutes Gegenüber des Daseins. Einfacher gesagt: Die Alternative wäre, daß der endliche Mensch sich einem unendlichen, ewigen Gott anvertrauen könnte; daß er wissen und spüren könnte: Ich bin zwar endlich und vergänglich und verletzlich, aber ich bin gehalten und getragen in alle Ewigkeit von einer unendlichen, bleibenden, unzerstörbaren Liebe.

Die Angst der Existenz beruhigt sich nur durch das Vertrauen in die Liebe einer anderen Person. Diese Person aber kann nie ein Mensch, sondern nur Gott allein dem Menschen sein. Die Angst, die im Menschen liegt, ist grenzenlos; niemand, der nicht selbst unendlich ist, vermag der Unendlichkeit der Angst vor der Grenzenlosigkeit des Nichts rettend und heilend standzuhalten.

(Eugen Drewermann)

Allerdings: sich so auf Gott einzulassen und sich ihm anzuvertrauen, das würde *Demut* erfordern: Wir müßten unsere Selbstherrlichkeit aufgeben und die Fähigkeit entwickeln, uns hinzugeben, uns anzuvertrauen.

Aber seit langem sind die Menschen aus dieser Beziehung herausgefallen. Und je weiter sie sich in ihre Selbstherrlichkeit verrennen und ihre Endlichkeit zu einer Pseudo-Unendlichkeit aufblähen, desto mehr sind sie von der Angst getrieben, jemand könnte mit einer Nadel in diesen Luftballon der Illusionen stechen. Folglich lassen sie immer weniger jemanden an sich heran. Die Angst zerstört schließlich jedes Vertrauen. Die Angst macht eng, verkrampft, verschließt jede Offenheit, und schließlich findet keinerlei erlösende Zuwendung mehr einen Zugang.

Aber trotzdem — und das ist die Grundbotschaft der Bibel — sind wir nicht endgültig verloren. Wir sind es nicht, weil Gott dem Menschen nachgegangen ist, bis in seine Angst hinein, um ihn dort herauszuholen.

Von Jesus Christus, dem Menschgewordenen, sind nicht viele menschlich-allzumenschliche Regungen überliefert. *Ein* Gefühl jedoch, und ein negatives sogar, wird bei ihm ganz eindeutig und ausführlich beschrieben: seine Angst, seine Todesangst im Garten Getsemani.

In der katholischen Tradition, zumal der Barockzeit, gibt es eine ausgeprägte eigene Andachtsform zu dieser Todesangst Jesu; viele Ölberg-Darstellungen erinnern daran. Unzähligen Menschen hat der Blick auf ihn gezeigt: Ich bin nicht allein mit meiner Angst. Er ist mit mir darin, ist mit seiner »Angst und Pein« bei mir, von der in den alten Kirchenliedern oft die Rede ist, am eindrücklichsten wohl in dem Vers von Paul Gerhardt:

Wenn mir am allerbängsten
wird um das Herze sein,
dann reiß mich aus den Ängsten
kraft deiner Angst und Pein.

(Gotteslob, Nr. 179)

Aus Angst muß man »gerissen« werden. »Bewältigen« kann man sie nicht. Man wird aus ihr »gerissen« nicht durch die göttliche Übermacht eines himmlischen Christus, sondern im Gegenteil durch Christi irdische, zutiefst menschliche »Angst und Pein«.

Vielleicht sind alle Ängste Wehen einer geheimnisvollen Geburt, vielleicht naht die Geburt schneller, wenn mehr Angst getragen und angenommen wird.

APOKALYPSE

Das Wort »Apokalypse« ist neuerdings wieder im Repertoire unserer Umgangssprache. Etwas Furchtbares, Schreckliches, das uns widerfährt, bezeichnen wir als apokalyptisch. Es eignet sich sogar für Filmtitel: »Apocalypse now«. Der Begriff ist eindeutig negativ besetzt. Sieht man ihn jedoch genauer an, dann verändert sich das Bild.

Apokalypse heißt ursprünglich Enthüllung, Offenbarung. Was — noch — im Verborgenen liegt, wird enthüllt, kommt ans Licht. Das kann langsam, nach und nach geschehen oder plötzlich. Es kann Untergang und Aufgang zugleich sein. Es kann Katastrophe sein, die sich zum Guten oder zum Schlechten wendet. Erst in der Enthüllung, in der Apokalypse selber, offenbart sich der tiefere Sinn eines Geschehens.

Der Apostel Paulus sagt das damit Gemeinte so:

Als ich ein Kind war,
redete ich wie ein Kind,
dachte wie ein Kind
und urteilte wie ein Kind.
Als ich ein Mann wurde,
legte ich ab, was Kind an mir war.
Jetzt schauen wir in einen Spiegel
und sehen nur rätselhafte Umrisse,
dann aber schauen wir von Angesicht zu Angesicht.
Jetzt erkenne ich unvollkommen,
dann aber werde ich ganz erkennen,
so wie ich auch ganz erkannt bin.

(1 Korinther 13,11 f.)

Apokalypse ist etwas Dynamisches, etwas Kraftvolles. Ihr liegt eine menschliche Urerfahrung zugrunde: daß wir Zeit unseres Lebens — und vielleicht darüber hinaus, wer weiß? — erst noch das werden, was wir sein sollen, daß wir Menschen Wesen des Fortschritts sind, niemals wirklich stehenbleiben können, auch wenn wir uns mit aller Macht gegen jede Veränderung in uns und außerhalb von uns wehren.

Insofern ist Apokalypse auch Trennung und Abschied von jeweils Altem, Durchlebtem, ist Einstieg in eine neue Form des Daseins. Man kann das auch ganz körperlich verstehen: Unser Leben von Zeugung und Geburt bis zu Sterben und Tod ist eine einzige Apokalypse, in der unser wahres Sein enthüllt und offenbar wird.

Apokalypse hat etwas Schwebendes an sich. In der Regel bleibt der Kern der Verwandlung bis zum Schluß verborgen.

Wolle die Wandlung.
O sei für die Flamme begeistert,
drin sich ein Ding dir entzieht, das mit Verwandlungen prunkt;
Jener entwerfende Geist, welcher das Irdische meistert,
liebt in dem Schwung der Figur nichts wie den wendenden Punkt.
Was sich ins Bleiben verschließt, schon ists das Erstarrte;
wähnt es sich sicher im Schutz des unscheinbaren Grau's?
Warte, ein Härtestes warnt aus der Ferne das Harte.
Wehe —: abwesender Hammer holt aus!
Wer sich als Quelle ergießt, den erkennt die Erkennung;
und sie führt ihn entzückt durch das heiter Geschaffne,
das mit Anfang oft schließt und mit Ende beginnt.
Jeder glückliche Raum ist Kind oder Enkel von Trennung,
den sie staunend durchgehn. Und die verwandelte Daphne
will, seit sie Lorbeern fühlt, daß du dich wandelst im Wind.

(Rilke, Sonette an Orpheus)

In der Geschichte des Christentums spielt das Wort eine wichtige Rolle. Das letzte Buch des Neuen Testaments ist die Apokalypse des Johannes, die sogenannte Geheime Offenbarung. In großen Bildern und Visionen wird der Sinn der damaligen Zeit und der Zeiten, der Äonen, enthüllt. Siegel werden geöffnet, das Buch des Lebens wird entschlüsselt, Kriege, Drachen, Verfolgungen und Untergänge beherrschen die Szene. Am Ende siegt der Herr der Welt und befreit die, welche ausgeharrt haben in allen Bedrängnissen.

Die Apokalypse des Johannes — ein Befreiungsbuch, dessen Symbole, obwohl aus den Vorstellungen der Zeit um die Entstehung des Christentums stammend, auch auf unsere Zeit hin lesbar sind: der Aufstieg und Untergang des kommunistischen Weltreiches in unserem Jahrhundert, die zwei großen Weltkriege und die vielen kleinen, das Dritte Reich der Deutschen, die Konzentrationslager, die Gulags, die psychiatrischen Kliniken, die Gefolterten, mit Stiefeln Getretenen, die Vergasten.

Die Orte wechseln, die handelnden Personen auch. Der Vorgang hat aber immer dieselbe Struktur: Jede Apokalypse wird von der Hoffnung beherrscht, daß die Geschichte der Welt, durch Ströme von Blut und Tränen hindurch, ihre Vollendung in der Herrschaft Gottes findet.

Und er zeigte mir einen Strom, das Wasser des Lebens, klar wie Kristall; er fließt vom Thron Gottes und des Lammes her. In der Mitte des Platzes der Stadt und in der Mitte des Stromes zu seinen beiden Seiten steht der Baum des Lebens. Er trägt zwölfmal Früchte: Jeden Monat bringt er seine Frucht, und die Blätter des Baumes heilen die Völker. Nichts Verfluchtes wird es mehr geben. Der Thron Gottes und des Lammes wird in der Stadt stehen, und seine Knechte werden vor ihm dienen. Sie werden sein Angesicht schauen, und sein Name steht auf ihrer Stirn geschrieben. Nacht wird es nicht mehr geben, und sie brauchen nicht das Licht einer Lampe noch das Licht der Sonne. Denn der Herr, ihr Gott, wird leuchten über ihnen, und sie werden herrschen in alle Ewigkeit.

(Offenbarung 22, 1–5)

Apokalypse und Apokalyptik sind nicht nur ein Phänomen des Christentums. Es ist im jüdischen, vor allem spätjüdischen Denken, ja schon bei den alten Ägyptern und Persern zu finden. Ebenso in der Vorstellung einer »Götterdämmerung« in der germanischen Religion. Apokalypse ist religiöses Urgestein, zeigt, daß der Mensch unheilbar religiös ist, nicht selbstbestimmt, in aller Freiheit begrenzt.

Aber auch der Zustand der Welt ist in Entwicklung, in Enthüllung begriffen. Der Schleier wird meist langsam gelüftet. Zuweilen wird er aber auch weggerissen, und die Fratzen und Masken kommen hervor.

Das aber sind Stufen der Apokalypse. Hinter allen Gesichtern wird dereinst *das* Gesicht erkennbar, das Angesicht, das Antlitz, das wir alle suchen. Der Gott des Dunkels ist auch ein Gott des Lichts. Beides *ist* er: Dunkel und Licht.

Gott, mein Gott, dem ich im Dunkel begegne, mit Dir ist es immer das gleiche! Immer die gleiche Frage, auf die ich keine Antwort weiß!
Von allen Seiten bin ich von Fragen umdrängt, die ich nicht beantworten kann, weil die Zeit zum Antworten noch nicht gekommen ist. Zwischen dem Schweigen Gottes und dem Schweigen meiner eigenen Seele steht das Schweigen der mir anvertrauten Seelen. Versenkt in dieses dreifache Schweigen begreife ich, daß die Fragen, die ich mir ihretwegen stelle, vielleicht nicht mehr sind als eine Mutmaßung. Und der dringendste und zweckmäßigste Verzicht ist vielleicht der Verzicht auf alle Fragen.

(Thomas Merton, Zeiten der Stille)

Sind wir in der Mitte der Nacht? An ihrem Beginn noch? An ihrem Ende?

Werden wir wirklich, was wir von Ewigkeit her sein sollen? Oder stürzen wir ab?

Noch ist nichts entschieden, was wir als entschieden erkennen könnten.

Wir Menschen sind und bleiben Wesen, die auf Klärung warten — im Guten wie im Bösen, im Rechten wie im Schlechten, im Kleinen wie im Großen, in Zeit und Ewigkeit.

BEFREIUNG

Alle Menschen sagen ja, daß sie frei sind, und sie bekommen das im Alter von acht Jahren schon in der Grundschule beigebracht. Aber wenn wir einen Menschen treffen, der wirklich frei ist, bringen wir ihn um, weil er uns Angst macht.

(Eugen Drewermann)

Das Wort »Befreiung« deutet eine Aktivität, einen Prozeß an, keinen Zustand. Befreiung ist etwas allmählich Geschehendes (sofern sie überhaupt geschieht), das anscheinend endlos weiter zu geschehen hat und nie den Endzustand absoluter Freiheit erreicht. Es gibt durchaus qualitative, deutlich spürbare Sprünge der Befreiung. Jene Nacht, in der Israel aus dem Sklavenhaus Ägypten auszog, war ein derartiger Einschnitt in der Geschichte und Psyche des Volkes, daß sie bis heute die Träume, die Theologie und die Politik der Menschen inspiriert. Eine »Theologie der Befreiung« hat in den letzten zwanzig Jahren diese revolutionäre Erinnerung für die unterdrückten, ausgebeuteten Menschen der sogenannten »Dritten Welt« reaktiviert. Sie hat Glaube und Frömmigkeit aus dem Schlummer bloßer Jenseits-Vertröstung und privater Devotion herausgeholt, erniedrigten Menschen neues Selbstbewußtsein, Resignierten neue Hoffnung, Hilflosen sozial-politische Energien erschlossen.

Liest man die Geschichte der Befreiung Israels im Buch Exodus nach, so stellt man fest, daß das Volk seine Befreiung sehr bald als unvollkommen, ja geradezu als mißlich empfunden hat. Angesichts der Entbehrungen der Wüstenwanderung verklärten sich die »Fleischtöpfe Ägyptens« in der Erinnerung zu derart köstlichen (oder jedenfalls zuverlässigen) Quellen, daß man ihretwillen die politische Unterdrückung vielleicht doch lieber hätte in Kauf nehmen sollen.

Für die Aktualisierung dieser Erfahrung muß man nicht weit gehen. In einer Hälfte unseres eigenen Landes gibt es ganz ähnliche Stimmungen bezüglich der »Befreiung« von 1990.

Das befreite Volk Israel schleppte sich, murrend gegen seinen Befreier, durch die Wüste.

In der Wüste haben eure Väter mich versucht,
sie haben mich auf die Probe gestellt und hatten doch mein Tun gesehen.
Vierzig Jahre war mir dies Geschlecht zuwider,
und ich sagte: Sie sind ein Volk,
dessen Herz in die Irre geht,
denn meine Wege kennen sie nicht.
Darum habe ich in meinem Zorn geschworen:
Sie sollen nicht kommen in
das Land meiner Ruhe.

(Psalm 95, 9—11)

In vielen Ländern der Erde kämpfen Menschen leidenschaftlich und verzweifelt um jene politischen, bürgerlichen, kulturellen, religiösen Freiheiten, die wir hierzulande haben. Man kann nur hoffen und wünschen und sich einsetzen, daß sie sie erlangen. Gleichzeitig muß man nüchtern sagen: Diese Menschen werden dann trotzdem nicht befreit sein. Gegenwärtig mag sich ihre Aufmerksamkeit auf ihre massiven äußeren Unfreiheiten konzentrieren, aber es ist mit ihnen wie mit Zwiebelschalen: Wenn man eine davon ablöst, stellt sich heraus, daß darunter jeweils eine nächste liegt.

Damit soll nicht in Abrede gestellt sein, daß wir hierzulande große Freiheiten genießen, die wir sogar (selbst)bewußter und dankbarer wahrnehmen sollten. Aber wir sind kein Land freier Menschen. So gut wie jeder klagt über die zahllosen Zwänge, in die er sich eingesperrt fühlt. Ließen diese sich wiederum alle beheben, so wäre es erneut die Geschichte mit der Zwiebel: Dann würden wir noch deutlicher unsere inneren Zwänge und Unfreiheiten vor Augen haben. Schließlich bleibt noch der letzte Tyrann: unser eigenes Ich, das zwanghaft seine Selbstbestätigung und Befriedigung sucht.

Schafft es der eine oder andere, sich auch von diesen Unfreiheiten weitgehend zu befreien, so wird er ein derartiger Exot in der Welt, daß auch dies wieder zu einer Form von Unfreiheit wird. Zudem läßt sich innere Freiheit, genau wie alle erworbenen Eigenschaften, nicht genetisch vererben, so daß bei seinen Nachkommen das alte Spiel der inneren Unfreiheit wieder von vorne beginnt.

Diese Beobachtung legt den Schluß nahe, daß die Idee absoluter Freiheit des Menschen Unsinn ist. Zur Befreiung schlechthin taugen wir nicht. Vielmehr ist der springende Punkt der, *wovon wir befreit* und *wovon wir freiwillig* und in bewußter Entscheidung *abhängig* sein wollen.

Zur Freiheit hat uns Christus befreit…
Ihr seid zur Freiheit berufen, Brüder und Schwestern.
Nur nehmt die Freiheit nicht zum Vorwand für das Fleisch,
sondern dient einander in Liebe!
Denn das ganze Gesetz ist in dem einen Wort zusammengefaßt:
Du sollst deinen Nächsten lieben wie dich selbst!

(Galater 5,1.13—14)

Handelt als Freie,
aber nicht als solche, die die Freiheit als Deckmantel für das Böse nehmen, sondern wie Knechte Gottes.

(1 Petrus 2,16)

Im Neuen Testament ist die Befreiung immer dialektisch-paradox an eine Bindung und Verpflichtung geknüpft: Freiheit wird als Ertüchtigung zum Dienen beschrieben, als Befähigung, das »Gesetz« zu erfüllen, als Begabung, wie Knechte Gottes (wörtlich übersetzt sogar: »wie Sklaven Gottes«) zu leben.

Wir sind unserem Wesen nach auf *Beziehung* angelegt: auf die Beziehung zu Gott, auf die Beziehung zu anderen Menschen. Der absolute Single (ohne Beziehung zu Gott, ohne Beziehung zu einem anderen Menschen) ist ein verkümmertes Wesen und gewiß kein Ideal.

Befreiung gelingt aus diesem Grund nie an sich, nicht um ihrer selbst willen, denn Freiheit an sich ist kein Ziel. Befreiung gelingt am ehesten, wo Menschen fasziniert (und damit »gebunden«) sind durch einen Wert, einen positiven Sinn und Inhalt, der die tiefsten Sehnsüchte des Menschseins anrührt. Der Wunsch nach Bananen und Videorecordern, der Wunsch nach materiellem Wohlstand reicht dazu nicht aus. Er läßt nur von einer Unfreiheit in die nächste taumeln. Wer dagegen seine große Liebe findet oder eine umwerfende Berufung erlebt, den überfällt die Befreiung geradezu. Er kann mühelos Fesseln und Güter abwerfen, die er bislang für unverzichtbar hielt.

Mit dem Himmelreich ist es wie mit einem Schatz, der in einem Acker vergraben war. Ein Mann entdeckte ihn, grub ihn aber wieder ein. Und in seiner Freude verkaufte er alles, was er besaß, und kaufte den Acker.

(Matthäus 13,44)

Begierde

Begierde regt sich in uns, wenn wir etwas wollen, was wir eigentlich gar nicht wollen sollen, weil das uns und anderen schadet, und was wir auch gar nicht unbedingt wollen, aber trotzdem wollen. Folglich ist Begierde eine Regung in uns, die wir nicht recht im Griff haben, eine »natürliche Triebhaftigkeit, die nicht in die personale Entscheidung zum Guten oder Bösen integriert ist« (J. B. Metz).

Eine lange katholische Tradition hat versucht, dieser »natürlichen Triebhaftigkeit« Herr zu werden, nicht indem sie sie »integrierte«, sondern indem sie sie auszurotten versuchte. Der vielgebrauchte Fachausdruck dafür hieß »Abtötung«. Das Ideal war der Mensch, der sich selbst voll im Griff hat und nur exakt das tut, was er will. Das war allerdings ein unerreichbares Ideal, denn, wie das Trienter Konzil konstatierte, der Mensch habe sich bis in seine Sterbestunde mit der Begierde herumzuschlagen, und sie sei zwar nicht in sich Sünde, aber sie stamme aus der Sünde und neige zur Sünde.

Wenn sich die Begierde nie ganz ausrotten läßt, kann man sie immerhin mit mehr oder weniger Erfolg verdrängen oder kompensieren. Was dann übrigbleibt, ist ein spröder Verstandes- und Willensmensch, der ein Mißtrauen gegen alles Unübersichtliche und Unvorhersehbare hat, zum Beispiel auch gegen alle sexuellen Regungen, die ja bekanntlich zur »Unvernunft« verführen. Ein solcher Mensch widmet sich der Aufgabe, sich selbst und seine Umwelt voll unter Kontrolle und penibel in Ordnung zu halten.

Dieses Ideal hat nachdrücklich unsere abendliche Zivilisation geprägt, bis in die ökologisch toten, allzeit kurzgetrimmten Rasenflächen unserer Eigenheim-Vorgärten hinein. Wenn dann allerdings der Hausbesitzer die Jalousien auf seinen makellos sauberen Vorgarten hinaus herunterläßt und sich etwas merkwürdige Videos zu Gemüte führt, ist er ein anschauliches Beispiel dafür, daß die »Integration« der Begierde nicht gelungen ist. Sie hat vielmehr in eine Schizophrenie geführt, die derzeit seltsame Exzesse anzunehmen scheint, wenn es zum Beispiel wahr ist, daß immer mehr ehrenwerte, untadelige Bürger an sado-masochistischen Praktiken Gefallen finden und gar nicht mehr wissen, wie sie sich denn noch stimulieren sollen, um befriedigende Lust — also Tröstung ihrer Begierde — zu empfinden.

Schon vor hundert Jahren, also noch mitten im Zeitalter katholischer und viktorianischer Prüderie, hat der Franzose Joris-Karl Huysmans gegen die muffige, leibfeindlich-einfältige katholische Erziehung gewettert, deren Opfer noch heute unter uns leben — die protestantische Erziehung war um kein Haar anders.

Wäre es nicht geschickter, nicht weiser gewesen, die Fenster zu öffnen, die Zimmer auszulüften, die Seele mit Männlichkeit zu behandeln, sie zu lehren, nicht vor dem Fleische zu zittern; ihr Kühnheit und Festigkeit zum Widerstehen einzuflößen! Denn es ist letzten Endes doch immer nur mit unsern Begierden die Geschichte von dem Hund, der uns an die Beine springt und zuschnappt, sowie wir uns fürchten, der aber zurückweicht, sowie wir, entschlossen, ihn zu verscheuchen, uns ihm entgegenstellen. Der Erfolg dieser frommen Erziehung ist nun auch einerseits der gewesen, daß der größte Teil der Zöglinge dem Fleische verfällt, sowie sie in die Welt treten, und anderseits ein wahres Aufblühen von Dummheit und Beschränktheit bei den Frommgebliebenen, ein Verlassensein von jeder Art Geistigkeit... Das ist Wahnsinn!... Wenn ein Werk nicht einfache Geschichtchen oder liebenswürdige Lügen in hergebrachter Sprache und mit dem Sieg der Tugend und der Bestrafung des Lasters am Ende erzählte, so genügte dies schon, daß die Schamhaftigkeit der Kirchenpedelle und Stuhlvermieterinnen ihr Eselsgeschrei beginnen konnte...

(Joris-Karl Huysmans, Die Kathedrale II)

Huysmans deutet an, daß mit der Begierde weithin auch jegliche Leidenschaft niedergewalzt worden ist; übrig geblieben ist eine sterile, einfallslose, moralinsaure Frömmigkeit ohne jede echte Begeisterung und Ansteckungsfähigkeit. Der Stoff, aus dem das Leben und jede interessante Lebensgeschichte gemacht sind, ist aber nun einmal die Leidenschaft; und ohne Leidenschaft für Gott und die Welt des Geistes gedeiht auch kein sprühender Glaube.

Augustinus hat zum gierbesessenen Menschen gesagt: »Suche, was du suchst, aber suche es anderswo!« Das scheint mir der Schlüssel zur Beantwortung der Frage zu sein, wie wir mit unserer »natürlichen Triebhaftigkeit« umgehen sollen. Sie äußert sich als ein unersättlicher Hunger und Durst nach Glück und Befriedigung. Er sollte nicht abgewürgt, sondern erleuchtet werden. Denn leider ist er bei den meisten Menschen ziemlich blind, und so richtet die Begierde, die Gier in ihren vielfältigen Formen, entsetzlich viel Leid in der Welt an: als Machtgier, als Habgier, als Besitzgier, als Geldgier, als Genußgier, als sexuelle Gier, als Sucht in zahllosen Spielarten.

Im prüden 19. Jahrhundert meinte Sigmund Freud zu entdecken, die elementarste Begierde des Menschen, ja geradezu die Quelle seiner Dynamik, sei die Libido, die sexuelle Begierde. Die frühen Kirchenschriftsteller waren der Ansicht, das zentrale Laster des Menschen sei die *Freß-*

gier: seine Sucht, sich alles einzuverleiben; ausnahmslos alles zu zerstören und zu töten, um sich damit vollzustopfen. Wahrscheinlich ist die Diskussion müßig, welche Sicht die richtigere ist. Sexuelle wie orale Begierde (und jegliche andere Begierde) sind nur unterschiedlich gefärbte Ausdrucksformen der Ur-Sucht des Menschen, sich selbst in den Mittelpunkt und alles andere in seinen Dienst zu stellen und zu seinem eigenen Vorteil auszubeuten.

Bernhard von Clairvaux äußert (in einer Auslegung des Psalmverses 13,9: »Die Gottlosen laufen im Kreis herum«) die Zuversicht:

Könnte ein Mensch tatsächlich restlos alles erlangen, was er begehrt, dann würde es nicht lange dauern, und er würde schließlich zu dem hin laufen, was ihm einzig noch fehlen würde: zu Gott. Dort endlich käme er zur Ruhe: Keine Verheißung von noch mehr Ruhe unterhalb von Gott würde ihn zurückrufen, keine Unruhe nach noch mehr über Gott hinaus würde ihn befallen.

(De diligendo Deo VII)

Er fügt sofort an, das sei natürlich reine Hypothese, denn kein Mensch könne jemals alles, was er begehre, erlangen; wecke doch jeder erfüllte Wunsch eine ganze Anzahl neuer Wünsche, und in diesem endlichen Dasein komme man damit nie an ein Ende. Ein Ausweg aus dem unendlichen Kreislauf des Begehrens sei folglich nur die Hinkehr zur Mitte, zu Gott.

Bernhards Gedanke, ein gott-loses Leben sei ein endloses Gerenne im Kreis herum, ist recht plausibel. Wohin soll man auch rennen, wenn man von keiner Vision, keinem Ziel, keinem Ideal und Du jenseits seiner selbst fasziniert ist, sondern sich im Wesentlichen nur damit beschäftigt, dieses Leben einigermaßen heil, angenehm und unterhaltsam über die Runden zu bringen? Allerdings glaube ich nicht, daß einer, der in seiner Gier ausnahmslos alles erlangt hätte, dann endlich sich für Gott öffnen würde und Gottes fähig wäre. Denn er wäre in seiner Sucht derart auf das Haben- und An-sich-Reißen eingeschliffen, daß er die Sensibilität für die Begegnung mit einem Du, einem Gegenüber, das sich schenkt und sich in der Intimität erschließt, völlig verlernt hätte. Das meint wohl Jesus mit dem Ausspruch, ein »Reicher« könne nur äußerst schwer ins Himmelreich kommen (Matthäus 19,23).

Bernhard hat den Gedanken der Ruhelosigkeit ins Spiel gebracht, den das Augustinuswort in Erinnerung ruft: »Ruhelos ist unser Herz, bis es Ruhe findet in dir, o Gott.«

So ginge es also darum, hinter allen unseren Wünschen und Begierden unser tieferes Wollen zu entdecken, diesen ungeheuren, unermeßlichen Durst, diese Sehnsucht nach dem Absoluten, und uns dann an die Arbeit zu begeben, unter dem großen Schlendrian unserer Begierden Ordnung zu schaffen. Dabei kommt es wahrscheinlich nicht auf den völligen Erfolg an, sondern auf den beharrlichen Kampf. Für viele Künstler und Heilige war der »Stachel in ihrem Fleisch«, mit dem sie sich herumplagen mußten, die Quelle ihrer genialischen Lebendigkeit und Inspiration. Wahrscheinlich wäre sie versiegt, hätten sie jenes »gesunde Maß in allen Dingen« erreicht, das seit Aristoteles als Ideal gilt. Es wurde als typisch katholisches »Sowohl als auch« jahrhundertelang hochgehalten, nimmt in der Praxis aber gern die Gestalt der langweiligen Mittelmäßigkeit an.

Kann man die Rastlosigkeit des Menschen — und damit alle seine unersättlichen Begierden — als Zerrform und Irrlicht seiner Sehnsucht nach dem Unendlichen, nach Gott deuten? Viele Zeitgenossen werden — aus welchen Gründen auch immer — diese Deutung nicht teilen. Wem die Rede von Gott zu jäh daherkommt, der wird vielleicht wenigstens den Gedanken mitvollziehen können, daß die Begierde in ihrer schädlichen Form wohl nur behoben werden kann, wenn der Mensch aus dem Kreisen um sich selbst heraus – und von jemand anderem hingerissen wird. Dazu allerdings bedarf es einer gesunden Fähigkeit zur Leidenschaft, die man nicht mit ausrotten sollte, wenn man die böse Begierlichkeit bekämpft.

Charisma

Das Wort Charisma verbinden wir Heutigen mit Namen von Menschen, die viele von uns spontan begeistern, die glühen, sprühen, Funken schlagen, die anstecken. Charisma kann man nicht machen, nicht erfinden. Man hat Charisma, oder man hat es nicht.

Es gibt heute eine Anzahl von Büchern, die verheißen, man werde sympathisch und anziehend, wenn man sich nur an die angebotenen Anleitungen halte. Das ist unmöglich, ist nicht machbar. Daß solche »Literatur« Konjunktur hat, zeigt: Wir möchten allzugern charismatisch, sympathisch sein. Wir wollen andere Menschen faszinieren. Dahinter verbirgt sich eine Sehnsucht, den engen Kreis des Ich zu sprengen und mit anderen Menschen in Berührung zu kommen, ihnen nahe zu sein.

Unsere gegenwärtig so perfekte neue Welt ist krank vor Einsamkeit, vor Trockenheit der Seele. Deswegen gibt es vermutlich auch so viel Sehnsucht nach Charisma und Sympathie.

Wir können ein paar große Namen nennen. Meist leben ihre Trägerinnen und Träger nicht mehr. Aber ihr Charisma wirkt wie ein geheimer Zauber auch heute noch, wenngleich sie schon sehr alt geworden sind oder längst nicht mehr leben.

Mutter Teresa
Roger Schutz
Johannes XXIII.
Franziskus
Abbe Pierré

Dalai Lama
Albert Schweitzer
Nelson Mandela
John F. Kennedy
Mahatma Gandhi

Namen von Charismatikern, die noch mitten im Leben stehen, sind schwer zu finden.

Vielleicht erwarten wir auch zuviel, vielleicht ist unsere Sehnsucht so groß, weil uns so viele Charismatiker und so viel Charisma fehlen. Wir müssen eine neue Charismenlehre finden. In unserem herkömmlichen kirchlichen Verständnis haben wir dem Begriff eine zu hohe Last aufgebürdet.

Jeder hat ein Charisma, etwas, was ihn auszeichnet, charakteristisch, unverwechselbar macht. Die kleinen Charismen müssen wir wieder er-finden, ent-decken, den Alltagscharme.

Wir gebrauchen das Wort ziemlich oberflächlich und unbedenklich. Aber es hat viele Schichten und eine lange Geschichte. Das Wort selber stammt aus dem Griechischen und heißt soviel wie Anmut, Geschenk, Gabe, Gnade.

Der Apostel Paulus hat das Wort bezogen auf Gottes Wirken im Menschen. Zwei Gesichtspunkte fallen dabei besonders auf:

— Charisma ist eine Gabe für andere, ein Charisma kann man nie für sich selber haben,

— Charisma ist nicht nur etwas Außergewöhnliches, wird nicht nur in der Ekstase offenbar, sondern entfaltet seine Kraft im alltäglichen Leben, in der Gemeinschaft mit anderen — also auch im Gemeindeleben. Darauf bezieht Paulus die Gnadengaben ganz besonders. Charisma ist bei ihm ein Kernbegriff seiner Vorstellung von der Ordnung in der Gemeinde, in der Gemeinde derer, die Jesus Christus nachfolgen.

Paulus gebraucht dabei das tiefe Bild vom Leib und seinen Gliedern, und er entwickelt eine Charismenlehre, in der kein Einzelner, kein einzelner Teil — und sei er noch so klein und unscheinbar — ohne Sinn, ohne Bedeutung für das Ganze ist.

Gemessen an der heutigen Situation in unseren Gemeinden, in der Kirche insgesamt, lesen wir bei Paulus hochaktuelle Texte:

Besteht doch auch der Leib nicht aus einem Glied, sondern aus vielen. Wenn der Fuß nun spräche: »Weil ich keine Hand bin, gehöre ich nicht zum Leibe«, so gehört er doch zum Leibe. Und wenn das Ohr spräche: »Weil ich kein Auge bin, gehöre ich nicht zum Leibe«, so gehört es darum doch zum Leibe. Wäre der ganze Leib Auge, wo bliebe das Gehör? Wäre er ganz Gehör, wo bliebe der Geruchsinn? Nun aber hat Gott die Glieder dem Leibe eingefügt, jedes einzelne von ihnen so, wie er wollte.
Wenn aber das Ganze nur ein Glied wäre, wo bliebe dann der Leib? So aber sind zwar viele Glieder da, jedoch nur ein Leib. Das Auge kann aber nicht zur Hand sagen: »Ich brauche dich nicht«, ebensowenig der Kopf zu den Füßen: »Ich brauche euch nicht.«
Ihr seid nun der Leib Christi, einzeln genommen dessen Glieder. Und zwar hat Gott die Einen in der Kirche bestimmt 1. Zu Aposteln, 2. zu Propheten, 3. zu Lehrern. Ferner sind da Wunderkräfte, weiter Heilungsgaben, Hilfeleistungen, Leitungsaufgaben, mancherlei Sprachengaben. Sind etwa alle Apostel? Etwa alle Propheten? Etwa alle Lehrer? Besitzen alle Wunderkräfte? Haben alle Heilungsgaben? Reden alle in Sprachen? Legen alle aus?

(1 Korinther 12,14—18. 27—30)

Die Maßstäbe der Gnadengaben sind die Liebe und der Vorrang der Schwächeren vor den Stärkeren. Daß es schon in der frühen Kirche große Probleme damit gab, ist unschwer nachzuvollziehen.

Charismen sind nicht unbedingt etwas Kontrollierbares, sie haben etwas Wildes, Wucherndes an sich, das man nicht so leicht in den Griff bekommt. Entscheidende Grenzmarkierung ist und bleibt, wie sehr ein Gottesgeschenk für die Einzelne oder den Einzelnen aus dem Privaten in den Raum der Verantwortung für andere eingebracht wird.

Es gibt noch einen anderen, oft verborgenen Konflikt: Das kirchliche Amt versucht sich der Charismen aus erkennbaren Gründen zu bemächtigen. Die Versuchung ist nicht neu, aber gemessen an der gegenwärtigen Lage besonders gefährlich und folgenreich. Es gibt sie zweifellos in unserer Kirche gerade jetzt wieder.

Wie eine Versteinerung wirkt der Satz im neuen Weltkatechismus der katholischen Kirche (801):

Kein Charisma enthebt der Pflicht, die Hirten der Kirche (also die Kleriker!) zu ehren und ihnen zu gehorchen, da es ihnen in besonderer Weise zukommt, den Geist nicht auszulöschen, sondern alles zu prüfen und, was gut ist, zu behalten.

Es kann — im Grenzfall — auch ein Charisma sein, den Hirten der Kirche gerade nicht zu gehorchen, weil sie geistvergessen sind.

In der Kirche unseres Landes findet gegenwärtig eine Vergeudung der zweifelsohne vorhandenen Gnadengaben oder Charismen der Nichtkleriker, der Laien und »gewöhnlichen« Leute, statt. Auf das kirchliche Amt hin gesprochen, muß man noch härter und schärfer formulieren: Es gibt eine faktische Veruntreuung der Laiencharismen in der Kirche. Diesen Zustand gilt es zu beenden und aufzubrechen. Eine neue Charismenlehre muß entstehen. Deren Grundsatz würde lauten: Wer immer in der Kirche ist, besitzt eine Gabe Gottes, die die Kirche unter den Menschen lebendig macht. Diese Gabe gilt es zu fördern und zu ermutigen.

Ein anderes Wort für Charisma ist Liebreiz. Charme wäre auch eines. Charme und Charisma haben ja dieselbe Wortwurzel.

Liebreiz und Charme sind leise Worte. In der Welt des Lärms, der grellen Effekte, der Marktschreierinnen und Marktschreier, der Lautsprecher ist das wichtig zu betonen.

Charisma ist nicht zu verwechseln mit Power — das genaue Gegenteil von Charisma. Ein Charisma entfaltet sich sanft, leise, behutsam, in der Zeit.

Power ist gewaltig, laut, explodiert im Augenblick — und hinterläßt nicht selten Trümmer.

Charisma tut gut. Power macht krank.

Charisma ist zärtlich, ist verwandelte, andauernde Power.

Charisma ist eine stille Kraft. Ein Sauerteig, der unser eigenes Leben und das der Mit-Menschen verwandeln kann — vorausgesetzt: Man unterdrückt es nicht.

Wo dem Charisma Raum gegeben wird, ist noch nicht aller Tage Abend.

Demut

»In Demut und Reue bekenne ich meine Sünden. Meine letzte Beichte war vor. . .« So haben jahrzehntelang unzählige Menschen ihre Bekenntnisse im Beichtstuhl angefangen. Das demütige Bekenntnis vor dem Priester mit der Binde- und Lösegewalt — im Dämmer des Beichtstuhls kniend, gegen ein Sprechgitter flüsternd, hinter dem höchstens schwache Umrisse des Beichtvaters zu erkennen waren — gibt es immer seltener. An seine Stelle ist, sofern überhaupt noch gebeichtet wird, weithin die Aussprache, das »Beichtgespräch« getreten, sitzend, Auge in Auge. Früher — es folgt Originalton der damaligen Sprache — setzte der Hochwürdige Herr in göttlicher Vollmacht durch einen richterlichen Spruch einen hoheitlichen Akt der Begnadigung des Beichtkindes und sprach es los von seinen Sünden: Die täglichen Gebete nicht verrichtet, unandächtig gebetet, am Freitag Fleisch gegessen, seinen Eltern nicht gehorcht und gelogen zu haben und zu seinem Nächsten lieblos gewesen zu sein. Echte »Todsünden« brachte man unmöglich alle paar Wochen zustande.

Mit dieser Art Demut — und regelmäßiger »Demutsübung« — können heute die wenigsten noch etwas anfangen, wahrscheinlich gerade weil mit ihr ungeheuer viel angefangen worden ist: Entwürdigendes, Kindisches.

Wenn der beauftragte, bevollmächtigte Christ heute seinem Mitchristen auf den Kopf und ganz persönlich und verbindlich zusagt, daß ihm seine »Sünden« vergeben seien und er sich durch keine Last aus seiner Vergangenheit mehr niederdrücken und entmutigen lassen müsse, ist das ein kostbarer Dienst. Er darf dabei gelegentlich fast greifbar erleben, was »Gnade«, »Auferstehung« und »Neugeburt« im Leben eines Menschen heißen kann.

Das Zeremoniell der Demut ist beim Beichtgespräch weggefallen. Das, was mit »Demut« eigentlich gemeint ist, kann um so deutlicher zutage treten, und zwar bei beiden Beteiligten.

Das deutsche Wort »Demut« lautete ursprünglich »Dienmut«, verknüpft also eigenartigerweise den Gedanken des Dienens, das wir als etwas eher Unterwürfiges, Untertäniges, Abhängiges zu sehen geneigt sind, mit dem Gedanken des Mutes, der etwas Selbständiges, Mündiges, Freies an sich hat. Es muß sich also um eine besondere Art Dienen handeln, wenn man dafür *Mut* braucht. Ich stelle mir vor, wenn einer ins Wasser springt, um einen anderen aus dem Strudel zu reißen, ist das ein dien-mutiger Mensch. Der »Demütige« alter Schule dagegen würde zu sich sagen: »Du kannst das gar nicht, einen anderen retten. Tu dich nicht hervor. Suche keinen eitlen Ruhm. Halte dich zurück und empfiehl den Ertrinkenden der Gnade Gottes. Bleib demütig.« »Demut« dieser Art ist eng verwandt mit Kleinmut, Feigheit, Schwachheit, Wegschauen, Mundhalten, Sich-Raushalten, Kuschen. »Dien-mut« exponiert sich, läßt sich spontan fordern, greift ein, ohne auf sich selbst zu reflektieren.

Es erfordert Mut, sich immer und überall bereitzuhalten, wenn jemand sich seine Last von der Seele reden will, nicht herr-lich sich hinter seinem wichtigen Terminkalender zu verschanzen, nicht nur bestimmte knappe Audienzen zum Austeilen von Gnaden-Akten anzusetzen, sondern dien-mütig allzeit und unbegrenzt verfügbar zu sein, wo einer nicht länger mit seiner Not allein bleiben kann, und sich mutig einzulassen und einzufühlen in die Chaotik eines Menschenlebens und -schicksals. Da geht es dann nicht bloß um ein Therapiegespräch (dilettantisch, unqualifiziert). Der »Beichtvater« ist nicht in der Rolle des erleuchteten Problemlösers und Komplex-Entwirrers, sondern darf sagen: Wir können uns nicht selber erlösen, wir müssen es auch gar nicht, sondern wir leben von einem grenzenlosen Erbarmen, das uns immer neu anfangen hilft. Dieses Erbarmen gilt auch für dich, du armer Mitmensch, gilt unbedingt — genau wie es für mich gilt, der ich ebenfalls jeden Tag neu anfangen muß.

So könnte Dien-mut aussehen, der Mut, zu sagen: »Verzweifle nicht, wenn dein Leben Bruchstück bleibt. Du bist trotzdem einmalig, bist trotzdem geliebt.« Und: »Ich weiß auch keine Lösung, aber es *gibt* eine Erlösung. Wenn wir an sie glauben, auf sie vertrauen können, löst sich unsere Angst, unser Krampf, und dann kommt vielleicht auch eher eine Lösung in Sicht.«

Zum »Beichtgespräch« gehört mehr Mut als zur Anonymität des verdunkelten, vergitterten Beichtstuhls, ja zu jedem Gespräch, das mehr ist als unverbindliche Konversation. Es gehört Mut dazu, seine Meinung zu sagen, und erst recht, sich zu offenbaren mit seinen weniger vorteilhaften Seiten. So ist derjenige, welcher geradeheraus seine Überzeugung sagt, im richtigen Sinn »demütiger« als derjenige, welcher mit seiner Ansicht hinter dem Berg hält, in falscher Bescheidenheit, schlichter Feigheit oder kühler Taktik.

Es gibt eine »Demut«, mit der man die Wahrheit über sich selbst wunderbar verstecken kann. Man macht sich ganz klein, setzt sich herab, bezeichnet sich als den schlimmsten, unwürdigsten, nichtsnutzigsten aller Menschen. Jedem anderen, dem man über den Weg läuft, bleibt nichts anderes mehr übrig, als zu staunen über so viel Demut — und sie nicht ganz ernst zu nehmen, sondern abzuwiegeln: »Na, so schlimm, so schlecht bist du ja nun auch wieder nicht!« Damit ist jeder schmerzlichen Bloßstellung jeglicher Wind aus den Segeln genommen, denn man hat es ja immer schon selbst gesagt, daß man unwürdig sei. Dem andern bleibt kein Tadel übrig, sondern nur noch das Trostspenden und Aufbauen. Hier ist das Wort Jesu »Wer sich selbst erniedrigt, wird erhöht werden« (Matthäus 23,12) zu einem schlauen Trick umfunktioniert worden für solche, die aufs Erhöhtwerden spekulieren. Man muß nur demonstrativ auf dem allerletzten Platz sitzen, um garantiert höher hinauf komplimentiert zu werden.

Jahrhundertelang wurde dieser Trick, dieses Demuts-Versteckspiel vor allem in den Klöstern gelehrt, interessanterweise verknüpft mit der Lehre, die Klosterleute gehörten zum »Stand der Vollkommenheit« — mit allen sich daraus ganz praktisch ergebenden Privilegien. Die Demütigsten waren die Stolzesten, die Stolzesten die Demütigsten. Merkwürdige, raffinierte Dialektik! Aber oft sind die Demütigen nichts als arme, von Minderwertigkeitskomplexen gebeutelte oder schon früh in ihrem Selbstwertgefühl geknickte, bemitleidenswerte Geschöpfe. Von »Mut« steckt in ihrer Demut kaum mehr etwas. Und wahrhaftig, realistisch ist solche Demut auch nicht, eher neurotisch. Gleichzeitig ist sie brauchbar und herrlich verfügbar für sogenannte »Obere«.

Bernhard von Clairvaux sagt:

Demut ist die innere Kraft, mit der ein Mensch sich glasklar selbst erkennt und sich deshalb nicht mehr wichtig nimmt (virtus, qua homo verissima sui cognitione sibi ipsi vilescit, De grad. humil. I,2).

In seiner Spiritualität spielte das Allein- und Bei-sich-selbst-Sein eine große Rolle, und folglich die Selbsterkenntnis. Die Übung des Alleinseins, um sich selbst besser kennenzulernen, wird in unserer mobilen, unablässig aushäusigen Gesellschaft gewiß nicht überstark gepflegt. Wir sind eher ständig auf der Flucht vor uns selbst, und wenn wir allein sind, gibt es genug Möglichkeiten zur Zerstreuung.

Sich selbst mit all seinen Grenzen, Bedingtheiten, Abhängigkeiten, Brüchen und Wunden und schließlich seiner Hinfälligkeit und Endlichkeit zu erkennen, zu sehen, wie wenig man aus sich selbst ist und kann — das ist etwas anderes, als sich von anderen kleinmachen zu lassen. Deshalb wächst Demut nicht von außen, sondern von innen.

Es ist eine fragwürdige Taktik, Menschen erst ganz kleinzumachen, damit sie einen dann brauchen, um wieder aufgepäppelt und ermutigt zu werden. So schafft man Abhängige, nicht Freie.

Bernhard von Clairvaux kam aus einer mystischen Erfahrung heraus zur Demut; das ist genau genommen der einzig gesunde Zugang. Oder anders gesagt: Demut ist ein dialektischer Begriff, der nur zusammen mit seinem Gegenpol fruchtbar ist, dem Stolz. Bernhard war stolz, von Gott geliebt zu sein; und weil er so stolz war, geliebt zu sein, wurde er so demütig. Im Licht der Liebe erkannte er seine Schatten. Liebe, die diesen Namen verdient, hat das an sich. Sie entlarvt, ohne bloßzustellen. Ohne das Licht der Liebe ist Demut nicht fruchtbar, sondern zerstörerisch. Wenn ich nichts bin und sonst nichts ist, was mich hält, bleibt mir nur noch die Verzweiflung. Wenn ich nichts bin und jemand da ist, der mich trotzdem liebt, atme ich auf und bin dankbar und froh. Und je mehr ich geliebt werde, desto mehr Mut entwickle ich, meine ganze Wirklichkeit, mit allen Stärken und Schwächen, ins Auge zu fassen und zu ihr zu stehen.

So kann man auch sagen: Demut ist ein dialogischer Begriff; sie erhält ihren vollen Sinn nur aus einer personalen Beziehung heraus. Außerhalb der Liebes-Beziehung, in einer Ellbogen-Gesellschaft, macht Demut wenig Sinn, ja ist dumm, weil sich der Demütige dazu verurteilt, das

Nachsehen zu haben und überfahren zu werden. Hier herrscht das Gesetz des Marktes, auf dem der gewinnt, der sich ins beste Licht stellt und am raffiniertesten vermarktet. Wo keine personale Liebe ist, ist auch kein Sinn und Platz für Demut.

Demut findet ihren Raum in der Beziehung. Auf Beziehung aber ist der Mensch angelegt, er findet sein wahres Ich nur im Du. Das erkennen und anerkennen ist Demut. Am Bungee-Seil eines mich liebenden Du kann ich mich furchtlos in meine eigenen Abgründe stürzen und sie ausloten. Ohne dieses Seil kann ich mich nur aus Verzweiflung hinabwerfen und umkommen oder die Augen vor meinen Abgründen verschließen und ins Flachland fliehen.

Letzteres wäre das Gegenteil von Demut, in der herkömmlichen, anschaulichen Bildersprache: Hochmut, Hoffart. Der Hoffärtige muß sein Ich inszenieren, muß etwas aus sich selbst machen, weil er meint, sonst mache niemand etwas aus ihm, und dann sei er nichts. Er ist beziehungslos, ohne wahres Du, ist der tragisch-stolze Schöpfer und Erhalter seiner selbst. Der Demütige dagegen ist der Dankbare, der sich durch tägliche Zuneigung und Dankbarkeit seines Zugehörens zu dem, welchem er sich verdankt, versichert. Der Hoffärtige will niemandem etwas verdanken und sich in niemanden hineinfühlen, er muß Eigen-Sinn entwickeln, sich eine Welt nach selbst zurechtgelegten Maßstäben zurechtzimmern oder -zwingen, was immer mit mehr oder weniger Realitätsverlust verbunden ist, und zugleich mit subtiler oder massiver Gewalttätigkeit samt ihren selbst- und fremdzerstörerischen Auswirkungen.

Wahre Erkenntnis, wirkliche Beziehung zum Sein ist nur möglich, wenn das Ich zunichte wird, sagen die fernöstlichen Religionen. Solange das Ich noch tätig ist, verfälscht es mit seinen Vorurteilen und Kategorien jegliche

Wahrnehmung der Wirklichkeit. Darin treffen sie sich mit Bernhard von Clairvaux, der »sich selbst nicht mehr wichtig nimmt« oder »sich selbst auflöst«, »zunichte macht«. Gemeint ist nicht Nihilismus, sondern die Ekstase eines starken Ich ins Du, in die Liebe hinein, die dann angemessen aktiv wird, menschen- und sachbezogen. Dazu gehört tatsächlich Mut, De-Mut: eine Fähigkeit, die einer narzißtischen Gesellschaft nicht leicht fällt. Leider hat die kirchliche asketische Tradition solchem Narzißmus die Wege bereitet. Statt die Menschen zu lehren, sich selbst zu finden, zu lieben und in Reife hinzugeben, wurde diese Selbst-Entfaltung unterbunden, wurden voreilig und kurzschlüssig Selbst-Verleugnung und Hingabe gleichgesetzt. Man kann aber nur frei und in Dien-mut hingeben, was man zu eigen besitzt.

Ehe

Noch vor wenigen Jahrzehnten schien die Institution »Ehe« bei uns eine gesellschaftlich betonierte Angelegenheit zu sein. »Man« heiratete, »man« gründete eine Familie. Inzwischen haben sich jedoch die Fundamente verschoben. Ehe und Familie sind in einem gewaltigen und tiefgreifenden Prozeß, in einem Umbau begriffen. Manche sprechen in diesem Zusammenhang von einem kulturellen Erdbeben.

Tatsache ist, daß die Zahl der Eheschließungen zurückgeht, die Zahl der Ehescheidungen wächst und daß immer mehr Frauen und Männer auf eine Eheschließung im herkömmlichen Sinn verzichten. Gleichwohl haben die Menschen immer noch das Verlangen nach einer verläßlichen und verbindlichen Liebes- und Lebensgemeinschaft.

In einer Gesellschaft, die immer mehr in Einzelsegmente zerfällt, welche nicht mehr miteinander verbunden oder nicht mehr miteinander zu verbinden sind, stellt die Ehe eine Art soziales Bindegewebe dar, für viele auch — zumindest wünschen sie es so — eine Fluchtburg vor der gesellschaftlichen Kälte und Unverbindlichkeit, ein warmes Nest, in das man alle Ängste, Sorgen, Schmerzen und Spannungen mit hineinnimmt in der Hoffnung, dort lösten sie sich auf, schmelzten dahin wie Eis und Schnee unter den Strahlen der Frühlingssonne.

Die Folge davon: Eine sensible und daher auch sehr störungsanfällige Beziehung der Liebe wird überlastet und gerät in vielfache Krisen.

Es ist anzunehmen, daß die Zerreißprobe noch einige Zeit andauert. Darin zeigt sich auch das Verschwinden, besser gesagt: die Verwandlung einer Tradition, die erst seit dem Ende des 18. Jahrhunderts bei uns in dieser Form besteht.

Die allmähliche Auflösung des vormodernen Erbes im Zuge der Expansion von Marktbeziehungen hat einen eigentümlich ambivalenten Charakter: Sie bereitet den Boden für historisch neue Chancen zu einem selbstbestimmten Leben und zu wirklicher Partnerschaft, erzeugt aber auch offensichtlich neue Konflikte und Ängste sowie ein verbreitetes Gefühl der Sinn- und Heimatlosigkeit. Explosiv anwachsende Scheidungsziffern, Beziehungskrisen, Bindungsängste und Konflikte können jedoch kein Argument gegen die neuen Freiheiten und Wahlmöglichkeiten und für eine geistig-moralische »Tendenzwende« sein. Eine Wertkrise läßt sich nicht dadurch beheben, daß man die alten Werte um so lautstärker als verpflichtend herausstellt. Eine Rückkehr zu den alten Strukturen ist nicht möglich, sie würde zudem die Brüche und Konflikte nur noch verstärken, denn die Geborgenheit von gestern war ein »Gehäuse« der Hörigkeit und nicht der Freiheit.

(Rolf Eickelpasch, Abschied von der bürgerlichen Familie? Umbrüche im Modernisierungsprozeß)

In allen Kulturen spielen Ehe und Partnerschaft eine wenngleich sehr unterschiedliche, immer aber zentrale Rolle. Und auch das Christentum kennt keine tiefere menschliche Beziehung als die lebenslange Ehe.

In der Bibel, sowohl im jüdischen Alten wie im christlichen Neuen Testament, wird das Verhältnis Gottes zu »seinem«, dem jüdischen Volk, oder das Verhältnis zwischen Gott und der Kirche in den Bildern eines Ehe- und Liebesbundes beschrieben. Auch die Mystiker beziehen sich darauf, wenn sie nach der Zuordnung des Menschen zu Gott fragen.

Ich zerbreche Bogen und Schwert,
es gibt keinen Krieg mehr im Land,
ich lasse sie Ruhe und Sicherheit finden.
Ich traue dich mir an auf ewig;
ich traue dich mir an
um den Brautpreis von Gerechtigkeit und Recht,
von Liebe und Erbarmen,
ich traue dich mir an
um den Brautpreis meiner Treue:
Dann wirst du den Herrn erkennen.

(Hosea 2,20—22)

Ehe ist nicht festlegbar auf einen bestimmten, alleinigen Zweck, wie etwa die »Erzeugung von Nachkommen«. Ehe läßt sich nur begründen aus einer Liebe, die will, daß der geliebte Andere zu sich kommt. Insofern verweist die Ehe auf eine tieferliegende und alle möglichen und unmöglichen Zwecke und Absichten übersteigende geheimnisvolle Wirklichkeit.

So gesehen braucht die Ehe eigentlich nicht das Diktat der lebenslangen Dauer. Das übersteigt in vielen Fällen ohnehin die menschliche Kraft. Wenn Ehen zu Höllen des Hasses, zu Gefängnissen der Einsamkeit werden, sind sie in ihr Gegenteil verkehrt.

Wenn aber eine Liebe wirklich tief ist, auch der Absicht nach, hat sie Dauer. Und die Sehnsucht nach Dauer belebt jede Liebe. Kinder sind dann leiblicher und seelischer Ausdruck dieser Sehnsucht nach ewiger Liebe, ja auch nach ewig dauerndem Leben. Wenn etwa in Japan zwei Menschen die Ehe schließen, dann fragen sie sich einander im Ritus der Eheschließung: »Willst Du mit mir alt werden?«

Es ist schwierig, den Begriff der Treue heute in die öffentliche Diskussion einzuführen. Aber ohne Treue ist eine wirkliche Liebe nicht möglich.

Treusein heißt, zum Beispiel, sich nicht der jeweils herrschenden Mode zur Anpassung und zum schnellen Wechsel zu unterwerfen. Dazu gehört Widerstandskraft.

Treusein heißt, zu seinem einmal gegebenen Wort stehen – selbstverständlich im Rahmen der jeweiligen menschlichen Möglichkeiten und der Kraft, die man hat.

Treusein heißt, die vielen Ja nicht alle auf Widerruf, und sei es auf heimlichen Widerruf, zu geben.

Treue hat etwas mit Trauen und Vertrauen zu tun.

Ehe ist ein Wert, den man im letzten nicht vertraglich regeln kann. Sie ist Ausdruck der Sehnsucht des Menschen nach Heimat und Geborgenheit.

Erlösung

In unserem deutschen Wort »Erlösung« steckt das Wort Lösung, das eine reizvolle Vielfalt von Assoziationen weckt.

Rätsel werden gelöst.
Spannungen können sich lösen.
Jeder Verkauf erzielt einen bestimmten Erlös.
Mineralien lösen sich in Flüssigkeiten auf.
Fesseln (Verträge, Ehen) werden gelöst.
Pfänder, Geiseln werden ausgelöst.

Ein Gegenbegriff wäre das »Verlies«, in dem man »verlassen« hockt. Immer geht es beim Lösen um das Aufmachen und Freigeben aus etwas Einengendem, das das Leben mindert, ja verhindert. Der »Erlöste« atmet tief durch und fühlt Weite vor sich.

Keine einsame, leere Weite — die über kurz oder lang auch wieder zum Verlies werden könnte —, sondern eine Weite, die verheißungsvoll Heimat bietet.

Hat nicht eine wirkliche *Liebe,* eine lebendige Beziehung diese Eigenschaft: daß in ihr die Gegensätze »Freiheit« und »Bindung« zusammenfallen? Freiheit schlechthin wäre gleichzeitig unendliche Einsamkeit und Unbehaustheit; Bindung schlechthin wäre ein Verlies. Beziehung aber schenkt Heimat in der Freiheit, löst paradoxe Widersprüche auf. Im Du wird das Ich es selbst; ohne das Du bleibt es sich selbst fremd.

Beziehung verändert dich völlig — und gleichzeitig kommen deine besten eigenen Möglichkeiten ans Licht.

Das ist, wie wenn ein Tropfen Wasser in ein Glas Wein fällt und sich scheinbar ganz auflöst, indem er den Geschmack und die Farbe des Weines annimmt;
und wie ein glühendes und leuchtendes Eisen, das ganz wie Feuer wird und seine frühere starre Form ablegt;
und wie die Luft, durch die ein Sonnenstrahl fährt, so daß sie selbst Licht zu werden scheint.
Zwar bleibt die Substanz, aber in einer anderen Form, in einer anderen Herrlichkeit, in einer anderen Potenz.

(Bernhard von Clairvaux, De diligendo Deo X,28)

Bedürfen wir der Erlösung? Das altmodische Wort, genauer in Augenschein genommen, wird höchst aktuell. Wieviel Krampf, wieviel Unerlöstes, wieviel Ungelöstes stecken in jedem von uns, stecken in dieser unvollkommenen Welt. Der Traum der Menschheit, für alles und jedes mit noch intelligenterer Wissenschaft und gekonnterer Technik eine Lösung finden zu können, erweist sich als Illusion: Aus jedem glücklich amputierten Drachenkopf wachsen sieben neue, und wir verheddern uns derzeit weltweit in immer mehr Problemen, statt endlich alles in den Griff zu kriegen (was dann vermutlich das schlimmste aller Probleme wäre). Das Entsetzen der Menschheit über Katastrophen hat den Beigeschmack der narzißtischen Enttäuschung, ja Empörung über sich selbst, immer noch Schwachpunkte zu haben und Unvorhersehbarem ausgesetzt zu sein.

Nicht von ungefähr setzt unsere allgegenwärtige Werbeindustrie offen oder versteckt bei unseren Wünschen nach Erlösung an. Sie bedient sich dabei hemmungslos aller verfügbaren religiösen Symbole.

Beim Durchblättern einer zufällig daliegenden Nummer des »Spiegel« auf die Werbung hin (Cover-Story »Lebenstraum Reichwerden. Die Erotik des Geldes«) finden wir:

»Instrumente des Trinkgenusses« (Trinkgläser)
»Kommunikationsqualität« (Kölner Messe)
»Die innovative Spitzenleistung für unsere Zukunft« (Textmarker)
»Auf Ihren Erfolg geben wir Ihnen jetzt Brief und Siegel« (Software)
»Wir brauchen Innovationen statt Restriktionen« (Chemie-Industrie)
»Absolute Bewegungsfreiheit« (Hosen)
»Auch Füße haben Gefühle« (Schuhe)
»Flötotto macht frei« (Einrichtungssysteme)
»Mobilität ist Leben« (BMW AG)
»Die schönste Aussicht der Welt« (Bitburger Bier)
»Das Wir-Prinzip« (DG Bank)
»Zu großartigen Farben kommt man auch ohne Schmerzen, Qualen oder Armut« (Farbkopierer)
»Leben und leben lassen« (Opel)
»Gesundheit für Haus und Bewohner« (Lüftungssysteme)
»Wenn sie gewinnen, sind wir alle Sieger« (Busse & Bahnen)
»Wir versichern Ihre Unabhängigkeit« (Mannheimer)
»Rausholen, was drin ist« (Postbank)
»Es gibt ein Unternehmen, das nie im Status quo ermüdet, dessen Vergangenheit immer wieder das Fundament für eine Zukunft ist, die geprägt wird durch innovative Produkte und Systeme« (AEG)
»Zukunft beginnt täglich« (Daimler-Benz)
»Wir halten Ihr Versprechen« (Kurierdienst)
»Das Dunkel. Die Träume. Die Angst. Das Licht« (Lichtschalter)
»Ein Warmdach. Ein Zuhause« (Dämmstoffe)
»Der Vorstoß in neue Wachstumsregionen« (Sparkassen)
»So sieht ein Schutzengel von der Gothaer aus« (Versicherung)

Die auffallendsten Themen sind: »Innovation«, »Zukunft«, »Freiwerden«, »Geborgenheit«, »Zuverlässigkeit«, »Genießen«.

Charakteristisch für alle diese »Lösungen« und »Erlösungen«, die uns da versprochen werden, ist, daß sie von *außen* kommen; um sie zu erlangen, müssen wir uns (bzw. unser Geld) jemandem *anvertrauen*, der uns helfen kann (oder jedenfalls behauptet, uns helfen zu können), weil wir uns selbst nicht helfen können.

Offensichtlich rühren alle, die sich uns fürsorglich anbieten, an eine unserer elementarsten Erfahrungen: die Erfahrung unserer Unfähigkeit, aus uns selbst heraus glücklich zu werden. Daniel Defoes »Robinson«, der Mann, der ganz allein, unabhängig von allen anderen Menschen, auf einer Insel leben kann, war ein typisches Phantasie- und Wunschprodukt des heraufziehenden Individualismus. In Wirklichkeit ist keiner eine Insel.

Auch die Menschheit als ganze ist keine Insel, die sich selbst genügen könnte. Grenzenlose Allmachts-, Wunscherfüllungs- und Glücksträume reißen sie endlos über alles praktisch Erreichbare und Erreichte hinaus. Darin ist sie offensichtlich anders als alle anderen Geschöpfe, denen ihr Instinkt einen begrenzten Wunsch- und Erfüllungsraum zuweist. Vor allem werden die Menschen sich immer an der härtesten und unvermeidlichen Grenze wundreiben: dem Tod. Der Tod ist das »Verlies«, in dem sich für ausnahmslos jeden und für die Menschheit insgesamt die Frage nach der »Erlösung« stellt.

Man kann der Auffassung sein, der Glaube, es gebe einen Gott, ein Jenseits, ein ewiges Glück, sei lediglich die Projektion menschlicher Wunschvorstellungen. Aber damit ist nicht erklärt, warum der Mensch diese so hartnäckig hat. Warum sollte er sinnlos auf etwas angelegt sein, was es gar nicht gibt, warum sollte er einen Großteil seiner Lebensenergie darin investieren, etwas Unerreichbares zu erlangen?

Ernst Ginsberg schrieb auf dem Sterbebett:

Es wäre für mich eine unvorstellbare Grausamkeit Gottes, eine so gewaltige und irdisch unerfüllbare Sehnsuchtskraft in das Menschenherz zu legen, wenn dieser Sehnsucht nicht eine Wirklichkeit nach dem Tode Genüge leistete.

(Abschied)

Mit diesem Argument ist die Existenz Gottes nicht zwingend bewiesen. Wahrscheinlich möchte er auch gar nicht zwingend bewiesen, sondern in Freiheit geglaubt und geliebt werden. So bleibt an dieser Stelle unserer Überlegungen über »Erlösung« unvermeidlich die Zumutung, einen Sprung des Glaubens zu tun.

Es gibt keine andere Möglichkeit für jeden ganz persönlich und für uns alle gemeinsam, erlöst zu werden, als das im Glauben von *Gott* zu erhoffen, und zwar von einem Gott, der sich für uns interessiert und engagiert. Denn zuallererst müssen wir erlöst werden von uns selbst, und diese Erlösung kann nur ein Größerer als wir selbst zustandebringen. Erlöst werden müssen wir von unseren fixen Ideen, wie wir selbst und die Welt sein müssen und wie die Dinge zu laufen haben.

Mit zunehmender Verdunstung eines lebendigen Gottesglaubens sind die Menschen verstörter und entsetzter, wenn ein Unglück passiert, und sie können nicht mehr damit umgehen. Sagen zu können: »Nun, so schwer es ist — Gott wird schon wissen, warum er das zugelassen hat. Sein Wille geschehe«, ist bereits ein spürbares Stück Erlösung, eine wirksame Aufsprengung des narzißtischen Mitleids mit sich selbst, ein Sich-Öffnen für den größeren, weiteren Sinn, und vor allem: für die Beziehung zu Gott.

Man schüttet das Kind mit dem Bade aus, wenn man eine solche Einstellung als Fatalismus denunziert, denn das Gegenteil ist die verbissene Verweigerung und schließlich die Verzweiflung.

Glaube schenkt Gelassenheit. Das ist eine Einstellung, in der sich Verspannungen lösen und der Blick frei wird für ungeahnte Möglichkeiten — etwa nach dem Tod eines Ehepartners, nach einem Unfall oder nach einer menschlichen oder materiellen Katastrophe. Die Fixierung auf die zerstörte Möglichkeit lähmt und macht krank; das Vertrauen auf einen tieferen Sinn hält offen und lebendig, weckt Phantasie und Kreativität für neue Lösungen.

Dabei gilt es sich zu lösen von einer weiteren fixen Idee: das Glück oder auch nur annähernd vollkommene Zustände seien jemals auf Erden erreichbar. Viele, die verbissen idealere Zustände herzustellen versucht haben, sind schließlich über Leichen gegangen und haben ein Trümmerfeld hinterlassen.

Wenn ich glaube, daß ich das vollkommene Glück auf Erden gar nicht erreichen muß; wenn ich es in einer ganz anderen Art von Leben nach meinem Tod bei Gott erhoffe, läßt mich diese Einstellung sensibler werden für das kleinere Glück: für die vielen wunderbaren Momente, die ich jeden Augenblick in der Gegenwart dankbar genießen darf. Und diese Einstellung gibt mir den Mut, das Machbare beherzt zu tun und nicht in Lähmung oder Mutlosigkeit zu verfallen angesichts des Übermaßes von Unvollkommenheiten und Nicht-Machbarem in der Welt.

Auf solche Weise einigermaßen erlöst oder zumindest »gelöst« leben kann man, wenn man sich unter der Obhut eines Größeren weiß. »Doch ich, ich weiß: mein Erlöser lebt, als letzter erhebt er sich über dem Staub« (Ijob 19,25): Diese Überzeugung verleihe eine geradezu übermenschliche Seelenstärke, wird in der Geschichte von Ijob erzählt, dem seine gesamte Existenz wie ein Kartenhaus zusammengebrochen war.

Anhand der Ijob-Gestalt wird bereits in Umrissen die Gestalt Jesu Christi vorgezeichnet, der noch deutlicher aus der Beziehung auf den Größeren, den er seinen »Vater« nannte, gelebt hat. Er wanderte erlöst und erlösend über diese Erde — das wollen alle Geschichten seiner Heilungswunder sagen —, in einem heiligen Leichtsinn und zugleich einer absoluten Radikalität. Er überstieg damit unser Menschenmaß und wird deshalb als Gott-Mensch bezeichnet, als »Gottes Sohn«. In ihm machte uns sozusagen Gott vor, was Menschsein heißen könnte und was es kostet: Es kostet das Leben.

Das Leben Jesu war keine rundum erfüllte, mit allem Wünschenswerten dieses Erdenlebens ausgestattete Existenz. Darum durchkreuzt es alle unsere allzu irdischen »Erlösungs«-Träume. Das Leben Jesu war ein radikal hingegebenes, also von seiner Ich-Sucht restlos befreites und darum unendlich offenes Leben: Darin aber besteht die wirkliche Erlösung.

Unendliche Offenheit macht schutzlos. Kein Wunder also, daß in einer aggressiven Welt Jesus rasch unter die Räder kam. Er nahm dieses Schicksal nicht ohne Angst an (die Geschichte seines Ringens in Getsemani sagt es deutlich), aber er blieb sich treu und schritt schließlich erhobenen Hauptes hinein, nahm das Kreuz und den Tod auf sich, stieß gerade so in ein unvorstellbar neues Leben durch und setzte einen Geist frei, der nicht mehr umzubringen ist. Seither ist er »der Weg, die Wahrheit und das Leben« (Johannes 14,6), der »Erlöser«, der den Weg vorausgegangen ist und alle mit seiner ewigen Vitalität ansteckt, die sich ihm anschließen.

Wer als Christ von »Erlösung« spricht, kann nicht anders, als so oder ähnlich von Jesus Christus zu erzählen. Jesus Christus ist der Maßstab für unsere Vorstellungen von Erlösung. Was an seiner Gestalt und seinem Schicksal vor allem deutlich wird, ist ein fundamentaler Gegensatz zu allen säkularen Vorstellungen von Glück und Heil und

Frieden. Religion — auch christliche — wurde und wird oft verzerrt dargestellt, als eine Art Heils- und Erlösungsautomat: Man wirft die Münzen seiner Gebete und Opfer hinein und darf die Schublade seiner Wünsche ziehen. In Wirklichkeit geht es darum, sich selbst hineinzuwerfen und sich führen zu lassen, wohin man nicht will (vgl. Johannes 21,18).

Angesichts dieser Überlegungen erhebt sich unvermeidlich der Einwand: Ist eine solche Sicht von »Erlösung« nicht zu privat, zu individualistisch? Hat »Erlösung«, die mit dem Kommen des »Reiches Gottes« versprochen ist, nicht vorrangig eine gesellschaftliche, politische Dimension? Kann, darf man sich auf das Fragen nach dem Willen Gottes für das eigene Leben konzentrieren, wenn es himmelschreiend viel Unrecht, Leid und Not in der Welt gibt? Die »Innovation«, um die es Jesus vorrangig geht, ist der neue »Mensch« — und nicht eine neue Organisation oder soziale oder politische Struktur.

Wenn solche Bewegungen entständen, müßten sie, um die nötige Macht zu erringen, nach den Gesetzen der Macht sich organisieren (wie die Kirche in der Zeit nach der urchristlichen Gemeinde), und die Selbstgesetzlichkeit der Organisation würde wieder zu genau denselben Reaktionen führen, die auch bei den jetzt schon Mächtigen zu beobachten sind. Auch den Organisatoren der Bewegung wird es wichtiger sein, in der Organisation der Bewegung ihren Platz zu behalten oder einen höheren zu erringen, als das Ziel der Bewegung zu verwirklichen. Leider sind dies immer zweierlei Dinge.

(Peter Noll, Diktate über Sterben & Tod)

Jesus ruft nie Massen, nie anonyme Kollektive, sondern immer konkrete Individuen in seine Nachfolge und versammelt solche persönlich Berufenen zu einer Gemeinschaft. Ein »neuer Mensch« allerdings (wie im oben beschriebenen Sinn) wird auch soziale und politische Tatkraft entwickeln, um gegen Unrecht und Not der Welt anzugehen. Er wird es tun mit der Demut und dem Pragmatismus dessen, der weiß, daß nicht *er* die Welt erlösen, aber immerhin ihre Schmerzen verringern kann.

Immer wenn die Reihenfolge verkehrt wird — wenn also nicht »neue Menschen« sozial und politisch aktiv werden, sondern wo soziale und politische Aktivität »neue Menschen« hervorbringen soll —, nimmt das Unterfangen gern pseudo-religiöse Züge an; entwickeln die Welt-Retter messianische Allüren, veranstalten Kreuzzüge und Heilige Kriege und stiften am Ende Chaos statt Erlösung. Sie versuchen, ihre fixen Ideen über neue »Weltordnungen« durchzusetzen und versteigen sich in Phantasien, allüberall und allzeit eingreifen und alles ins Lot bringen zu können. Da dies immer mit einem gerüttelten Maß an Gewalt verbunden ist, weckt es regelmäßig Gegen-Gewalt und Bitterkeit und löst am Ende nichts. Wahrscheinlich ist letztlich nichts endgültig lösbar, sondern wir müssen uns mit einem nüchternen Pragmatismus begnügen, der sich auf kleine und vorübergehende Lösungen und Besserungen beschränkt. Wir können die Welt nicht erlösen. Ich denke: Derzeit spüren wir das deutlicher denn je, einige Jahre, nachdem jemand naiv behauptet hat, wir hätten »das Ende der Geschichte« erreicht, weil alle großen politischen Konflikte und Antagonismen überwunden seien.

Fegefeuer

Wer von den Älteren erinnert sich nicht der »armen Seelen im Fegefeuer«, für die es zu beten galt, damit sie nicht zu lange dort bleiben mußten — ein Vaterunser, ein Ave-Maria, einen Rosenkranz?

Seltsam, dieses alte Wort »Fegefeuer«, ein Kehrbesen-Feuer, das etwas wegfegt, wegbrennt.

Heute geistert das Wort durch die Sprache wie ein Gespenst in der Nacht: »Das war das reinste Fegefeuer!« hört man manchmal jemanden sagen, wenn er durch eine schwierige, bedrängende, aufreibende, ihn auszehrende Situation hindurchgegangen ist.

Fegefeuer ist eine Zwischenzeit, ein vorübergehender, begrenzter Zustand.

So sehen es auch andere Religionen. Viele kennen Zwischenzeiten, Zwischenräume im Übergang von der Jetzt-Zeit in die Ewigkeit, vom Diesseits ins Jenseits, Aufenthaltsräume für die Seele, die noch reifen muß, um in die ewige Erfüllung und Vollendung einzugehen.

Tibetanisches Totenbuch:

O Edelgeborener, das, was Tod genannt wird, ist nun gekommen. Du scheidest von dieser Welt, aber du bist nicht der einzige; der Tod kommt zu allen. Hänge nicht in Torheit und Schwäche an diesem Leben. Selbst wenn du aus Schwäche daran festhältst, hast du nicht die Macht, hier zu bleiben. Du wirst nichts anderes gewinnen als die Wanderung im Kreislauf der Wiedergeburten.
O Edelgeborener,was immer auch an Furcht und Entsetzen im Zwischenzustand über dich kommen mag, vergiß nicht diese Worte und, indem du ihren Sinn bewahrst, geh vorwärts, in ihnen liegt das lebendige Geheimnis der Erkenntnis:

Ach, wenn die ungewisse Erfahrung der Wirklichkeit hier über mir anbricht, mit jedwedem Gedanken von Furcht oder Entsetzen oder Scheu gegenüber allen gespenstischen Erscheinungen, dann möge ich, welche Gesichte auch erscheinen, sie als Widerspiegelung meines eigenen Bewußtseins erkennen, dann möge ich wissen, daß sie zum Wesen der Erscheinungen im Zwischenzustand gehören. . ., dann möge ich die Scharen friedvoller und zorniger Geister nicht fürchten, da sie meinen eigenen Gedanken entspringen.

Im Christentum hat sich erst allmählich die Idee des Fegefeuers herausgebildet.

Das Judentum hat dabei eine wichtige Rolle gespielt. In der jüdischen Religion gibt es schon ein zwischen dem Diesseits und dem Jenseits liegendes »mittleres« Jenseits, eine Etappe, eine Zwischenstation, eine Reinigungspause. Jedenfalls war der direkte Weg in den Himmel unterbrochen.

Deutlicher wird es dann im Neuen Testament: Lazarus etwa wartet in Abrahams Schoß (Lukas 16,19–26) auf das letzte Urteil über sich — eine Form des Fegefeuers.

Aber erst im 12. Jahrhundert spricht man in der Theologie ausdrücklich vom Fegefeuer als einem Ort, an dem die Seele vor dem Jüngsten Gericht geläutert, gereinigt, gefegt wird.

Feuer

Feuer — das Urelement. Es ist allgegenwärtig in den Vorstellungen vom Jenseits. Feuer — in allen Religionen lodern die Feuer, es brennt überall, wo es um die letzten und manchmal auch um die ersten Dinge geht.

Die Welt wird aus dem Feuer geboren.
Die Welt versinkt im Feuer des Untergangs.
Feuer gebiert.
Feuer löscht aus.
Feuer löst auf.
Die züngelnde, zischende Materie ist eine Vernichterin.
Aber eine Wohltat ist sie auch.

Gelobt seist Du, mein Herr, durch Bruder Feuer,
durch den Du die Nacht uns erleuchtest.
Und schön ist er und fröhlich und gewaltig und stark.

(Sonnengesang des Franz von Assisi)

Daß in der Geschichte unserer Religion der negative Aspekt des Feuers schließlich überwiegt, hat viele Ursachen und Anlässe. Das Feuer ist unbändig, die Leidenschaft schlecht kontrollierbar. Schon im Alten Testament wußte man:

Stark wie der Tod ist die Liebe, die Leidenschaft ist hart wie die Unterwelt. Ihre Gluten sind Feuergluten, gewaltige Flammen. Auch mächtige Wasser können die Liebe nicht löschen.

(Hohes Lied 8,6—7)

So schien es angebracht, eine kühlere, kontrollierbare Form der Liebe zu propagieren: die sogenannte Nächsten-Liebe. Unsere Eltern und die heutige mittlere Generation verbinden noch ganz handfeste Ängste mit dem Feuer, dem Fegefeuer. Die Feuer in den Osternächten, zum Beispiel, waren nicht nur Zeichen des Lichts und des anbrechenden Heils, sondern immer war auch ein wenig Gänsehaut auf dem Rücken. Schließlich mußten wir das Brennmaterial, die vertrockneten Kränze für die Osterfeuer vom Friedhof holen.

Im Laufe der Zeit haben sich die Gewichte verschoben. Das Fegefeuer als Reinigungsort hat seine Bedeutung für die glaubenden Menschen verloren.

Wäre nicht das Fegfeuer eine Alternative zur angestrengten Lebenshast oder zur nachfolgenden Ermäßigung des Wünschens? Dieses alte Hoffnungsbild christlichen Glaubens wurde zwar im Laufe der Zeit arg beschädigt und wurde in Verbindung mit Geld zu einem Kampfthema der Reformatoren des sechzehnten Jahrhunderts gegen die katholische Kirche und ihre spirituell gestützte Geldbeschaffungspolitik. Trotzdem: Man müßte diese Lehre geradezu neu erfinden, gäbe es sie nicht bereits.

(Paul M. Zulehner, Ein Obdach der Seele)

Es ist völlig unverständlich, mit welcher positivistischen, ja naiven Selbstverständlichkeit der Weltkatechismus der katholischen Kirche das Fegefeuer (purgatorium) beschreibt:

Die abschließende Läuterung — das Purgatorium

Wer in Gnade und Freundschaft Gottes stirbt, aber noch nicht vollkommen geläutert ist, ist zwar seines ewigen Heiles sicher, macht aber nach dem Tod eine Läuterung durch, um die Heiligkeit zu erlangen, die notwendig ist, in die Freude des Himmels eingehen zu können.

Die Kirche nennt diese abschließende Läuterung der Auserwählten, die von der Bestrafung der Verdammten völlig verschieden ist, *Purgatorium (Fegefeuer)*. Sie hat die Glaubenslehre in bezug auf das Purgatorium vor allem auf den Konzilien von Florenz und Trient formuliert. Im Anschluß an gewisse Schrifttexte spricht die Überlieferung der Kirche von einem Läuterungsfeuer.

(Katechismus der katholischen Kirche, 1993)

Wie kann ein Mensch, der in der Wirklichkeit und in der Stimmung der heutigen Zeit lebt, so etwas »begreifen«?

Im Leben *vor* dem Tod gibt es moderne Ausgaben des Fegefeuers. Wenn wir tot sind, sind wir tot. Ist es wichtig zu wissen, was danach kommt? Wer weiß es denn?

Fegefeuer — modern

— Kindheit in Armut, Not, Krieg, auf der Flucht, in der Kälte fehlender Zuwendung und Geborgenheit
— Unglückliche Liebe
— Scheiternde Ehen
— Bodenlose Einsamkeit
— Behinderung
— Schulzeit
— Prüfungen
— Arbeitslosigkeit
— Asyl
— Entzug
— Gefängnis
— Verkehr
— Lange Krankheit
— Sterben
— Trauer

Es gibt Menschen, die kein Fegefeuer mehr brauchen. Sie haben hier schon mehr als genug davon.

Es kann aber auch sein, daß Menschen im Augenblick ihres Todes für die Fülle der Liebe noch nicht reif sind. Schon zwischen Menschen gibt es das Phänomen, daß wirkliche Liebe, nach vielen beschämenden Fehlern und entmutigenden Enttäuschungen endlich erfahren, regelrecht *wehtut.* Das Sich-öffnen eines verängstigten, verkrampften Herzens ist ein schmerzlicher Vorgang, der niemandem erspart bleiben sollte. Es tut auch weh und weckt schreckliche Beschämung, wenn jemandem die Augen aufgehen, wie sehr und lange er den verkannt, hintergangen und beleidigt hat, der ihm immer nur wohl wollte und ihn auch jetzt noch bedingungslos liebt. Darum ließen sich unter dem sogenannten »Fegefeuer« derartige Prozesse des Reifwerdens vorstellen. Da sie in der uns unvorstellbaren Dimension jenseits von Zeit und Raum stattfinden, können wir über ihre konkrete Ausdrucksform, geschweige ihre »Dauer«, nichts sagen. Doch werden sie sich auf jeden Fall im Bereich des Personalen, der Beziehung, der Liebe abspielen, und nicht in einer Art von himmlischem Konzentrationslager.

Freiheit

Wer möchte nicht frei sein? Frei von Angst, von Krankheit, Alter, Tod? Frei von Zwängen, die einem andere auferlegen? Frei von innerem Druck, von Konventionen? Einfach frei! Mancher zieht aus, die Freiheit zu lernen. Und kehrt entmutigt zurück, in seine Schranken verwiesen. Die Sehnsucht nach Freiheit bricht auf im Kerker der Endlichkeit.

Wir spüren jeden Tag viele Male, daß wir begrenzt sind, daß unsere Wünsche weiter gehen, als die Bedingungen der Wirklichkeit es zulassen. Und wir lernen — mühsam genug — von Anfang an: Freiheit haben wir nur im Rahmen von Endlichkeit, eingespannt in die Spannung zwischen Geburt und Tod. Die Sehnsucht nach Freiheit steigt auf aus der Erfahrung der Fesseln, die uns angelegt sind.

Über den Wolken muß die Freiheit wohl grenzenlos sein.
Alle Ängste, alle Sorgen, sagt man,
Blieben darunter verborgen und dann
Würde, was uns groß und wichtig erscheint,
Plötzlich nichtig und klein.

(Reinhard Mey, . . . alle meine Lieder)

Unser ganzes Streben zielt auf Freiheit, treibt uns in immer neue Versuche, in unbekannte Räume vorzustoßen, Neuland zu gewinnen. Aber Freiheit bleibt relativ, bezogen auf das Grunddatum unserer nicht verfügten und nicht verfügbaren Existenz.

Letztlich bleibt die Anerkennung einer vorgegebenen Abhängigkeit die Grundlage jeder sinnvollen Existenz. Und damit sind wir im Zentrum jeder Religion angelangt. Religion ist Unterbrechung der Autonomie und Anerkennung eigener Begrenztheit. Anders formuliert: Verzicht auf schrankenlose Selbstverwirklichung, Eingeständnis begrenzter Freiheit.

---

ich wurde nicht gefragt
bei meiner zeugung
und die mich zeugten
wurden auch nicht gefragt
bei ihrer zeugung
niemand wurde gefragt
ausser dem Einen

und der sagte
Ja

ich wurde nicht gefragt
bei meiner geburt
und die mich gebar
wurde auch nicht gefragt
bei ihrer geburt
niemand wurde gefragt
ausser dem Einen

und der sagte
ja

(Kurt Marti, Schon wieder heute — geburt. Ausgewählte Gedichte 1959-1980)

Wahre Freiheit hat ihre Grundlage nur in der Anerkennung von Bindung und ist nur möglich im Kontext von Bindung. Im Rahmen des Vorgegebenen sind wir vernünftig frei.

Eine besondere Qualität erhält die Freiheitsfrage angesichts des Glaubens an Gott, wie ihn das Christentum versteht. Es hat in der Christentumsgeschichte einen heftigen

Streit darüber gegeben, *wie* begrenzt der Raum unserer menschlichen Freiheit ist. Der Streit wird weitergehen und, solange es uns Menschen gibt, an kein Ende kommen.

Gott hat uns — so bekennen wir Christen — mit einem freien Willen — immer im Rahmen des Vorgegebenen — ausgestattet. Wir haben in der Tat die »Freiheit«, zu entscheiden, ob wir in Anerkennung der Tatsache, daß wir geschaffene, endliche und sterbliche Geschöpfe sind, unser Leben unter Gottes Gebot stellen wollen oder nicht.

Diese Freiheit haben wir wirklich. Welche Konsequenzen unsere gewaltige Freiheit hat, das bleibt umstritten. Eine Antwort darauf werden wir nicht finden. Der Glaube an einen liebenden und barmherzigen Gott verbietet eigentlich den Schluß, daß eine Entscheidung gegen ihn mit »ewiger Verdammnis« bestraft wird. Wie Gott mit unserer Entscheidung umgeht, ist seine Sache, steht in seiner eigenen unendlichen Freiheit. Aber entscheiden müssen wir uns, das ergibt sich aus unserer relativen Freiheit.

Der Hang, alles beim alten zu lassen, geht im Menschen so tief, daß eine Entscheidung, die grundlegende Veränderung beinhaltet, von ihm nur zu erwarten ist, wenn er begreift, daß in der kurzen Frist, die er zu leben hat, das Letzte auf dem Spiel steht, und daß er sich entscheiden muß . . .

(Heinrich Spaemann)

Es bleibt festzuhalten: Freiheit muß Freiheit bleiben. Gerade weil sie eingespannt ist in den Rahmen des Vorgegebenen. Niemand darf und kann diesen vorgegebenen Rahmen einschränken, kein Staat, keine Kirche. Aber auch das jeweilige Individuum ist diesem Gebot unterworfen, Willkür ist nicht gestattet.

Im Rahmen des Endlichen erstreckt sich unser Spielraum zur Freiheit. Daß dabei die Versuchung der Grenzenlosigkeit aufkommt, sollte uns nicht erschrecken.

Der Hunger nach Freiheit ist grenzenlos. Aber die Freiheit des Hungers nach Freiheit hat ihre Grenzen. Gott ist absolut, wir sind bedingt.

Friede

Friede — das scheint ein Traum zu sein, den wir nie erreichen. Und wenn wir ihn erreichen sollten, sind wir nicht fähig, darin zu leben. Der Friede hat etwas Langweiliges an sich. Schon Adam und Eva waren unzufrieden in ihrem Frieden, der uns doch als völlig paradiesischer Friede vorgestellt wird.

Nicht der Friede, sondern der Krieg sei der Vater aller Dinge, hat vor zweieinhalbtausend Jahren Heraklit gesagt. Dem scheint unsere Erfahrung zu entsprechen, daß in der Tat der Konflikt produktiver ist als die Ruhe. Wer zu lange im Frieden lebt, der verspießert; wer nicht irgendwann aufgestöbert und aus seinem friedlichen Nest aufgeschreckt wird, der verschläft sein Leben oder kreist allzusehr um sich selbst. Es ist der Streit von Parteien und Interessengruppen, um nicht zu sagen: von Egoismen, was als Motor unser gesellschaftliches und wirtschaftliches Leben in Schwung hält, und dieser Widerstreit ist tatsächlich effektiver als die müden Apparaturen jener von konkurrenzlosen Einheitsparteien angekurbelten Planwirtschaften, deren Bankrott wir unlängst erlebt haben. Auch in der Kirche ist Entsprechendes zu beobachten: Wo sie zu sehr im Frieden lebt und sich etablieren kann, wird sie steril; wo sie verfolgt und ihrer Mittel beraubt wird und um ihr Leben zu kämpfen hat, wirkt sie am ehesten überzeugend.

Wir sehnen uns nach dem Frieden, aber wir haben keine besonders guten Erfahrungen mit den Formen des Friedens, die die Menschen herzustellen vermögen. Meistens zwingt einer dem anderen seine Vorstellungen auf und verlangt bedingungslose Unterwerfung. So war der Friede beschaffen, den der römische Kaiser Augustus dem »ganzen Erdkreis« bescherte und von dem der Dichter Vergil gesungen hatte, er bedeute die Wiederherstellung der paradiesischen Zustände des »Goldenen Zeitalters«. In Wirklichkeit war das ein mit Waffengewalt erzwungener Friede, der die unterjochten Völker zu Kolonien und Lieferanten Roms degradierte. Selbst moderne Visionen einer »Pax americana« oder einer von der »Ersten Welt« diktierten »Neuen Weltordnung« tragen diese Züge, mögen auch die Mechanismen kultureller und wirtschaftlicher Unterjochung ein wenig raffinierter und versteckter geworden sein.

Es ist nicht einfach, sich den wahren, vollen, endgültigen Frieden vorzustellen — nicht einfacher, als sich den Himmel oder *Gott* vorzustellen. Das liegt an der Natur Gottes und an der Natur des Friedens.

Alle Arten von Frieden, die uns bislang geläufig sind, alle Zustände, die uns ein Empfinden des Friedens einflößen, scheinen gekennzeichnet von einer Drosselung, wenn nicht Abwesenheit des Lebens: der Friede einer Schneelandschaft, der Friede des Hochgebirges, der Friede einer vom Menschen unberührten Natur, der Friede im Alleinsein, zurückgezogen vom Gelärm der Menschen, der Friede der Nacht, des Schweigens, der Leere. Über die Leichname unserer Toten, in denen kein Leben mehr ist, sprechen wir den Wunsch: »Ruhe in Frieden!«, und es kommt uns vor, als hätten sie endlich den Frieden gefunden, um den wir sie, angestrengt vom Leben, zuweilen heimlich beneiden. Also wären Friede und Leben in unserer menschlichen Erfahrung Gegensätze?

In der Apokalypse des Johannes wird als Vision des Friedens keine unberührte, menschenleere Landschaft beschrieben, sondern eine von Leben quirlende Stadt (Offenbarung 21, 2.10), also eine ungeheure Ansammlung von Menschen. Als Quelle des Friedens läßt sich darin Gott selbst nieder.

Seht die Wohnung Gottes unter den Menschen! Er wird in ihrer Mitte wohnen, und sie werden sein Volk sein; und er, Gott, wird bei ihnen sein. Er wird alle Tränen von ihren Augen abwischen: Der Tod wird nicht mehr sein, keine Trauer, keine Klage, keine Mühsal.

(Offenbarung 21,3—4)

Den wirklichen, endgültig befriedigenden Frieden können wir Menschen uns gar nicht vorstellen, geschweige denn selbst herbeiführen. Alle unsere — gewiß unbedingt notwendigen — Friedensbemühungen sind nur vorläufiges Stückwerk. Der richtige Friede muß über uns kommen. Tatsächlich finden wir in der Weisheitsliteratur des Alten Testaments den Gedanken, nicht der Mensch suche den Frieden, sondern umgekehrt: der Friede Gottes suche den Menschen und finde niemanden, der ihn aufnehmen wolle.

Den Kreis des Himmels umschritt ich allein, in der Tiefe des Abgrunds ging ich umher. Über die Fluten des Meeres und über alles Land, über alle Völker und Nationen hatte ich Macht. Bei ihnen allen suchte ich einen Ort der Ruhe, ein Volk, in dessen Land ich wohnen könnte. Da gab der Schöpfer des Alls mir Befehl; er, der mich schuf, wußte für mein Zelt eine Ruhestätte. Er sprach: In Jakob sollst du wohnen, in Israel sollst du deinen Erbbesitz haben.

(Jesus Sirach 24,5—8)

Die Autoren des Neuen Testaments knüpften an diese Vorstellung an, als sie beschrieben, wie in Jesus Christus der Friede Gottes auf die Erde gekommen sei. »Auf Erden ist Friede bei den Menschen seiner Gnade!« singen die Engel bei der Geburt Jesu (Lukas 2,14). »Er kam in sein Eigentum, aber die Seinen nahmen ihn nicht auf«, schrieb Johannes (1,11) aus dem Abstand mehrerer Jahrzehnte.

»Herodes und mit ihm ganz Jerusalem« seien *erschrocken* bei der Nachricht, der Messias, der Friedenskönig sei geboren, erzählt Matthäus (2, 3). Sie wollten von ihm in Frieden — in ihrer Art Frieden — gelassen werden. Um diesen Frieden zu erhalten, suchte Herodes nach dem Kind, »um es zu töten« (Matthäus 2, 13). Lukas berichtet, später habe Jesus angesichts der Stadt Jerusalem geweint.

Wenn doch auch du an diesem Tag erkannt hättest, was dir Frieden bringt. Jetzt aber bleibt es vor deinen Augen verborgen. Es wird eine Zeit für dich kommen, in der deine Feinde rings um dich einen Wall aufwerfen, dich einschließen und von allen Seiten bedrängen. Sie werden dich und deine Kinder zerschmettern und keinen Stein auf dem andern lassen, denn du hast die Zeit der Gnade nicht erkannt.

(Lukas 19,42—44)

Wahrscheinlich ist — welches Paradox! — unser Bedürfnis, in Ruhe gelassen zu werden, das schwierigste Hindernis, das wir dem Einzug des Friedens Gottes entgegenstellen. Unser träger, ichbezogener, menschen- und lebensfeindlicher Friede ist das gerade Gegenteil des Friedens Gottes.

Meint ihr, ich sei gekommen, um (diesen) Frieden auf die Erde zu bringen? Nein, sage ich euch, nicht Frieden, sondern Auseinandersetzung!

(Lukas 12,51)

Der Friede bestehe nicht im Sich-selbst-Bewahren, hat Jesus Christus uns vorgelebt, sondern im Sich-Hergeben, in der dynamischen Beziehung zum andern. Der Friede ist kein Zustand, sondern ein Jemand: »Er (Jesus Christus) ist unser Friede« (Epheser 2,14). Das ist ein Friede, »nicht wie die Welt ihn gibt« (Johannes 14,27), sondern ein Friede in der Bedrängnis (Johannes 16,33) und Verwundbarkeit, im Einsatz, mitten in den Turbulenzen des Lebens; nicht unbedingt eine innere Erfahrung seelischer Ruhe, sondern das Bewußtsein, »richtig zu liegen«; ein tiefes Wissen, in der Beziehung, in der Wahrheit, in Gott zu stehen und von ihm über allen Abgründen gehalten zu werden.

Gebet

Wer heute außerhalb der Kirchenmauern öffentlich über Gebet nachsinnt und spricht, muß sich darauf gefaßt machen, ein wenig seltsam angeschaut und gefragt zu werden, ob das denn noch wirklich in unsere Zeit hineinpasse: mit Gott zu sprechen, ihn anzurufen, ihn zu loben, zu preisen, in ihm die Quelle, das Licht des Lebens zu suchen und zu sehen. Beten ist Eingeständnis einer tieferen Abhängigkeit. Es sind die Unempfindlichsten nicht, die die Skepsis, aber auch den Willen, ihr Leben selbst zu bestimmen, zum Ausdruck bringen, die sich nicht dem Wirken fremder Macht und den Ordnungen fremden Gesetzes unterwerfen und abhängig machen wollen.

Gott
Ich leb mein Leben ohne Gott
Aber mit seiner Negation
Und treibe mit ihm keinen Spott
Ich kenne keine Religion,
der ich mich unterwerfen würde.
Aber ich achte das Prinzip:
Nehmt voneinander eure Bürde
Und: habt den anderen Menschen lieb,
Er ist wie ihr. Alttestamentlich
Geprägter schöner Gleichheitssatz
Und wär das Weltall auch unendlich,
Die Erde hat für alle Platz
Und Gott war diesseits oder gar nicht
Verkörperung für ein Gesetz. *Wir* wollen Flieger
sein mit Klarsicht,
Artisten ohne Seil und Netz.

(Eva Strittmatter)

Vielen werden zum Thema Beten heute Sätze einfallen, Erinnerungen aus frühen Kindertagen aufsteigen.

Etwa: »Not lehrt beten«; oder: »Da hilft nur noch beten.« Momente großer Angst — seltener großer Befreiung — Augenblicke, Minuten, Stunden der Verzweiflung. Vielleicht noch die Abende zu Hause, wenn die Mutter — seltener der Vater — am Bett saß und einen Text vorsprach, den man sich dann zu eigen machte.

Weniger schon werden es sein, die noch ein Andenken haben an die geprägte Welt kirchlichen Betens: an die Gebete der großen, feierlichen Gottesdienste, bei Weihrauchduft und Orgelklang, an die Vesper, lateinisch gesungen, an die Sterbegebete, die Klagepsalmen in den Metten der Karwoche. Nicht zu vergessen der gregorianische Choral in den Klosterkirchen, aber auch der ewige Singsang der Rosenkränze und Litaneien.

Das Gebet hat sich, von Ausnahmen abgesehen, zurückgezogen hinter die Mauern der Kirchen und Gebetsräume, es fristet ein Leben schönen Scheins, der jedoch mit der wirklichen Wirklichkeit des Lebens der Menschen von heute nicht mehr allzuviel zu tun hat.

Die Krise des Betens hat viele Ursachen. Eine hat Martin Buber so formuliert:

Die Tatsache, daß es dem heutigen Menschen so schwerfällt zu beten (wohlgemerkt: nicht für wahr zu halten, daß es einen Gott gibt, sondern ihn anzusprechen), und die Tatsache, daß es ihm so schwerfällt, mit seinen Mitmenschen ein echtes Gespräch zu führen, sind Stücke eines einzigen Sachverhalts.

Beten hat also etwas mit dem Leben zu tun — mit dem Ganzen, nicht mit einem heiligen Rest, der bleibt, wenn man allem, fast allem, entsagt hat, wenn alles, fast alles, menschlich unmöglich und aussichtslos geworden ist.

Wenn Beten überhaupt Sinn hat, haben soll, dann muß es am Anfang stehen, nicht am Ende. Im Beten kommt der Mensch zu seiner innersten Sehnsucht, deren er sich oft gar nicht bewußt ist. Wenn der Mensch dieser Sehnsucht nachgeht — auch wenn er sie nicht ins Wort bringen kann —, ist er schon im Gebet. Denn dann bringt er seine tiefste Tiefe zum Ausdruck, macht sich offen und bereit für den Einbruch des Ewigen und Unendlichen in seine Zeit und Endlichkeit.

Es gibt viele Anlässe in unserer Zeit, dieser großen Sehnsucht nachzugehen.

Wenn nicht alles täuscht, machen sich hinter allem hochgemuten Konsum- und Machbarkeitsrausch zunehmend Skepsis und Verzweiflung unter den Menschen breit. Die Angst wächst, vom eigenen Fortschritt unterjocht, wenn nicht gar zerbrochen zu werden.

Man muß nicht unbedingt die großen Zeichen am Himmel bemühen, wie etwa die explodierende Challenger und die entsetzten, beinahe mythische Züge tragenden Gesichter der erschrockenen und trauernden Menschen. Es genügt schon, die Einsamkeit der Kinder hinter ihren Computern und Computerspielen wahrzunehmen, die Verschlossenheit und Gefangenheit zwischen den Kopfhörern der laut dröhnenden Walkmans. Da zeigt sich etwas von Leere, Fensterlosigkeit, die keine Ausblicke mehr gestattet.

Die Angst und die Verzweiflung wachsen. Darüber helfen auch die Gegenargumente und Einwände, die es zweifelsohne gibt, nicht hinweg. Was sich im Letzten dahinter verbirgt, hat vor über 50 Jahren Antoine de Saint-Exupéry auf einen Nenner gebracht:

Ach, es gibt nur ein Problem, ein einziges in der Welt. Wie kann man den Menschen eine geistige Bedeutung, eine geistige Unruhe wieder geben; etwas auf sie herniedertauen lassen, was einem gregorianischen Gesang gleicht? Sehen Sie, man kann nicht mehr leben von Eisschränken, von Politik, von Bilanzen und Kreuzworträtseln. Man kann es nicht mehr.

(Brief an einen General)

Beten ist Anerkennung, daß ich eingebettet bin in Zusammenhänge, die ich nicht selbst zusammengehängt habe, ja auch in Verhängnisse, die ich nicht selbst verhängt habe. Beten ist Annahme des Vorgegebenen.

Hier ist die empfindlichste Stelle überhaupt: Ich kann nicht leben ohne die Anerkennung — und sei es schreiend, tobend, zweifelnd, bittend, preisend, flehend, weinend, lachend, redend, schweigend, hörend, sehend, vertrauend, entsetzt — von etwas, was größer, weiter, höher und tiefer, eindringender und umfänglicher ist, als ich selbst es je sein kann.

Dieses »Etwas« ist »mein Heimweh« (Augustinus). Und es kommt nicht zur Ruhe, solange ich lebe. Wer zu beten versucht, läßt dieses Heimweh zu. Läßt es wachsen, läßt es groß werden in sich, auch wenn es schmerzt.

Das Gebet gehört zum Nervenzentrum aller großen Religionen. Seit die Menschen der Sprache mächtig sind, bringen sie ihre Verwiesenheit auf ein Unendliches, das wir Gott nennen, ins Wort und reden von den Grundbedingungen unserer menschlichen Existenz.

Ich steh vor dir mit leeren Händen, Herr;
fremd wie dein Name sind mir deine Wege.
Seit Menschen leben, rufen sie nach Gott;
mein Los ist Tod, hast du nicht andern Segen?
Bist du der Gott, der Zukunft mir verheißt?
Ich möchte glauben, komm mir doch entgegen.

Von Zweifeln ist mein Leben übermannt,
mein Unvermögen hält mich ganz gefangen.

Hast du mit Namen mich in deine Hand,
in dein Erbarmen fest mich eingeschrieben?
Nimmst du mich auf in dein gelobtes Land?
Werd ich dich noch mit neuen Augen sehen?

Sprich du das Wort, das tröstet und befreit
und das mich führt in deinen großen Frieden.
Schließ auf das Land, das keine Grenzen kennt,
und laß mich unter deinen Söhnen leben.
Sei du mein täglich Brot, so wahr du lebst.
Du bist mein Atem, wenn ich zu dir bete.

(Huub Oosterhuis/Gotteslob, Nr. 621)

Das Gebet kann viele Formen annehmen und kann auf vielerlei Weise geschehen. Auch Schweigen ist Beten. Auch einfaches Dasein in Freude, Trauer und Schmerz ist Beten. Man kann mit dem Körper beten, nicht nur mit dem Geist, mit der Seele. Beten heißt auch, zu sich selber kommen. Wenn man bei sich selber ist, ist man bei dem, der wollte, daß man so ist, wie man ist. Je authentischer jemand lebt, desto mehr gerät er in die Mitte des Geheimnisses, das ihn so sein läßt, wie er ist.

Beten ist der Versuch, aus den Entfremdungen unseres Lebens wieder zurück in die Heimat zu kommen.

Letztlich kreist jeder Versuch des wirklichen Lebens und Betens um ein Geheimnis, das in der Zeit unseres Lebens nie erreicht werden kann. Wer alles weiß, kann nicht mehr beten. Versucht ein Mensch zu beten, so wird er beinahe zwangsläufig in einen Schmelzofen der Verwandlung geführt.

Wer Gott will, dem wird alles verbrannt, was nicht in Gott eingehen kann. Wenn wir beten, vollzieht sich diese Läuterung. Darum ist der Weg des Gebets immer ein Weg wachsender Liebensfähigkeit. Wir beginnen Gott zu lieben, aus unserer ganzen

Seele, aus unserem ganzen Herzen, aus unserem ganzen Gemüte und aus allen unseren Kräften.

(Hubertus Halbfas, Der Sprung in den Brunnen. Eine Gebetsschule)

Letztlich heißt das: Sein Leben beten.

Gehorsam

Auf das Dach des Küchengebäudes im Konzentrationslager Auschwitz war mit großen Buchstaben folgender Satz gemalt:

ES GIBT EINEN WEG ZUR FREIHEIT — SEINE MEILENSTEINE HEISSEN GEHORSAM, FLEISS, SAUBERKEIT, EHRLICHKEIT, WAHRHAFTIGKEIT, NÜCHTERNHEIT UND LIEBE ZUM VATERLAND.

Das sind sie, die KZ-Tugenden, die Generationen von Menschen in Deutschland in diesem Jahrhundert geprägt haben. Sie haben Auschwitz ermöglicht, das gehorsame, fleißige, saubere, ehrliche, wahrhaftige, nüchterne Morden von Millionen unschuldiger Menschen. Gehorsam in Deutschland — ein Wort aus dem Wörterbuch des Unmenschen.

Auf der Suche nach den Wurzeln wird man — so schrecklich die Ein-Sicht ist — auch kirchlich fündig.

Rudolf Höss, der Kommandant von Auschwitz, schreibt in seinen autobiographischen Aufzeichnungen über seine ganz und gar katholisch geprägte Kindheit:

Ganz besonders wurde ich immer darauf hingewiesen, daß ich Wünsche oder Anordnungen der Eltern, der Lehrer, Pfarrer usw., ja aller Erwachsener bis zum Dienstpersonal unverzüglich durchzuführen bzw. zu befolgen hätte und mich durch nichts davon abhalten lassen dürfe. Was diese sagten, sei immer richtig.

Diese Erziehungsgrundsätze sind mir in Fleisch und Blut übergegangen.

Ich kann mich noch gut entsinnen, wie mein Vater — der als fanatischer Katholik ein entschiedener Gegner der Reichsregierung und deren Politik war — seinen Freunden stets vor Augen hielt, daß, trotz aller Gegnerschaft, die Gesetze und Anordnungen des Staates unbedingt zu befolgen wären.

(Kommandant in Auschwitz. Autobiographische Aufzeichnungen)

Und später, selbst Häftling im Zuchthaus, in den zwanziger Jahren, notiert er:

Von Jugend auf zu unbedingtem Gehorsam, zu peinlichster Ordnung und Sauberkeit erzogen, fiel es mir hinsichtlich dieser Dinge nicht besonders schwer, mich in das harte Zuchthausleben einzufügen. Gewissenhaft erfüllte ich meine mir genau vorgeschriebenen Pflichten, machte meine geforderte Arbeit, meist mehr, zur Zufriedenheit der Werkmeister und hielt meine Zelle stets musterhaft sauber und in Ordnung, so daß selbst die böswilligsten Augen nichts zu Beanstandendes finden konnten.

Was hat das alles mit Gott zu tun, dem man »mehr« gehorchen soll als Menschen (Apostelgeschichte 5,29)? Angesichts einer zweitausendjährigen Christentumsgeschichte ist diese Frage erlaubt. Oder nicht?

Gehorsam — ein altes kirchliches Kapitel, ein schreckliches zuweilen auch.

Die Gehorsamspflicht verlangt von allen, der Autorität die ihr gebührende Ehre zu erweisen und die Personen, die ein Amt ausüben, zu achten und ihnen — je nach Verdienst — Dankbarkeit und Wohlwollen entgegenzubringen.

(Katechismus der katholischen Kirche, 1994, Nr. 1900)

Schließlich ist auch der Kadavergehorsam, der sprichwörtliche, im kirchlichen Raum beheimatet. Ignatius von Loyola hat den Begriff verwendet, um sein Verständnis von Gehorsam plastisch und drastisch darzustellen.

Der Anspruch des Gehorsams begegnet uns das ganze Leben lang. Schon in der Kindheit und Jugend wurde Gehorsam von uns erwartet. Das Militär in der ganzen Welt fußt auf dem Prinzip von Befehl und Gehorsam. Und in unseren Wirtschafts- und Sozialstrukturen herrschen Zwänge — zuweilen als Sachzwänge getarnt —, die nahezu blinden Gehorsam im Dienst eines Unternehmens oder einer Gruppe verlangen.

Wir müssen noch einen Augenblick bei der Kirche verweilen. Der Begriff des Gehorsams ist für viele Menschen heute immer noch eng mit der Institution Kirche verbunden. Nicht in einem guten Sinn: Kirche wird von vielen — vor allem vielen »Oberen« — noch verstanden wie das Militär: Es gibt Befehlende und Gehorchende. Das war immer so — und manche meinen, das wird immer so bleiben. Aber müssen nicht auch Befehlende gehorchen, und haben nicht auch Gehorchende zu befehlen? Das »alte« Gehorsamsverständnis steht noch auf dem Papier. Aber sein Leben hat es längst verloren. Der Kadavergehorsam selbst ist ein Kadaver. Wir können ihn vergessen. Wer tot ist, vermag nicht mehr zu hören oder zu gehorchen. Gehorchen kann nur, wer lebt.

Wir dürfen mehr, als wir »dürfen«. Gehorsam verträgt Freiheit, »Zucht und Ordnung« sind sein Untergang. Gehorsam hat viele Menschen in einen sinnlosen, seelischen und körperlichen Tod getrieben — auch in der Geschichte der Kirche.

Gehorchen kann man nur frei-willig, kritisch, auch selbstkritisch. Und Gehorsam schließt Kritik ausdrücklich ein, schafft sie nicht autoritär ab, schiebt sie nicht beiseite. Gehorchen ist Suchen und Finden des innersten Lebensprinzips.

Was höre ich, wenn ich horche, wenn ich ge-horche? Ich höre die Stimme eines anderen, des ganz Anderen. So werde ich Person. Person — ganz wörtlich genommen — kommt vom lateinischen per-sona. Ursprünglich war sie die Maske, die die Chorsänger auf der griechischen Theaterbühne vor ihrem Gesicht trugen. Durch die Persona drang die Stimme dessen, dessen Gesicht man nicht sah, dessen Stimme man nur hörte. Wenn ich Person bin, wirklich und wahrhaftig, bin ich eine oder einer, durch dessen Da-sein die Stimme, der Ruf, der Ton, der Klang, die Musik eines ganz Anderen zu Gehör kommen. Wer spricht, wenn ich spreche?

Das ist ein radikaler, ein wurzelhafter Vorgang. Die Grenze zwischen Abhängigkeit und Freiheit ist messerscharf — man verletzt sich leicht an ihr, wenn man gehorsam ist, und leicht wird man an ihr verletzt.

So gesehen ist Gehorsam kein einmaliger Akt, sondern ein lebenslanger Vorgang. Dies meint auch der »evangelische Rat« des Gehorsams.

Gnade

Immer, wo man »Gnade vor Recht ergehen läßt«, entsteht ein schwieriges Problem: Gnade lädt zur Unmoral ein, ja fordert geradezu dazu auf. Das zersetzt die Grundlagen jedes Gemeinwesens. Wahrscheinlich ist Jesus genau wegen dieses Problems hingerichtet worden. Als er ein »Gnadenjahr des Herrn« ausgerufen hat (Lukas 4,19), also eine göttliche General-Amnestie, hat er jenes System der Gerechtigkeit unterminiert, das das Zusammenleben der Menschen untereinander und mit Gott ordnet. Wenn sich einem Schächer am Kreuz nach einem versoffenen, verhurten, kriminellen Leben auf seine schlichte Bitte hin sofort die Türen des Paradieses auftun, muß sich jeder als Depp vorkommen, der sich Zeit seines Lebens um ein anständiges Leben bemüht, nie zu sehr über die Stränge geschlagen und sich für seine Mitmenschen selbstlos eingesetzt hat. Es entspricht derselben Logik, daß man eine Hölle geradezu braucht, nämlich um der Moral willen. Wo kommen wir denn hin, wenn letzten Endes allen der Himmel winkt? Das demotiviert jede Disziplin!

Zu sagen, am Ende werde alles gut, ist tröstlich; ein Fanfarenstoß ist es allerdings nicht. Wir müßten heute eher betonen, es könne auch alles schlecht ausgehen. In dem Punkt trifft sich die anspruchsvollste Religion mit der billigsten Romanze: sie ist eine Geschichte mit offenem Ende. In einem spannenden Roman wird der Held nicht von den Kannibalen verspeist; aber für die Spannung ist es wesentlich, daß er von ihnen durchaus verspeist werden *könnte*. Der Held muß (sozusagen) ein eßbarer Held sein. So hat die christliche Morallehre dem Menschen nie gesagt, er *werde* seine Seele verlieren, wohl aber immer, er müsse aufpassen, *daß* er sie nicht verliere. Kurz: es wäre niederträchtig, jemanden als »verdammt« zu bezeichnen; aber Religion und Philosophie gebieten, ihn als grundsätzlich verdamm-bar zu bezeichnen.

(Gilbert K. Chesterton, Orthodoxy)

Die demoralisierenden Gleichnisse Jesu, mit denen er erklärt, was Gnade ist, sind zahlreich und eindeutig. Da ist die Geschichte vom entlaufenen Sohn, der zum Verdruß des treu gebliebenen älteren Bruders mit einem rauschenden Fest daheim empfangen wird, nachdem er sein Erbe verjubelt hat (Lukas 15,11—32). Da ist das Gleichnis von den Arbeitern im Weinberg, demzufolge der Stundenlohn für zwölf Stunden mühseliger Arbeit der gleiche sein soll wie für eine Stunde (Matthäus 20,1—16).

Es fällt uns ungemein schwer, Augenzeugen hemmungsloser Gnaden-Verteilung zu sein — solange diese Gnade anderen zuteil wird. Wir kommen uns dann als die Betrogenen vor, die sich eine Mühe gegeben haben, welche nicht honoriert und nicht vor denen ausgezeichnet wird, die sich keine Mühe gegeben haben. Dahinter steckt genau besehen eine gehörige Portion Selbstgerechtigkeit: die Auffassung nämlich, man habe redlich verdient, was anderen Faulpelzen in den Schoß geworfen wird.

In Wirklichkeit lebt jeder von uns davon, daß wir nicht nach unserer Leistung beurteilt, sondern aus purer, unverdienter Sympathie — eben aus Gnade — angenommen werden. Es mag sein, daß wir uns viele der Vergehen und Versäumnisse, die uns bei anderen in die Augen springen, in der Form nicht haben zuschulden kommen lassen. Wer kann sagen, das sei nur seiner eigenen Leistung zuzuschreiben, und nicht doch auch der Gnade, dem Glück, den günstigeren Umständen seines Charakters und Lebens? Und wer kann sagen, er habe nicht seine eigene, wenn auch verborgenere Schuldensumme von Vergehen und Versäumnissen, auf deren Tilgung aus Gnaden er angewiesen sei?

Christ ist vielmehr, wer weiß, daß er ohnedies und in jedem Falle zuerst vom Beschenktsein lebt; daß folglich alle Gerechtigkeit nur darin bestehen kann, selbst ein Schenkender zu sein, dem Bettler gleich, der dankbar für das Empfangene seinerseits großzügig weiterverteilt. Der nur Gerechte, rechnend Berechnende, der glaubt, selbst die weiße Weste erschaffen und darin ganz sich selbst aufbauen zu können, ist der Ungerechte. Menschliche Gerechtigkeit kann nur im Lassen des eigenen Anspruchs und in der Großzügigkeit Mensch und Gott gegenüber sich erfüllen. Es ist die Gerechtigkeit des »Vergib, wie wir vergeben haben« — diese Bitte erweist sich als die eigentliche Formel christlich begriffener menschlicher Gerechtigkeit: Sie besteht im Weitervergeben, da man selbst wesentlich von der empfangenen Vergebung lebt.

(Joseph Ratzinger, Einführung in das Christentum)

Das Leistungsprinzip, dessen Vorherrschen in unserer Gesellschaft wir alle beklagen, ist gnadenlos. Nur dort, wo es Lücken hat: Wo nicht Leistung zählt, sondern ungeschuldete Liebe, Sympathie, Nähe, Freundschaft, Treue, Verzeihen, Muße, Heiterkeit, Humor, Glück zum Zug kommen, können wir aufatmen und uns unseres Lebens freuen: Alle diese wesentlichen Werte — und noch viele andere, angefangen bei unserer Gesundheit bis zum Erhalt unserer Unversehrtheit im Lauf jedes neuen Tages — fallen uns aus Gnaden zu, sind nicht (oder nur in sehr begrenztem Maß) erwerb- und manipulierbar. Keiner von uns, ausnahmslos keiner, ist »gerecht« in dem Sinn, daß er ein *Recht* auf all das hätte.

Martin Luther wurde von der Frage umgetrieben: »Wie kriege ich einen gnädigen Gott?« Scheinbar ist das nicht mehr die Frage, mit der wir uns alle herumschlagen. Diese lautet heute eher: »Wie kriege ich einen gnädigen Nächsten? Wie schaffe ich es, anerkannt, beliebt, gefragt zu sein, nicht abgelehnt, isoliert, alleingelassen zu werden?« Im Grunde ist das jedoch immer noch die gleiche ur-religiöse Frage: Wie man mit dem Leben und den Menschen und dem Sinn von allem zurechtkomme, wie man Inhalt und Fülle finde, und nicht Leere, Alleinsein und Enttäuschung.

»Man muß nur wollen, dann erreicht man alles«, vertritt ein bestimmter Typus von Willensmenschen und Aposteln des »positiven Denkens«. Aber ist nicht das Wollenkönnen schon wieder ein gut Stück Glück? Gnade. Warum kann es der eine, und der andere kann es nicht, obwohl er es doch gern will?

Die Diskussion über das Verhältnis von freiem Willen und Gnade ist im Abendland zweitausend Jahre alt. Eine Lösung im Sinn eines definierbaren Proporzes beider Elemente gibt es nicht. Beides wirkt auf unerklärliche Weise ineinander; keines macht das andere entbehrlich. Ein anschauliches Beispiel dafür ist der sogenannte »begnadete Künstler«. Ihm ist das gewisse Etwas, das Sprühende und Charismatische in den Schoß gefallen, das man nicht wollen und nicht machen kann. Aber es gehört ungeheuer viel Willenskraft und Fleiß dazu, damit sich diese Gabe entsprechend entfalten kann.

Das einzige, dessen wir uns rühmen dürfen, ist ja nicht unser Talent, sondern was wir daraus machen. Darum dringe ich bei jungen Musikern auch immer darauf. »Bildet euch ja nichts ein auf euer Talent. Dafür könnt ihr nichts; nur was ihr daraus macht, zählt. Talent ist eine Gottesgabe, haltet sie in Ehren, anstatt sie in den Schmutz zu ziehen oder zu verschleudern. Arbeitet — arbeitet unermüdlich an diesem eurem Talent, hegt es und pflegt es!«

(Pablo Casals, Licht und Schatten auf einem langen Weg)

Fällt die Arbeit aus, so bleibt es bei einem vergammelten Genie, dessen Gaben man ahnt, deren mangelnde Entfaltung man aber nur bedauern kann. Umgekehrt kann man sich mit noch so viel Willenskraft und Fleiß nicht zu jenem Punkt emporarbeiten, wo ein qualitativer Umschlag ins Geniale erfolgen würde. Das Gegenteil von Kunst ist: gut gemeint, verbissen gewollt. Der eine hat's, der andere nicht: Gnade.

In der christlichen Theologie wird die Beziehung zwischen Gott und Mensch als »Gnade« bezeichnet: weil sie nicht naturgegeben ist und nicht vom Menschen her auffindbar oder erzwingbar, sondern reines Geschenk, Ergebnis einer persönlichen Sympathie und Zuwendung Gottes. Das ist ein wesentlicher Unterschied zu Religionen wie etwa dem Taoismus und Hinduismus oder auch dem neuplatonischen Denken, für die alles Existierende einschließlich Gottes grundsätzlich aus ein und derselben Substanz ist. Geht man von dieser Auffassung aus, dann hat alles Existierende von Natur aus etwas »Göttliches« an sich, das lediglich mehr oder weniger seiner selbst entfremdet und unbewußt ist — vergleichbar mit Lava, die desto mehr erkaltet und ihren glühenden, strahlenden Feuer-Charakter verliert, je weiter sie vom Herd des Vulkans weggeflossen ist. Das »Göttliche« in sich kann der Mensch dann sozusagen »reaktivieren«, indem er sich darauf besinnt und sich ihm mittels bestimmter Techniken und Verhaltensweisen wieder annähert.

Die christliche Vorstellung ist anders: Gott wird hier als eine freie Persönlichkeit vorgestellt, ähnlich wie ein Mensch, dessen Liebe und Sympathie unverfügbar und nicht erzwingbar sind. Entweder er schenkt sie freiwillig, aus Gnade also, oder er schenkt sie nicht. Damit die Vorstellung nicht allzu menschlich wird, wird aber unverzüglich dazugesetzt, daß Gott sie grundsätzlich jedem Menschen schenken wolle. Weshalb sie dann bei vielen Menschen trotzdem nicht »ankommt«, bleibt ein Rätsel, das weiterzuverfolgen hier nicht der Ort ist.

Das Prinzip »Gnade« ist ärgerlich in einer Welt, in der zunehmend alles machbar scheint und der ungeheure Anspruch da ist, alles in den Griff zu kriegen, einschließlich Gottes und seiner Erfahrung (siehe die vielen neuen Sekten und Heilslehren). Gnade uns Gott, wenn wir unseren Glauben ganz auf die Experten verlegen, die angeblich alle Probleme lösen werden!

Die Frage ist nun, ob unsere Lebensgeschichten stark genug sind, auf die Wirklichkeit der göttlichen Gnade hinzuweisen. Gibt es in unserer Geschichte Lichtpunkte und Erleuchtungen, die Ordnung in unser Leben bringen können? Gibt es Lichtspuren der göttlichen Gnade? Erfahren wir darin menschliche Gnade, die auf die Gnade des Schöpfers hinweist?

(Andrew Greeley, Religion in der Popkultur)

Es ist trostvoll und befreiend, aus dem Vertrauen leben zu können, daß am Ende nicht die gnadenlose Bilanz, sondern die große Begnadigung stehen wird. Das entkrampft die Atmosphäre; es befreit vom Wahn, rastlos und verbissen seinen Wert, seine Tugend unter Beweis stellen, sein Geliebtwerden erkaufen zu müssen.

Darüber ärgern, daß der davongelaufene Sohn wieder ohne große Umstände aufgenommen und der Arbeiter der letzten Stunde so gut bezahlt wird wie der Ganztagsarbeiter, kann sich nur, wer sich selbst für den daheimgebliebenen Sohn und den nimmermüden Arbeiter hält, kurz: für tadellos. Wer aber ist das schon? Vermutlich keiner. Folglich können wir alle froh sein, daß Gnade vor Recht ergeht.

Herz

In unserer deutschen Sprache wimmelt es vom Herz und von Herzen. Auch in anderen Sprachen.

Herz ist international, ein zentrales Wort in allen Zungen. Das Wort bezeichnet ein Organ unseres Körpers, von dem in der Tat unser Leben abhängt. Wenn das Herz uns bricht, sind wir tot. Medizinisch heißt das: Herzinfarkt.

Man kann das Wort und den Begriff ganz nüchtern sehen: Das Herz ist eine Muskelpumpe, die einige Jahrzehnte lang das Blut durch den Körper fließen läßt — eine gewaltige Leistung. Man kann das Wort und den Begriff auch trunken verstehen: das Herz als Zentrum unserer Gefühle, als Ort und Hort der Liebe. Jedenfalls läßt das Herz keinen kalt.

Wir beenden Briefe und Botschaften »mit herzlichen Grüßen«. Wir empfangen Menschen mit Herzlichkeit.

Gespräche finden in einer herzlichen Atmosphäre statt. Wenn wir Angst haben, rutscht uns das Herz in die Hose. Wir singen Herzlieder — »Dein ist mein ganzes Herz. . .«. Wir sagen Herzworte — »Mein Schatz, mein Liebling, mein Herz.«

Ärzte transplantieren Herzen. Herztausch kann man dazu sagen.

Wir freuen uns von Herzen.

Wir zeigen Herz.

Wir essen Lebkuchenherzen.

Wir greifen uns ans Herz.

Wir schreiben Briefe und Texte »mit Herzblut«.

Wir schnitzen Herzen in Baumrinden.

Unser Herz schlägt höher, wenn wir eine große Freude erfahren.

Unser Herz zittert, rast, unser Herzschlag stockt, wenn uns Angst überfällt.

In allem steckt eine Ahnung, ja auch eine Gewißheit, daß das Herz mit der Mitte unseres Lebens zu tun hat, ja ein Symbol für die Mitte von allem ist. Wie sonst wäre es zu verstehen, daß unsere Vorfahren sogar die Herzen von Königen und Heiligen verehrten, sie nach deren Tod in goldenen Kapseln verschlossen und auf Altäre stellten oder sie in einer »Herzerlgruft« bestatteten? Und wie viele Märchen ganz unterschiedlicher Völker erzählen vom Herzen — wie etwa das deutsche Märchen vom »steinernen Herzen«?

Kein Wunder, daß das Herz zum Symbol, ja fast zum Synonym für Gott selber wurde.

In allen großen Religionen spielt das Herz, spielen seine Abgründe und seine Leidenschaften eine zentrale Rolle.

So wurden zum Beispiel bei den Azteken in Mexiko junge Männer ausgewählt, denen während einer religiösen Zeremonie bei lebendigem Leib das Herz herausgenommen und, zuckend noch, auf den Altar gelegt wurde. Das Herz auf dem Opferstein. Wichtige Ereignisse und Erfahrungen auf der Suche nach dem Geheimnis, das uns leben und sterben läßt, werden mit Herzworten beschrieben. Sie fanden Eingang in Prophetenworte und Visionen.

Darum sag: So spricht Gott, der Herr: Ich führe euch aus allen Völkern zusammen, sammle euch aus den Ländern, in die ihr zerstreut seid, und gebe euch das Land Israel. Sie werden dort hinkommen und alle ihre abscheulichen Götzen aus dem Land entfernen. Ich schenke ihnen ein anderes Herz und schenke ihnen einen neuen Geist. Ich nehme das Herz von Stein aus ihrer Brust und gebe ihnen ein Herz von Fleisch, damit sie nach meinen

Gesetzen leben und auf meine Rechtsvorschriften achten und sie erfüllen. Sie werden mein Volk sein, und ich werde ihr Gott sein. Die aber, deren Herz an ihren Götzen und an ihren Greueltaten hängt — Spruch Gottes, des Herrn: Ihr Verhalten lasse ich auf sie selbst zurückfallen.

(Ezechiel 11,17 — 21)

Auch im Christentum spielt das Herz eine Hauptrolle.

In den Schriften des Neuen Testaments wimmelt es nur so von Herzstücken: Maria trägt das Kind unter ihrem Herzen, Johannes ruht am Herzen seines Herrn, Jesu Herz wird von der Lanze des römischen Soldaten durchbohrt.

Der Kirchenvater Augustinus hat den tausendfach zitierten Satz geprägt: »Unruhig ist unser Herz, bis es Ruhe findet in dir, o Gott.«

In der Frömmigkeit des Volkes hat das Herz einen festen Platz: Das »allerheiligste Herz Jesu«, das Herz der Gottesmutter Maria, das von Schmerzen durchbohrt wurde.

Die Herz-Jesu-Verehrung war eine besondere Variante der Volksfrömmigkeit. Bis in die jüngste Zeit hinein.

Pfarreien erhielten den Titel »Herz Jesu«, Glocken wurden darauf getauft, eine ganze religiöse Kitschindustrie produzierte millionenfach Bunsenbrennerherzen, aus denen die Flammen der göttlichen Liebe herausschlugen, ungezählte Bilder mit dem blutigroten Jesusherzen hingen — und hängen noch! — in den Küchen, Schlafzimmern und Wohnstuben.

Vielen Menschen der mittleren und älteren Generation ist noch der Herz-Jesu-Freitag in Erinnerung, an dem die Kirchen mit Weihrauchduft erfüllt waren und inbrünstige Lieder zum Himmel emporstiegen, Tränen der Rührung vergossen wurden. Und heute? Schon vor Jahren hat ein Bundespräsident in einer Rede gesagt, daß die seelische Temperatur in unserem Land sinke. Einsamkeit wächst,

Angst steigt, Skepsis macht sich breit, Hoffnung und Optimismus werden Mangelware. Es ist Herzschlußverkauf.

In einer solchen Situation müssen wir uns ein Herz fassen. Zeigen wir wieder Herz!

Hören wir wieder auf unser Herz!

Versuchen wir wieder, den richtigen Herzrhythmus zu finden! Antoine de Saint-Exupéry läßt den kleinen Prinzen sagen: »Man sieht nur mit dem Herzen gut. Das Wesentliche ist für die Augen unsichtbar.«

Begegnung haben, müßte ein vollkommenes Verstanden- und Angenommen- und Geliebtwerden sein, ein beseligendes Angeschautwerden und Schauen. Wir empfinden deshalb am ehesten auf dem Gebiet der Erotik und Sexualität »himmlische« Augenblicke, und umgekehrt haben zahlreiche Mystiker für die stammelnde Beschreibung ihrer ekstatischen Erfahrungen keine bessere Bilderwelt als diejenige der Erotik gefunden.

Glauben Sie fragte man mich
An ein Leben nach dem Tode
Und ich antwortete: ja
Aber dann wußte ich
Keine Auskunft zu geben
Wie das aussehen sollte
Dort

Ich wußte nur eines
Keine Hierarchie
Von Heiligen auf goldnen Stühlen sitzend
Kein Niedersturz
Verdammter Seelen
Nur

Nur Liebe frei gewordne
Niemals aufgezehrte
Mich überflutend

Kein Schutzmantel starr aus Gold
Mit Edelsteinen besetzt
Ein spinnwebenleichtes Gewand
Ein Hauch
Mir um die Schultern
Liebkosung schöne Bewegung
Wie einst von tyrrhenischen Wellen
Wie von Worten die hin und her
Wortfetzen
Komm du komm

Schmerzweb mit Tränen benetzt
Berg- und Tal-Fahrt
Und deine Hand
Wieder in meiner

So lagen wir lasest du vor
Schlief ich ein
Wachte auf
Schlief ein

Wache auf
Deine Stimme empfängt mich
Entläßt mich und immer
So fort

Mehr also, fragen die Frager
Erwarten Sie nicht nach dem Tode?
Und ich antworte
Weniger nicht

(Marie Luise Kaschnitz, Kein Zauberspruch. Gedichte)

Das bisher Gesagte ist »Projektion« unserer Sehnsucht, unseres Wunschdenkens, was der »Himmel« für uns sein könnte und müßte. Tragen wir nicht völlig unsinnigerweise derartige Sehnsüchte in uns? Sind unsere Träume von endgültigem Glück und Paradies und Himmel vielleicht nur eine Art nichtige Überschuß-Produktion unseres biologisch sinnvollen Lebens- und Überlebenswillens? Immerhin, eine merkwürdige, nicht ganz leicht zu erklärende Produktion wäre das. Andererseits — »beweisen« läßt sich von da aus der Glaube an den Himmel (und überhaupt an ein Weiter- oder Wiederleben nach dem Tod) nicht.

Die christliche Offenbarung kommt dieser Sehnsucht des Menschen entgegen. Im Neuen Testament wird gesagt, der Himmel sei kein geschichtsloser Ort, »in den« man komme (so daß er eine Art anderer Planet wäre), sondern eine neue Zustandsweise. Wir seien darin für immer bei, ja in Jesus Christus und mit ihm in Gott. Das deutet auf ein höchst intensives personales Einssein, in dem unser Ich und Selbstsein seine höchste Vollendung erfährt. Ferner wird gesagt, wir seien »dort« als *Gemeinschaft* (»Gemeinschaft der Heiligen«), und: der Himmel im vollkommenen Zustand beziehe den gesamten Kosmos mit ein. Zumal in der Offenbarung des Johannes wird in plastischen (wenn auch zeitgenössischen) Bildern vom Vergehen der alten Welt und der Schaffung eines »neuen Himmels und einer neuen Erde« gesprochen.

Ist das Träumen vom Himmel eine billige Vertröstung auf das Jenseits?

Heinrich Heine hat zuversichtlich gesungen:

Ein neues Lied, ein besseres Lied,
O Freunde, will ich Euch dichten!
Wir wollen hier auf Erden schon
Das Himmelreich errichten.

Es wächst hienieden Brot genug
Für alle Menschenkinder,
Auch Rosen und Myrten, Schönheit und Lust,
Und Zuckererbsen nicht minder.

Ja, Zuckererbsen für jedermann,
Sobald die Schoten platzen!
Den Himmel überlassen wir
Den Engeln und den Spatzen.

(Heinrich Heine, 1844, Deutschland. Ein Wintermärchen)

Sein revolutionärer Optimismus hat in den letzten hundertfünfzig Jahren gewaltig Federn lassen müssen, ja droht in Resignation oder Zynismus umzukippen. Jedem besonnenen Menschen treten die Grenzen unseres Wachstums und unserer Fähigkeiten immer deutlicher vor Augen.

Sich die Sehnsucht nach dem Himmel nicht nehmen zu lassen, hieße, sich leidenschaftlich für das Leben und die Zukunft dieser Welt einzusetzen und in der Gegenwart »himmlische« Augenblicke zu ermöglichen. Glaubwürdig vom Himmel reden kann nur, wer sofort anfängt, sich um seine Verwirklichung zu bemühen.

Der Glaube an einen Himmel über unseren individuellen und kollektiven Tod hinaus bewahrt uns vor der Hybris, den Himmel selbst erschaffen zu können, diesem Wahn alles zu opfern und in Wirklichkeit eher die Hölle zustande zu bringen. Unsere säkularisierte, technisierte, auf das Diesseits fixierte Gesellschaft ist eindeutig dieser Versuchung ausgesetzt. In gigantischem Maß etwa wird unsere Umwelt zerstört, weil wir Menschen uns die Welt schöner, angenehmer, praktikabler einrichten wollen. An ehemals paradiesischen Stränden verrotten halbleere, häßliche Massenhotels, derweil die Massen zu immer ferneren, noch unberührten Stränden aufbrechen, um auch diese erbarmungslos zuzubetonieren. Wir suchen Himmel und schaffen Höllen. Das zeigt, daß unser Talent nicht groß ist, selbst den Himmel zu erschaffen. Der Himmel muß uns geschenkt werden. Es gibt eine Askese und Kunst, auf ihn zu warten und ihn nicht im Sofortbefriedigungswahn herbeizerren zu wollen.

Der Glaube an den Himmel bewahrt uns gleichzeitig vor Resignation und Zynismus. Gottseidank zieht letztlich ein anderer als wir Menschen die entscheidenden Fäden. Gottseidank besteht Hoffnung, daß alles nur Angefangene, Bruchstückhafte, Zerbrochene oder gar nicht erst Zugelassene nicht endgültig verloren ist. Das Unrecht wäre himmelschreiend, wenn jeder Unterdrückte, Ausgebeutete, Zukurzgekommene in Ewigkeit keine Chance hätte.

William Blake hat einmal geschrieben: »Wir sind für eine kurze Zeit auf die Erde gekommen, damit wir lernen, die Strahlen der Liebe zu ertragen.« Darin steckt der Gedanke, daß ein Leben im Himmel regelrecht gelernt und folglich hier auf Erden schon eingeübt werden muß. Wahrscheinlich besteht die Hölle in der Unfähigkeit, als »himmlischer« Mensch zu leben. Jesus sagt, daß eher ein Kamel durch ein Nadelöhr geht, als daß ein Reicher in das Reich Gottes gelangt (Matthäus 19,24).

Selig, die arm sind vor Gott, denn ihnen gehört das Himmelreich.
Selig die Trauernden; denn sie werden getröstet werden.
Selig, die keine Gewalt anwenden; denn sie werden das Land erben.
Selig, die hungern und dürsten nach der Gerechtigkeit; denn sie satt werden.
Selig die Barmherzigen; denn sie werden Erbarmen finden.
Selig, die ein reines Herz haben; denn sie werden Gott schauen.
Selig, die Frieden stiften; denn sie werden Söhne und Töchter Gottes genannt werden.
Selig, die um der Gerechtigkeit willen verfolgt werden; denn ihnen gehört das Himmelreich.
Selig seid ihr, wenn ihr um meinetwillen beschimpft und verfolgt und auf alle mögliche Weise verleumdet werdet. Freut euch und jubelt: Euer Lohn im Himmel wird groß sein.

(Matthäus 5,3—12)

Hölle

Viele Menschen haben auch heute noch — ob kirchlich distanziert oder nicht — eine ziemlich klare Vorstellung von der Hölle. Hölle, das ist die Unterwelt, der Ort der ewigen Verdammung, dort brennt Feuer: Hölle als die Strafe Gottes für unsere schweren Sünden.

Wenn man die Menschen danach fragt, ob sie daran glauben, daß es wirklich so etwas gibt, dann schütteln viele den Kopf oder zucken mit den Schultern. Manche sagen auch nach tieferem Bedenken, daß sie eine solche Vorstellung nicht mit ihrem Glauben an und ihrer Hoffnung auf einen lieben, gütigen, gnädigen Gott in Übereinstimmung bringen können.

Die Vorstellung von der brennenden Unterwelt ist uralt. Es gibt sie in den meisten Mythologien und Religionen. Die Totenreiche sind voll dunkler Orte, voller Geheimnisse und Schrecken, Orte der Auszehrung und Verbrennung der Schuld der Menschen.

Aber wie soll man heutigen Menschen, nachdem die alten Weltbilder von oben und unten sich aufgelöst und durch die Naturwissenschaften nun wirklich widerlegt sind, eine Vorstellung nahebringen, wie sie der Weltkatechismus der Katholischen Kirche ungerührt beschreibt — a
nichts geschehen sei in zweitausend Jahren.

Die Lehre der Kirche sagt, daß es eine Hölle gibt und
ewig dauert. Die Seelen derer, die im Stand der Todsür
ben, kommen sogleich nach dem Tod in die Unterwelt, v
Qualen der Hölle erleiden, »das ewige Feuer«. Die sc
Pein der Hölle besteht in der ewigen Trennung von Go

allein der Mensch das Leben und das Glück finden kann, für die er erschaffen worden ist und nach denen er sich sehnt.

Die Aussagen der Heiligen Schrift und die Lehren der Kirche über die Hölle sind eine Mahnung an den Menschen, seine Freiheit im Blick auf sein ewiges Schicksal verantwortungsvoll zu gebrauchen. Sie sind zugleich ein eindringlicher Aufruf zur Bekehrung: »Geht durch das enge Tor! Denn das Tor ist weit, das ins Verderben führt, und der Weg dahin ist breit, und viele gehen auf ihm. Aber das Tor, das zum Leben führt, ist eng, und der Weg dahin ist schmal, und nur wenige finden ihn.

(Katechismus der Katholischen Kirche, 1035. 1036)

Ein solcher Text operiert mit der alten Höllenangst. Und man wird die Vorstellung nicht los, daß einem damit auch wirklich Angst eingeflößt werden soll, damit danach der Bußruf der Kirche um so mehr Macht und Nachdruck erhält.

Sicher: Jesus spricht öfter von der Hölle, vom Gericht, von der ewigen Verdammnis. Aber kann man die Vorstellungen der damaligen Zeit einfach so übertragen auf die heutige?

Und zeigt nicht die Geschichte, auch gerade die unseres Jahrhunderts, daß wir Menschen es sind, die sich und uns die Höllen selber bereiten?

Viele Biographien gleichen wahren »Höllenfahrten« durch Kriege, Flucht und Vertreibung, durch Depressionen und schwere Krankheiten. Und wenn wir genauer hinsehen, erweist sich sehr schnell, daß nicht Gott der Urheber dieser Höllen sein kann. Im Gegenteil, was muß ein guter Gott für eine Geduld, Nachsicht, Zuneigung für uns Höllenmenschen haben?

Dazu gehört auch die Kehrseite: In diesen Höllen, die wir uns selbst bereiten, gibt es himmlische Menschen, die anderen helfen, ihre Schmerzen lindern, ihnen das Leben retten. »Hölle« und »Himmel« sind vermischt und verwoben miteinander. Dies geschieht schon in unserem Leben. Und danach soll es dann noch schlimmer kommen?

Hölle ist überall dort, wo Menschen einander bewußt quälen, wo Herrscher ihre Völker unterdrücken, wo einen die grenzenlose Angst packt und nicht mehr aus ihren Fängen läßt.

Noch einmal: Wir haben genug zeitliche Höllen. Wozu braucht es eine ewige? Und ist nicht auch das Tierreich auf weite Strecken geradezu ein höllisches Fressen und Gefressenwerden? Reinhold Schneider notierte im Winter 1957/58 in Wien alle ihn erreichbaren, schlechten Nachrichten aus dem Reich der Menschen und Tiere. Ein Arsenal von Grausamkeiten breitet er aus, und schließlich kann er zu Gott nicht mehr »Vater« sagen angesichts der Höllen.

Die Raubwespe springt zwischen die aus der Erde ragenden furchtbaren Kiefernzangen der in ihrem Loch steckenden Raublarve, lähmt die Beute durch einen Stich in den Hals, ohne sie zu töten, und legt in der lebendigen Bruthöhle ihre Eier ab. Die Larven der Wespen nähren sich nur von frischem Fleisch. — Die Gottesanbeterin hat den Kopf des Männchens verspeist und sättigt sich nun am Vorderleib, während der Hinterleib sie begattet: das Phänomen Leben. — Der Seestern bricht die lebendigen Muscheln auf, stößt den Magenschlauch hinein und trinkt sie leer wie ein Ei. — Von den Haien, die sich über die Walrosse werfen, von der Seite her, ist nichts zu sagen. — Oder vom Frosch, der, aufrecht stehend wie ein Mensch, von dem ihn umschnürenden Egel ausgesaugt wird.

Was geschieht am Ende? Sollen wir es nicht besser dem überlassen, der uns leben und sterben läßt, dessen Faszination und Glaubwürdigkeit darin besteht, daß er uns gerade nicht ins ewige Feuer stoßen will?

Ist nicht Jesus selber »hinabgestiegen in das Reich des Todes«, um die dort Gefangenen zu befreien?

Aus Höllenangst wird schnell Gottesangst.

Irrtum

»Versuch und Irrtum« — mit dieser Formel könnte man zutreffend unser ganzes Leben beschreiben.

Wir irren unentwegt. Irren ist menschlich. Irrtum kann tödlich sein. Auch das ist menschlich. Und selbst die nahezu perfekte Technikwelt kommt nicht an dieser Tatsache vorbei. Sogar der Computer, dem wir heute nicht selten schon menschliche Eigenschaften zuerkennen, kann irren. »Error« heißt seine Botschaft, wenn er sich oder wenn wir uns geirrt haben.

Irrtum ist lästig. Deshalb wollen wir ihn vermeiden. Unser Streben nach Perfektion ist so zu verstehen: Wir wollen Fehler ausschalten, Umwege vermeiden, Störungen beseitigen — am besten noch bevor sie auftreten. Vielleicht schließen wir auch deswegen so viele Versicherungen ab — aus Angst, wir könnten irren.

In uns selber, im Kern unserer menschlichen Veranlagung ist der Irrtum fest eingebaut. Im täglichen Irrtum erfahren wir unsere Endlichkeit schmerzlich.

Aber zuweilen können wir auch sagen: »Gott sei dank, daß ich mich geirrt habe!« Es gibt die unverhoffte Gnade des Irrtums, die uns vor Katastrophen bewahrt — und andere auch.

Der Irrtum trägt viele Gesichter. Es gibt das alte Wissen der Menschheit, das in den Mythen und Märchen der Völker verankert und bewahrt wird. Sie sprechen vom Irrtum, von der Angst, in die Irre zu gehen. Am Anfang war der Irrtum, sagt die Bibel: Tohu-wa-bohu, Irrsal und Wirrsal.

Das Leben ist eine Wüstenwanderung durch viele Irrtümer zur Wahrheit. Unser Erkennen bleibt Stückwerk, aber es ist faszinierend, immer wieder ein Stück Wahrheit zu erkennen.

Die Angst vor dem Irrtum ist ein starker Motor unseres Lebens. Die Märchen fangen diese Tatsache in vielen tiefen Seelenbildern ein.

Der Irrtum ist hilfreich, heilsam. Er muß aus der negativen Besetzung herausgeholt werden. Sein Lob ist zu singen:

Lob sei dem Irrtum, der mich errettet vor der tödlichen Perfektion.

Lob sei dem Irrtum, der mich barmherzig sein läßt, mit mir selbst und mit anderen.

Lob sei dem Irrtum, der tiefere Einsicht verschafft.

Lob sei dem Irrtum, der mich auf Umwege führt und somit neue Blicke eröffnet, die ich auf dem geraden Weg der Fehlerlosigkeit niemals geschenkt bekommen hätte.

Lob sei dem Irrtum, der mich bewahrt vor dem Tod.

Lob sei dem Irrtum, der mir neues Leben schenkt.

Lob sei dem Irrtum, der mich bewahrt, anderen Menschen Unrecht zu tun.

Lob sei dem Irrtum, der mich befreit vom Wahn der Unfehlbarkeit.

In den Chassidischen Geschichten wird folgendes erzählt:

Man sprach vor Rabbi Bunam von Zaddikim, die in den Verzückungen ihres einsamen Dienstes aufgingen. Er entgegnete: »Ein König ließ zu seinem Schloß einen weiten und vielverschlungenen Irrgang errichten. Wer sein Angesicht schauen wollte, hatte keinen andern Weg als diesen, wo jeder Schritt in die unendliche Wirrnis verführen konnte. Die sich aus großer Liebe zum König hineinwagten, waren von zweierlei Art. Die einen dachten an nichts, als Stück vor Stück des Wegs zu überwinden, die anderen brachten an seinen bedenklichsten Krümmungen Zeichen an, die zum Weitergang ermutigten, ohne ihn leicht zu machen. Die ersten unterwarfen sich der Absicht in der Anordnung des Königs; die zweiten vertrauten dem Willen seiner Gnade.«

(Martin Buber, Schriften zum Chassidismus)

Die Geschichte sagt vieles. Und jeder hört sie vermutlich anders. Eines aber sagt sie uns allen: Der Irrtum ist eine starke Kraft, die unser Leben in Bewegung hält und uns nicht in Sicherheit erstarren läßt.

Jungfrau

Das Wort »Jungmann« war nur einige Jahrzehnte in Gebrauch, während der deutschen Jugendbewegung. Es weckt Erinnerungen an kaltes Wasser und Seife, Leibesübungen, Wandern mit Wimpel, Kluft und Fahrtenliedern. Daneben gibt es noch den »Junggesellen«, der unverheiratet geblieben ist. Beide männlichen Begriffe sind spröde und lassen kalt. Anders ihr weibliches Gegenstück, die »Jungfrau«. Das zielt gleich in die (Körper-)Mitte, buchstäblich, kommt »zur Sache«, zur Sexualität; denn Jungfrauschaft ist ein organisch präzis feststellbarer Zustand und hat etwas unverbraucht Frisches, Verführerisches an sich. Aus den Zentren des Sextourismus ist zu hören, die Kunden verlangten zunehmend nach unberührten Jungfrauen, aus Angst vor Aids.

»Jungfrau« ist jedes Mädchen nur bis zum ersten »Akt«, dann ist die Jungfrauschaft unwiderruflich verloren; »Jungmann« bleibt man auch nach ungezählten »Akten«, »Junggeselle« auch nach dreißig oder noch mehr Liaisonen und mit achtzig Jahren. Aus der »Jungfrau«, wenn sie unberührt bleibt, wird die (alte) »Jungfer«, mit der man eher Mitleid hat, als daß man ihre Enthaltsamkeit als rühmliche Lebensleistung betrachtet.

Frauen müssen als »Jungfrau« in die Ehe gehen; das ist weltweit immer noch unerbittlicher Standard — machen wir uns nichts vor, bloß weil wir hierzulande ein wenig liberaler geworden sind. Männer sollten am besten vor der Ehe schon einige Erfahrungen gesammelt haben. In manchen katholischen Ländern finanzieren die Eltern ihren Sprößlingen sogar zu diesem Zweck einige Bordellbesuche.

Welch seltsame, ungleiche Prinzipien, wenn es um die ersten sexuellen Kontakte geht! Sie sind jahrhunderte-, jahrtausendelang kultiviert worden, eindeutig in einer von Männern beherrschten Welt. Auch die jüdisch-christliche Tradition hat kräftig mitgemischt, vor allem die christliche. Als Jungfrau zu sterben galt im Judentum als Schmach, weil jede Frau Mutter werden und dadurch dem Messias die Möglichkeit bieten sollte, zur Welt zu kommen. Im Christentum ist bzw. war es ein Ideal, als Jungfrau zu sterben und sich sein Leben lang nie sexuell »befleckt« zu haben. Gleichzeitig hat das Christentum in der Gestalt der Maria, der Mutter Jesu, eine Synthese aus jüdischem Mutter- und christlichem Jungfrauen-Ideal geschaffen: die Jungfrau-Mutter, die immer Jungfrau blieb und trotzdem Mutter war. Noch die Väter des Zweiten Vatikanischen Konzils legten Wert auf die Feststellung, durch seine Geburt habe ihr Sohn »ihre jungfräuliche Unversehrtheit nicht gemindert, sondern geheiligt« (Lumen Gentium 57). In der Vollform der Lehre heißt das: »Maria blieb Jungfrau vor, in und nach der Geburt.« Noch vor dreißig Jahren stellten sich Dogmatik-Professoren das so vor, daß das Christkind »durch die verschlossene Pforte ihres Schoßes« wie der Auferstandene durch die verschlossene Tür geschwebt sei und plötzlich vor Maria gelegen habe.

Man fragt sich unwillkürlich, welches Verhältnis zur Sexualität und Ehe alle diese Menschen hatten, die die (biologische, physische) »jungfräuliche Unversehrtheit« als höchstes aller Ideale gefeiert haben. Darüber, daß sie damit gleichzeitig das Gebären und Muttersein (das sie andererseits pathetisch empfahlen) als »Versehrung« und »Beflekkung« verunglimpften, scheinen sie sich keine Gedanken gemacht zu haben. Es ist darum nicht leicht, in diesem Wust seltsamer Auffassungen über das »Jungfrau«-Sein den gültigen Kern zu entdecken. In das Wort »Jungfrau« sind zwei Wahrheiten gefaßt:

Zum einen gibt es das Symbol »Jungfrau«, mit dem bestimmte Erfahrungen und Einsichten ins Bild gebracht werden sollen, und zum anderen finden wir im Neuen Testament eindeutig die Anregung, ein eheloses, sex-freies Leben sei sinnvoll und könne eine besondere Form der Berufung sein.

Von Jesus Christus sagt die christliche Tradition, er sei von einer *Jungfrau* geboren. Es ist bemerkenswert, daß mit dieser Rede von der »Jungfrauengeburt« ursprünglich (und nur) etwas über *ihn* ausgesagt werden sollte, nicht über die »Jungfrau«. Erst viel später haben sich das Interesse und die Frömmigkeit auf die »Jungfrau« verlagert und die verwegensten Spekulationen über die biologischen Umstände ihrer Empfängnis, Niederkunft und weiteren Biographie ins Kraut schießen lassen.

»Jesus Christus wurde von einer Jungfrau geboren«: Damit soll gesagt sein, daß da kein gewöhnlicher Mensch ins Dasein trat, sondern einer, der auf einmalige Weise sein Dasein einem ausdrücklichen Wunsch Gottes verdankte, weshalb Gott auf einmalige Weise sein »Vater« war. Ferner impliziert dieser Gedanke, daß sich ein solcher Mensch nicht einfach aus der biologischen Abfolge unzähliger Menschengenerationen ergibt und erhebt; er ist nicht die Summe und das konzentrierte Bündel menschlicher Evolution und Bildung (wie es Genies sind), sondern ein im strengen Sinn »Begnadeter«, der das, was er ausstrahlt, von »anderswoher«, von »oben« geschenkt erhalten hat.

Das Bild von der »Jungfrauengeburt« ist gleichzeitig ein Symbol für das Überraschende, Unverfügbare, Plötzliche, Gnadenhafte, nicht von Menschen Erzeug- und Produzierbare, das in unsere Welt, unser Dasein und Leben jederzeit hereinbrechen kann. In einer Welt der Macher und Selbermacher, die von der Allmacht ihrer Technik und der lükkenlosen Vernetzung und Manipulation ihrer Systeme träumen, ist das allerdings eine ärgerliche Dimension, eine Art Virus im Computer.

Nun ist allerdings die »Jungfrauengeburt« ein Sonderfall des Symbols »Jungfrau«. Das Besondere der Jungfrau dagegen ist, daß sie *keinem* Kind das Leben schenkt — zumindest biologisch nicht.

Die »Jungfrau« kann ein Symbol für das eigene Verhalten sein oder ein Symbol für das Gegenüber, dem man sich zuwendet.

Bei Kunstwerken in Museen steht regelmäßig die Aufforderung: »Bitte nicht berühren!« Ein Kunstwerk ist etwas in sich Vollendetes; es verfügt (wie Thomas von Aquin ausgeführt hat) über die Qualität der »integritas« (Ganzheit), wovon sein ihm eigentümlicher »splendor« (Glanz, Strahlkraft) rührt. Durch jeden Angriff, durch jede Berührung wird es in seiner Integrität beschädigt, geht sein »gewisses Etwas« verloren. Das ist sein »jungfräulicher« Charakter. Gerecht wird ihm nur, wer sich des Zugreifens enthält und es anschauend bewundert und genießt. Diese Haltung wäre nicht nur wichtig gegenüber Kunstwerken in Museen, sondern dringend geboten als Grundhaltung gegenüber jeglicher Wirklichkeit. Die Schöpfung, die Umwelt, die Tiere, die Menschen sind nicht nur Material, das uns zur Verfügung steht, damit wir es für uns und unsere Zwecke verwerten, ja vergewaltigen, sondern sie sind zunächst einmal Kunstwerke mit einem Eigenrecht auf Integrität. Die Fähigkeit, sie stehenzulassen und anzuschauen und ihrem Wesen gemäß mit ihnen umzugehen, ist eine spezifisch menschliche Fähigkeit. Eine Kuh genießt einen schönen Blumenstrauß nicht als ästhetisches Kunstwerk, sondern beschnuppert ihn kurz auf seine Freßbarkeit hin und vereinnahmt ihn dann mit einem gekonnten Zungengriff. Wir gehen mit der Welt weithin genauso um; selbst Kunstwerke bewerten wir immer mehr unter dem

Gesichtspunkt, wieviel Geld sie auf Auktionen erbringen, und bei jedem Unfall interessiert vor allem der Sachschaden in DM — womit die Illusion suggeriert wird, um diese Summe sei das Unglück im Wesentlichen wieder zu beheben. Doch »jungfräuliche« Werte lassen sich grundsätzlich nicht reparieren.

Jeder Mensch in seiner einmaligen Würde ist seinerseits »Jungfrau«, das heißt: ein integres Kunstwerk. Es ist wichtig, hier auf der Ebene des Symbols zu bleiben und nicht plötzlich in die platte Biologie zu verfallen. Die Würde des Menschen ist nicht identisch mit seinem intakten physischen Zustand. Durch physische Vergewaltigung kann ein Mensch in seinem Kern unheilbar verletzt werden, aber es gibt auch Menschen, die ihre Würde durch alle physischen Erniedrigungen hindurch bewahrt haben. Es gibt Menschen, die biologisch »jungfräulich«, aber moralisch höchst unzüchtig sind, und es gibt Verheiratete und Mütter, die ihr »jungfräuliches« Wesen nie verlieren oder neu wiederfinden und »integritas« ausstrahlen. In diesem Sinn mir Maria als allzeit »Jungfräuliche« vorzustellen habe ich keine Schwierigkeiten.

Die Vorstellung, daß Sexualität — da von »Lust« und »Trieb« verunreinigt — die »jungfräuliche« Qualität eines Menschen notwendig verderben müsse, ist traurig. Vielleicht ist sie aus der jahrtausendelangen traurigen Erfahrung gespeist, daß »keusche« Sexualität anscheinend selten gelingt. Sie bedarf zweier reifer, sensibler, (im obigen Sinn) »kontemplativer« Menschen.

Das Ideal einer körperfreien Liebe jedenfalls widerspricht jener Grundvorstellung des Christentums, daß das Wort »Fleisch« werden müsse, um ganz wahr zu werden.

Die Größe und Reinheit der Liebe mißt sich demnach daran, wieviel Materie sie zu vergeistigen vermag, wieviel Leiblichkeit sie integriert als Ausdruck geistiger Hingabe.

(Günther Schiwy, Gedanken Teilhard de Chardins zusammenfassend)

Als spirituelle Grundhaltung ist »Jungfräulichkeit« ein unverzichtbarer geistlicher Wert. Gemeint ist damit jene radikale Offenheit und Unvoreingenommenheit, die in manchen anderen Religionen (etwa im Zen-Buddhismus) mit unglaublicher Konsequenz eingeübt wird.

Jungfrau besagt so viel wie ein Mensch, der von allen fremden Bildern ledig ist, so ledig, wie er war, da er noch nicht war.

(Meister Eckhart, Deutsche Werke I)

Solche »Ledigkeit« ist kein Ziel in sich, sondern nur die Voraussetzung für eine fruchtbare Begegnung, die mehr wird als ein narzißtisches Sich-Spiegeln im anderen. Daher fährt Meister Eckhart fort:

Nun gebt acht und seht genau zu! Wenn nun der Mensch immerfort Jungfrau wäre, so käme keine Frucht von ihm. Soll er fruchtbar werden, so ist es notwendig, daß er *Weib* sei. »Weib« ist der edelste Name, den man der Seele zulegen kann, und ist viel edler als »Jungfrau«. Daß der Mensch Gott in sich *empfängt,* das ist gut, und in dieser Empfänglichkeit ist er Jungfrau. Daß aber Gott fruchtbar in ihm werde, das ist besser... Eine Jungfrau, die ein Weib ist, die frei ist und ungebunden ohne Ich-Bindung, die ist Gott und sich selbst allzeit gleich nahe.

In der »Offenbarung« des Johannes heißt es, das »neue Lied« der Erlösten könnten nur die Menschen lernen, »die freigekauft und von der Erde weggenommen worden sind. Sie sind es, die sich nicht mit Weibern befleckt haben, denn sie sind jungfräulich. Sie folgen dem Lamm, wohin es geht« (Offenbarung 14,3–4). Mit der »Befleckung durch Weiber« ist im Zusammenhang dieses Textes und seiner Bildersprache die »Hurerei« des Götzendienstes und spätrömischen Kaiserkults gemeint. Doch läßt er sich mühelos vom bislang Gesagten her verstehen.

Nun gibt es allerdings eine lange Tradition in der katholischen Kirche, die darin (und in anderen neutestamentlichen Texten) eine Empfehlung des »Standes der Jungfräulichkeit« sah, also des lebenslangen Verzichts auf Ehe und Sexualität. Die spirituelle innere Einstellung der »Jungfräulichkeit« wird hier konkretisiert zur äußeren Lebensform. Von dieser Lebensform spricht Jesus, als seine Jünger betroffen meinen, falls die Ehescheidung nicht erlaubt sei, sei es »nicht gut zu heiraten«:

Nicht alle können dieses Wort erfassen, sondern nur die, denen es gegeben ist. Denn es ist so: Manche sind von Geburt an zur Ehe unfähig, manche sind von den Menschen dazu gemacht, und manche haben sich selbst dazu gemacht — um des Himmelreiches willen. Wer das erfassen kann, der erfasse es.

(Matthäus 19,11—12)

Die kehrversartige Einrahmung dieser Aussage weist deutlich darauf hin, daß der Entschluß eines Menschen, »um des Himmelreiches willen« ehelos zu bleiben, etwas Unerklärliches, Unbegründbares an sich hat. Es ist eine urpersönliche, subjektive Entscheidung, deren Notwendigkeit oder Sinn sich zwingender Beweisbarkeit entzieht. Trotzdem ist die Frage nach dem Sinn unvermeidlich.

Julien Green formuliert eine uralte Erfahrung und Überzeugung, wenn er in seinem Tagebuch vermerkt, »daß eine bestimmte Glaubensqualität mit der Befriedigung körperlicher Gelüste unleugbar verloren geht«. Tatsächlich: Wo das »Gelüst« sich als egoistische Gier äußert, vergewaltigt es mehr oder weniger stark (nicht nur auf sexuellem Gebiet) den Gegenstand seines Begehrens, versperrt sich folglich den »kontemplativen« Zugang zur Wirklichkeit. Das mag ein wichtiger Sinn sexueller Enthaltsamkeit sein, der jedoch nur erfüllt wird, wenn mit ihm dieselbe Zurücknahme des eigenen Begehrens auf allen anderen Gebieten einhergeht. Wenn manche Zölibatäre sich durch besonderen Eigensinn und eine ausgeprägte Neigung zum Dominieren anderer auszeichnen, wird es sich um Formen der Kompensation ihres unerfüllten sexuellen »Gelüsts« handeln.

Ist diese Erfahrung ein überzeugendes Argument für die ehelose Lebensform? Meiner Ansicht nach nicht, denn auch in der Ehe, soweit sie eine reife Beziehung darstellt, verläßt die sexuelle Beziehung die Ebene des wechselseitigen Befriedigens von »Gelüsten«; ja, sie erschließt ihrerseits eine »bestimmte Glaubensqualität«, die ohne sie kaum erfahrbar sein dürfte.

Trotzdem: Die intensive Konzentration auf das »Du« Gottes kann spontan — zumindest für gewisse Zeit — das Interesse für das intime Einssein mit einem menschlichen »Du« ausschließen. Doch ist hier die Frage, ob man solche Konzentration institutionalisieren, lebenslang verbindlich machen kann. Der Mensch durchläuft in seiner jahrzehntelangen Biographie sehr unterschiedliche Phasen des Bewußtseins und des Wachstums, und man sollte ihn nicht von vornherein und für immer auf eine einzige festlegen. Warum sollte nicht einer, der im Alleinsein Gott sehr nahe gekommen ist, in diese Liebe zu Gott einen Menschen einbeziehen und damit die Einheit von Gottes- und Nächstenliebe in neuer Qualität leben können?

Ein »jungfräuliches« Leben ist ein biologisch unfruchtbares Leben. Vielleicht besteht darin ein wesentlicher Sinn des »ehelosen« Lebens: zu verwirklichen und zu zeigen, daß das menschliche Leben auch dann fruchtbar sein kann, wenn es sich physisch nicht fortpflanzt; daß der Mensch das erste Wesen in der Evolution ist, das seine Zukunft nicht in der biologischen Reproduktion seiner selbst, sondern in einer spirituellen Dimension sucht und findet: im »Himmelreich«, das heißt in Gott selbst.

Kirche

»Jesus kündete das Kommen des Reiches Gottes an, und gekommen ist die Kirche.« Diesen berühmten Satz hat zu Anfang unseres Jahrhunderts der französische Theologe Alfred Loisy formuliert, der bald darauf von Rom als »Modernist« verurteilt wurde. Er bringt das Problem auf den Punkt, an dem sich, zumindest im europäisch-amerikanischen Kulturraum, zunehmend mehr Menschen reiben. Die Kirche wird von ihren Kritikern — vielleicht anders als in früheren Zeiten — nicht von irgendwelchen Gegen-Entwürfen her in Frage gestellt, sondern aus ihrer eigenen Logik, ihrem eigenen Anspruch heraus: Daß sie nicht dem entspreche, was zu sein und zu tun sie von sich behauptet. Dabei haben ironischer- oder amüsanterweise die Autoritäten der Kirche (hier ist von der katholischen Kirche die Rede) den Sprengsatz selbst gelegt, mit dem ihr jahrtausendelang stabiles System von innen her aufgeknackt wird: nämlich, indem sie dem Kirchenvolk auf breiter Front die Bibel zum Selberlesen in die Hand gaben und sie zum kritischen Studium ermutigten.

Immer mehr Menschen kritisieren von den eigenen Quellen her ihre Kirche. Dabei geht es nicht nur um menschlich-allzumenschliche Schwächen und Fehler ihrer Vertreter — solche Unvollkommenheiten sind unausrottbar und verzeihlich —, sondern es geht ans Eingemachte: Die »Laien« meinen zu erkennen, daß die *Struktur* der Kirche *an sich* so heilig und vollkommen nicht sei, wie deren Vertreter hartnäckig behaupten, nein, es stecke höchst Fragwürdiges, Zeitbedingtes, Revisionsbedürftiges, »Weltliches« in den Grundmauern dieser uralten Bastion.

Ist etwa die monarchisch-autoritär verfaßte Regierungsform und -methode der Kirche direkt von Gott vorgesehen — oder in den ersten Jahrhunderten gedankenlos nach dem Vorbild zeitgenössischer weltlicher Regierungsformen etabliert worden und folglich zeitbedingt und revidierbar? Ist es Gottes ewiger Wille, daß 50 Prozent der Kirchenmitglieder infolge ihres Geschlechts grundsätzlich von Priestertum und Hierarchie ausgeschlossen sind — oder ist das eine Gewohnheit, die unreflektiert vom jahrtausendelang selbstverständlich vorherrschenden Patriarchat übernommen worden ist? Warum verbeißt sich die kirchliche Autorität auf geradezu tragische Weise nur in bestimmte, sehr willkürlich ausgewählte Bibelworte — wenn sie etwa behauptet, in Fragen der Sexualität und Ehe absolut an das Wort Jesu gebunden zu sein —, fühlt sich aber an andere, mindestens genauso eindeutige Worte Jesu (zum Beispiel über das Nicht-Schwören, die Armut und den Mammon, den Verzicht auf jegliche Vater-Rolle) durchaus nicht gebunden?

»Warum wollt ihr denn sterben?« Ich würde die Frage des Propheten Ezechiel an das Volk Israel heute so übersetzen: Warum wollt ihr die Zahl der MitarbeiterInnen Gottes künstlich — durch den patriarchalen Komplex und den Zwangszölibat — vermindern, die Gemeinden verwaisen, die verbleibenden Priester zu Sakramentsautomaten machen? Warum laßt ihr die Kirche lieber kaputtgehen, als sie im Sinne der urchristlichen Gemeinschaft der Gleichen zu erneuern?. . .

Warum gebt ihr den Leuten kein Brot zu essen, sondern füttert sie mit Pappe und Klischees, so daß sie — spirituell verhungert — den Götzen des New age nachlaufen und sich mit Selbst-Suche, Selbst-Findung, Selbst-Erfahrung und Selbst-Verwirklichung begnügen?. . . Warum wollt ihr lieber am lebendigen Leibe Glied um Glied vertrocknen und abfallen, anstatt auch nur anzufangen, euch von den männlichen Neurosen heilen zu lassen, die Demokratie anzuerkennen, das Volk zu respektieren, die Spiritualität zu lieben und den Geist wehen zu lassen? Warum wollt ihr denn eure Götzen der Macht und der Unterwerfung des anderen um keinen Preis fahren lassen?. . .

(Dorothee Sölle, Mutanfälle)

Wundgerieben oder einfach müde von solchen und vielen ähnlichen Fragen, kommen zunehmend mehr Menschen zu dem Schluß, auch ohne Kirche könne man im Geist Jesu, also im Sinn des Reiches Gottes leben. Ja, weil Jesus das *Reich Gottes* angekündigt habe, aber dann stattdessen die *Kirche* gekommen sei, müsse man geradezu um des Reiches Gottes willen die Kirche verlassen.

Aber kann man auf Dauer ohne Kirche leben?

Das Wissen, daß die vertrockneten Gebeine nur zusammen, nur verbunden miteinander den Atem Gottes spüren, nur in gelebter Geschwisterlichkeit auferstehen aus der Öde und Dürre, ist so alt wie die Kirche selber.

Ich möchte hier einen Grund nennen, warum ich die Kirche brauche und ihre Tradition liebe. Sie ist ein Raum langfristiger Erinnerung der Geschichten vom möglichen Leben. All diese Knochen werden ja verbunden und beseelt. Gottes Geist beatmet sie, sie kommen zum Leben. Die Kirche stellt einen Raum dar, in dem solche Geschichten erzählt werden. Ich muß mich nicht nur auf meine Hoffnung verlassen, nicht nur meine Glaubenskraft stark machen. Über zweitausend Jahre lang werden buchstäblich Tag für Tag in den Einrichtungen der Synagoge und dann der Kirche die Geschichten vom Geist Gottes erzählt, vom Charme der Gnade, vom Gott der Armen, von der Bergung des verlorenen Lebens. Es wird erzählt, daß die Weinenden lachen werden, daß die Tyrannen gestürzt werden und daß die Lahmen einmal springen werden wie Hirsche. Es wird nicht verschwiegen, was dem Leben versprochen ist und wie es sein soll. . .

Die Hierarchie hat strukturell etwas Geschwisterfeindliches an sich. Aber es stehen immer wieder Menschen und Gruppen auf, die die alten Geschichten ausgraben und ans Licht zerren, vielleicht auch gegen die Kirche selber. Unglaubliche Geschichten wie die von der Auferstehung der verdorrten Gebeine brauchen einen Raum, in dem sie leben dürfen, sie sind mehr als die Phantasie und Erzählkraft eines einzelnen.

(Dorothee Sölle, a. a. O.)

Der Konflikt zwischen »Reich Gottes« und »Kirche« ist bei näherem Zusehen der Konflikt zwischen Ideal und Wirklichkeit. Er findet sich in allen Bereichen unseres Lebens. Unsere Sehnsüchte, Träume, Idealvorstellungen von Liebe, Gemeinschaft, Selbstverantwortung, Freiheit, Spontaneität, Phantasie, Kreativität, Glück — sie alle werden, erst einmal konkret ausgemünzt, nur ein enttäuschender Abklatsch des ursprünglich Konzipierten. Wer davon träumt, als Adler in den Lüften zu schweben, endet allzuoft als dankbar ihr Futter pickende Legehenne. Vielleicht ist es ein Rest dieses »Adler«-Traums, was unsere in enge Strukturen und unbarmherzige Leistungszwänge eingesperrten Zeitgenossen in ihren Urlaubs- und Fernreisewahn treibt.

Es ist keine Lösung, den Konflikt zwischen Ideal und Wirklichkeit mit einem Schnitt zu beheben. Nichts ist leichter und unglaubwürdiger, als sich in weiser, geistreicher Überhebung nicht die Finger im Konkreten zu beschmutzen, und nichts ist schwerer und enttäuschender (im buchstäblichen Sinn des Wortes), als konkret anzupakken, sich an ein zähes, begrenztes Stück unerlöster Welt zu binden und zu versuchen, es — und dabei sich selbst — zu heilen. Zwischen Ideal und Wirklichkeit klafft in der Vorläufigkeit unserer mangelhaften Welt immer ein Spalt, Erlösung läßt sich ihrem Wesen nach nicht fest institutionalisieren, denn dann wäre sie bereits wieder eine Form der Knechtschaft.

Der Weg führt mitten zwischen den beiden Polen hindurch: Er weist in den Dauer-Konflikt, ins lebenslänglich kritische, wache, suchende Fragen und Sich-Engagieren.

Dabei gibt es keinen statischen Ideal-Zustand. Unser Leben kennt Phasen, Schübe, Etappen. Wahrscheinlich gibt es die Etappe, in der so mancher aus innerer Konsequenz und Berufung die äußere Organisation Kirche verlassen muß, die eindeutig nicht kongruent ist mit der Summe aller von Gott und Christus Gepackten.

Offensichtlich hält sich ja Gott bei der Verteilung seiner Gnade an kein sakramentales Kirchen-Monopol; erstaunliche Menschen werden direkt von ihm inspiriert, an unglaublich vielen scheinen sämtliche korrekt empfangenen Sakramente spurlos vorüberzugehen.

Eine aus Verantwortung gewählte nach-kirchliche Existenz ist genau besehen eine spezielle Form der Bezogenheit auf die Kirche.

Viele »Ausgetretene« verfolgen wacher und kritischer die Entwicklungen der Kirche als viele derer, die (schlummernd) »drinnen« bleiben. Allerdings sind sie dann als »Kirche« nicht mehr auffindbar, so daß dies kein allgemein gangbarer Weg ist.

Bis vor kurzem waren die Menschen hierzulande noch unentrinnbar kirchlich infiziert. Ob sie (noch) dazugehörten oder nicht — sie hatten einen Restbestand davon in den Knochen, der weiterwirkte.

Jetzt stellt sich eine neue Situation ein: Erstmals nach beinahe zweitausend Jahren gibt es hierzulande eine Generation von Menschen, die kirchlich unbedarft ist. Die Botschaft Jesu ist für sie ein unentdecktes Gelände. Das kann ihre Chance sein: Sie können sie unvoreingenommen, unbelastet von viel fragwürdiger, leergelaufener kirchlicher

Sozialisation neu entdecken. Aber wo finden sie sie? Dazu wird man doch wieder »Kirche« brauchen: verfaßte, auffindbare Gemeinschaften, die einigermaßen das bezeugen, leben und lehren, was Jesus in diese Welt gebracht hat. Denn das ist im Tiefsten »Kirche«: die Gemeinschaft derer, die vom Geist Jesu gepackt sind und daraus zu leben versuchen.

Solche Menschen lassen wenigstens anfanghaft ahnen, was mit »Himmelreich« gemeint ist; mehr noch: In ihnen ist es schon mitten unter uns als Senfkorn und Sauerteig da und steckt andere an, so wie Jesus die Menschen angesteckt hat und weiter ansteckt. Sie sind dann tatsächlich »Sakrament«, das heißt wirksames Zeichen der Gegenwart Gottes.

Die Kirche ist am meisten nicht dort, wo organisiert, reformiert, regiert wird, sondern in denen, die einfach glauben und in ihr das Geschenk des Glaubens empfangen, das ihnen zum Leben wird. Nur wer erfahren hat, wie über den Wechsel ihrer Diener und ihrer Formen hinweg die Kirche die Menschen aufrichtet, ihnen Heimat und Hoffnung gibt, eine Heimat, die Hoffnung ist: Weg zum ewigen Leben — nur wer dies erfahren hat, weiß, was Kirche ist.

(Joseph Ratzinger, Einführung in das Christentum)

Der Konflikt um eine erneuerte, glaubwürdige Kirche muß weitergehen. Sie wird nie das »Reich Gottes« selbst werden, aber sie kann die Richtung dorthin zeigen und einzelne Züge davon bereits aufscheinen lassen.

Kuß

Der Kuß, ein sehr intimes Zeichen, wird heute überall öffentlich und ausführlich in Nah- und Großaufnahme vorgeführt. Meine Eltern hätten sich geniert, einander vor den Augen ihrer Kinder zu küssen, und vor wenigen Jahrzehnten galt für ein junges Mädchen das Geküßtwerden als eine bereits sehr gefährliche, fortgeschrittene Stufe erotischer Beziehung, die etwas geradezu Sündhaftes an sich haben konnte.

Eine Form, das gefährliche Küssen zu neutralisieren, war seine Einbindung in den Kult. Als besonders originelle Form des Kusses hat sich in der katholischen Liturgie der »Friedenskuß« erhalten. Man kann gelegentlich noch heute in Bischofskirchen oder bei großen Konzelebrationsmessen das Schauspiel erleben, wie eine Anzahl Kleriker es fertigbringt, sich gegenseitig zu umarmen, ohne sich zu berühren.

Es war wohl von jeher ein gewagtes Unterfangen, ein Zeichen innigster Vertrautheit, wie es der Kuß ist, nicht bloß im kleinen Kreis einer von hohem Idealismus getragenen jungen Gemeinschaft, sondern als Dauerinstitution in öffentlicher Versammlung anzuwenden.

(J. A. Jungmann, Missarum sollemnia II)

Im Tridentinischen Römischen Meßbuch steht die Anweisung, eine Umarmung anzudeuten »und sich gegenseitig die linke Wange anzunähern«. Oder man konnte sich — noch hygienischer — eines »Friedensinstruments« bedienen, auch »Paxtafel« genannt: Das war eine Art Plakette — meist mit einem Christusbild —, die man statt einer Umarmung dem Nachbarn zusammen mit dem Wunsch um Frieden entgegenstreckte; dieser küßte sie, worauf man sie mit einem Tüchlein sauberrieb und dem nächsten zum Kuß weiterreichte.

In der Praxis ein äußerst delikates Problem, spielt doch der Kuß in der Theorie unserer Glaubensüberlieferung eine wichtige, ja zentrale Rolle. Das haben bislang theologische Standardwerke verkannt, etwa das »Lexikon für Theologie und Kirche« von 1961, das unter dem Stichwort »Kuß« nur etwas über den »Friedenskuß« und den »Fußkuß« zu sagen weiß.

Wenn die frühen Kirchenschriftsteller erklären wollten, wer der »Heilige Geist« sei, dann sagten sie, man solle sich ein Liebespaar vorstellen, das sich küßt. Beider Hauch werde dabei eins und untrennbar. Dieses wunderbare, geheimnisvolle »Zwischen«, das verbindet und eins sein läßt, sei der »Geisthauch«, der »Heilige Geist«. Er sei überall im Spiel, wo der Atem und die Körper und die Seelen zweier Menschen in echter Liebe eins würden. Er sei auch das »Zwischen« zwischen Gott-Vater und Gott-Sohn — eine derart intensive Wirklichkeit, daß sie selbst die Qualität einer Person habe, nämlich der dritten Person der Dreifaltigkeit.

Gewiß sind das stammelnde, unzulängliche Versuche, in Begriffen und Kategorien von Gott zu sprechen, und doch handelt es sich um gültige Formulierungen für ungreifbare Ahnungen und Erfahrungen, und sie wollen unsere Vorstellung von Gott mit etwas ungemein Kostbarem bereichern.

Plausibler als alle Begriffe bleibt das Bild vom Kuß als Medium des Einswerdens und zeitweiligen Verschmelzens und als Wirklichkeit in Gott selbst.

Es ist unverkennbar, daß der Kuß ganz eng verwandt mit

der sexuellen Vereinigung ist. Aber mehr als diese deutet er die *persönliche,* Du-hafte Qualität der Beziehung an, da er sich spontan aus dem Aug'-in-Auge ergibt und zu diesem zurückkehrt.

So haben alle Mystiker gern ihre Erfahrung des Einswerdens mit Gott mit einem Kuß verglichen. Ein Zisterzienser im zwölften Jahrhundert schrieb:

Wenn zwei sich zärtlich küssen, hauchen sie sich gegenseitig ihren Atem ein. Das ist wie ein Duft, von dem sie sich wunderbar durchdrungen fühlen.

Nimm, Herr, den Atem meiner Seele ganz in Dich auf. Wende Dich nicht von ihm ab. Ich hauche ihn ganz in Dich ein, mag er auch unangenehm riechen.

Und Du hauche Deinen Atem ganz in mich ein — er duftet ja ganz nach Dir —, damit mein Atem von Deinem Wohlgeruch erfüllt wird.

(Wilhelm von Saint-Thierry, Meditativa Oratio 8,5)

Unmittelbar mag dieses Gebet von der Erzählung inspiriert sein, wie der Auferstandene die verschreckten Jünger anhaucht und zu ihnen sagt: »Empfangt den Heiligen Geist« (Johannes 20,22); im übrigen hat den christlichen (und auch jüdischen) Mystikern die Bilder für ihre Sprache ein Buch des Alten Testaments geliefert, das »Hohelied«, das ohne jede Einleitung sofort mit dem sehnsüchtigen Wunsch nach dem Geküßtwerden einsetzt: »Mit Küssen seines Mundes bedecke er mich.«

Es liegt an der Natur und Wirklichkeit des »Kusses«, daß er sich nicht wortreich erörtern, sondern nur andeuten läßt. Mit Bernhard von Clairvaux kann man sagen:

Er läßt sich nur in der Erfahrung lernen. Wer ihn erfahren hat, erkennt ihn wieder, und wer noch nicht, soll glühen in der Sehnsucht, nicht: mehr von ihm zu wissen, sondern: an der Erfahrung teilzuhaben.

(1. Hoheliedpredigt)

Indes wird das Stichwort »Kuß« der rechte Ort sein, ein Wort zur Eigenart der christlichen Mystik zu äußern, nachdem derzeit eine verwirrende Vielfalt meditativer und »mystischer« Traditionen auf dem Jahrmarkt der Weltanschauungen und Lebens-Ratgeber feilgeboten wird.

Es gibt im Wesentlichen drei Formen mystischer Erfahrung:

— die Erfahrung der Vereinigung mit der Natur;
— die Erfahrung der Vereinigung mit einem höheren, »eigentlichen« oder »wahren« Selbst des Menschen
— und die Erfahrung der Vereinigung mit Gott.

Bei der Vereinigung mit der Natur in einer intensiven Naturfrömmigkeit und -mystik wird der Unterschied zwischen dem individuellen seelischen Leben und der umgebenden Natur verwischt: Der Mensch taucht in einem ozeanischen Gefühl des Einsseins mit den Naturgewalten und -rhythmen unter. Er hat das Gefühl, sich darin aufzulösen. Charakteristisch dafür ist eine Art Rauschzustand (der durch bestimmte Drogen verstärkt werden kann), eine zeitweilige Verschmelzung des Ich mit Kräften außerhalb des Ichbewußtseins.

Die zweite Form der mystischen Erfahrung wird vor allem von fernöstlichen Traditionen des Meditierens — etwa des Zen-Buddhismus — vermittelt. Sie besteht darin, daß man sein alltägliches, vordergründiges Ich als hohl, als Illusion erkennt und dahinter ein höheres, sein wahres Ich freilegt. Dieses »transzendente Selbst« ist oberhalb von allem, was sich bewegt, und von allem, was zum Bereich von Raum und Zeit gehört. Es wird als unsterblich und frei erfahren. Charakteristisch für diese Art Mystik ist ihre fortschreitende Ernüchterung mit dem Ziel völliger Nüchternheit.

Die dritte Art mystischer Erfahrung ist diejenige der christlichen Tradition. Es handelt sich um die Erfahrung des lebendigen Gottes. Sie hat wesentlich personalen, dialogischen Charakter und kann sowohl rauschhafte als auch nüchterne Züge integrieren: Sie kennt die Ekstase, das Hingerissen- und Außersichsein, weckt aber gleichzeitig den »neuen« Menschen, das »bessere«, »wahre« Ich, das seine Liebes-Erfahrung in äußerst nüchterne Praxis umzusetzen versteht. Bei solcher Erfahrung der Vereinigung mit Gott in der Liebe bleibt grundsätzlich die Zweiheit der sich Liebenden erhalten, aber sie werden eins im Wollen und Übereinstimmen.

Denn, so hat ein anderer Zisterzienser im zwölften Jahrhundert, von Hoyland, gebetet:

Wenn Du mich küßt, machst Du mich Dir gleich. Dann bin ich in Dir gesammelt, mit Dir vermählt, *ein* Geist mit Dir. Denn wer Dich, den Herrn, umarmt, ist *ein* Geist mit Dir (vgl. 1 Korinther 6, 17).

(Gilbert von Hoyland, Traktat I, 6)

Unsere traditionellen Schwierigkeiten mit allen sichtbaren Äußerungen intimer Zuneigung, die jetzt oberflächlich von einer voyeuristischen Zeitströmung weggefegt sind, stammen wohl aus unserer jahrhundertelangen verklemmten Einstellung zu unserem Körper und allem Leibhaftigen. In orientalischen und südlichen Ländern sind die Menschen in dieser Hinsicht unbefangener; der Begrüßungs- und Abschiedskuß gehört dort seit eh und je zum

Ritual. Das Ritual nimmt ihm natürlich auch seine intime Bedeutung. Die rituellen Bruderküsse sozialistischer Genossen und kommunistischer Politiker sind bestimmt nicht immer Ausdruck herzlicher Zuneigung. Der »Judaskuß« schließlich ist die Perversion des Kusses.

LASTER

»Müßiggang ist aller Laster Anfang.«

Das Wort ist uralt, die Sache hochaktuell. Auch heute noch ragt der Begriff in das moderne Deutsch hinein.

Wir frönen mit Hingabe unseren Lastern: »Ich rauche gern« ruft uns ein lachendes, offenes, dynamisches Gesicht auf großen Plakatwänden in Stadt und Land zu. Aber zugleich ist die Angst vor den Folgen eingebaut. Am unteren Plakatrand steht die Warnung des Gesundheitsministeriums vor den schädlichen Wirkungen der Droge Nikotin.

»Es ist ein Spruch von alters her, wer Sorgen hat, hat auch Likör« — schreibt Wilhelm Busch.

Und wie oft hören wir oder sprechen wir selbst den Satz: »*Ein* Laster darf der Mensch doch haben!«

Dem Laster wohnt ein Zug zur Zerstörung inne, der unsere ohnehin allgegenwärtige Endlichkeit beschleunigt. Manche Menschen rühmen sich, daß sie bis ins hohe Alter gekommen sind, trotz vieler Laster, die sie aufzählen: Frauen (!), Alkohol, Rauchen sind die gängigsten; ein ausschweifendes, lästerliches Leben hat ihrer robusten Konstitution nichts anhaben können. Sie sind lästerliche Vor-Bilder geworden.

In der Umgangssprache ist das Wort eindeutig negativ besetzt. Wenn man der Wortgeschichte nachgeht, kommt man auf denselben Befund.

Von der Wortwurzel her trägt das Laster den Charakter der Kränkung. Laster ist Wille zur Kränkung — etwa auf exzessives Rauchen und Trinken bezogen: Wille zur Selbstkränkung, zum Sich-Krankmachen.

Im Laster verbirgt sich der Todestrieb, die Neigung zur Selbstzerstörung. Sie gehört als eine spürbare Kraft zur Anlage unserer Person, ja des Menschen überhaupt. Das Laster ist eine schnell oder langsam fortschreitende Form der Selbstvernichtung. Ich mache mich zum Nichts.

Man darf sich, trotz aller süßen Laster und des Reizes, der der Lasterhaftigkeit anhaftet, nichts vormachen: In der Sache zeigen sich unsere Verfallenheit und Endlichkeit, unsere »Krankheit zum Tode«.

Die christliche Tradition hat sich von Anfang an mit der Lasterhaftigkeit des Menschen auseinandergesetzt. Das Leben des Christen war eine Schlacht gegen die Lasterhaftigkeit, die als »ungeordnete Selbstliebe« den Weg zu Gott verstellt, das Ich vergötzt und es schließlich an Gottes Stelle selber rückt. Es war ein Kampf auf Leben und Tod, der im Sterben selber noch einmal konzentriert zu führen war.

Im Neuen Testament tauchen die Lasterkataloge und ihre Gegenstücke, die Tugendkataloge, auf. Es gab sie auch schon früher, etwa in der Stoa. Aber im Christentum werden sie ganz eindeutig bezeichnet als die »Werke des Fleisches«, das verdirbt und verwest.

Die Werke des Fleisches sind deutlich erkennbar: Unzucht, Unsittlichkeit, ausschweifendes Leben, Götzendienst, Zauberei, Feindschaften, Streit, Eifersucht, Jähzorn, Eigennutz, Zwistigkeiten, Spaltung, Neid und Mißgunst, Saufen, Fressen u. ä. Ich wiederhole, was ich euch schon früher gesagt habe: Wer so etwas tut, wird das Reich Gottes nicht erben. Die Frucht des Geistes aber ist Liebe, Freude, Friede, Langmut, Freundlichkeit, Güte, Reue, Sanftmut und Selbstbeherrschung; dem allem widerspricht das Gesetz nicht.

(Galater 5,19—23)

Die Trennlinie zwischen Lastern und Tugenden markiert messerscharf die Grenzen zwischen Licht und Finsternis, zwischen der Macht des Guten und der bösen Macht. Beide kämpfen gnadenlos gegeneinander. In den frühen Texten erscheint noch der Umriß der dualistischen Religionen, mit denen sich das junge Christentum auseinanderzusetzen hatte. In dieser Auseinandersetzung hat sich die frühe Kirche manches an-verwandt. Etwa, wenn sie von den »Kindern des Lichts« (Epheser 5, 3-9) spricht, die der Finsternis nicht verfallen sind, sondern ihren unaufhörlichen Angriffen tapfer und tugendhaft standhalten.

Am Anfang ist die Liste der Laster — bei den Apostolischen Vätern »Wege des Todes« genannt —, und entsprechend die der Tugenden, noch breit und lang.

Später — etwa bei manchen frühen Kirchenvätern — verengt sie sich auf ein paar Hauptlaster, die sich vor allem auf den Bereich der Unzucht, der Sexualität beziehen.

Die bösen Folgen der schlechten Begierde.

An der Spitze steht die Begierde nach der Frau eines anderen oder nach einem anderen Manne, nach verschwenderischem Reichtum, nach vielem unnötigen Essen und Trinken und nach vielen anderen törichten Genüssen; denn alle Üppigkeit ist töricht und eitel für die Diener Gottes. Diese Begierden sind schlecht und bringen den Dienern Gottes den Tod; denn diese schlechte Begierde ist eine Tochter des Teufels. Deshalb müßt ihr euch dieser schlechten Begierde enthalten, auf daß ihr durch die Enthaltung in Gott lebet. Wer sich aber von ihnen beherrschen läßt und ihnen nicht widersteht, wird dem Tode verfallen bis ans Ende; denn diese Begierden sind tödlich.

(Apostolische Väter, Der Hirte des Hermas, Zwölftes Gebot)

Die Verengung des Verständnisses von Laster und Lasterhaftigkeit vor allem auf den Bereich der Sexualität zieht sich wie ein roter Faden durch die Geschichte der kirchlichen Askese- und Bußpraxis.

Weil die Kirche ihre Predigt gegen die Laster allzusehr auf den Bereich der Sexualität einengte, wird sie heute nicht mehr ernst genommen. Sie findet kein Gehör, wenn sie versucht, auf viele schlimmere, modernere Laster hinzuweisen.

Die Laster haben aber nur ihre Gesichter und ihre Kleider gewechselt. Von ihrer destruktiven Kraft haben sie nichts verloren. Es gehört zu den großen Illusionen unserer Zeit, sie seien nicht mehr wirksam, wenn man sie nur nicht mehr ernst nehme, ja in ihnen im Gegenteil eine Möglichkeit der Freiheit und Selbstverwirklichung des Menschen erblicke.

Lasterkatalog 2000

— Schrankenloser Egoismus
— Ungehemmte Aggression
— Kein Verzicht auf Gewalt im Kleinen wie im Großen
— Ungeduld
— Leistungssucht (workoholic)
— Übertriebenes Essen
— Übertriebenes Fasten
— Mangelnde Treue
— Hektik
— Allgegenwart, Tanzen auf allen Hochzeiten
— Karrieresucht
— Prestigedenken
— Wohnungseinrichtungen
— Autos
— Outfit
— Bodybuilding
— Tiervergötzung

— Menschenverachtung
— Fremdenfeindlichkeit
— Kinder seelisch verwahrlosen lassen
— Diebstahl
— Drogenkonsum
— Sonntagsreden ohne Wirkung
— Übertriebener Leistungssport
— Medienkonsum
— So leben, als ob es über und außer mir nichts gäbe
— ...

Wenn sich das Laster erbricht, setzt sich die Tugend zu Tisch.
(Friedrich Schiller, Shakespeares Schatten)

Leib

Zeit unseres Lebens »wohnen« wir in unserem Leib. Und wir erfahren ihn ganz verschieden, z. B. in den Lebensaltern: aufblühend — absterbend. Jedenfalls erfahren wir uns in unserem Leib als vergängliche Wesen. Aber wir erfahren uns in unserem Leib auch als Wesen, die darüber hinaus wollen, die eine Sehnsucht verspüren, die über den zeitlichen Leib weit hinaus will: »Alle Lust will Ewigkeit« (Friedrich Nietzsche). Ja, es kann sogar sein, daß die Sehnsucht nach tiefer Ewigkeit den Leib geradezu als Hindernis erfährt und betrachtet auf dem Flug der Sehnsucht nach Gott, nach dem tiefsten Grund und Ziel unseres In-der-Welt-Seins.

Von daher gesehen wird manche Leibfeindlichkeit in den Religionen der Welt sogar einsichtig, gleichwohl nicht akzeptabel. Denn der Leib ist die Gestalt, die Form, in der der Schöpfergott uns sein lassen wollte. Bei aller Hochschätzung des Geistes und der Seele: Der Leib dient als Wohnung. Und wer glaubt, muß sagen: Das hat Gott so gewollt.

---

du: ins
zellengewebe
enthöht

Gott
des lebendigen atems
im fleisch

Durchreisest
uns
leicht

(Kurt Marti, Schon wieder heute. Ausgewählte Gedichte)

In der Geschichte des Christentums bleibt die Einstellung zum Leib und zur Leibhaftigkeit gespalten — bis zum heutigen Tag. Man kann nicht einfach behaupten, das Christentum sei leibfeindlich. Aber leibfreundlich ist es auch nicht. Es gibt einen Text des Kirchenvaters Augustinus, der die Zwiespältigkeit ganz deutlich zum Ausdruck bringt:

Nicht körperliche Wohlgestalt noch zeitliche Anmut, nicht den Glanz des Lichtes, das unseren Augen so angenehm ist, nicht die lieblichen Melodien des ganzen Reiches der Töne, nicht den Duft von Blumen, Salben und Gewürzen, nicht Manna und Honig, nicht Glieder, die zu freundlicher Umarmung einladen: nicht das liebe ich, wenn ich meinen Gott liebe. Und dennoch liebe ich eine Art von Licht und Klang und Duft und Speise und Umarmung, wenn ich meinen Gott liebe; das Licht, den Klang, den Duft, die Speise, die Umarmung meines inneren Menschen. Dort leuchtet meiner Seele, was kein Raum faßt, dort tönt, was keine Zeit hinwegrafft, dort duftet, was kein Wind verweht, dort schmeckt, was kein Genuß verringert, dort bleibt vereint, was kein Überdruß trennt. Dies ist, was ich liebe, wenn ich meinen Gott liebe.

Denn die Wahrheit sagt mir: »nicht der Himmel ist dein Gott noch die Erde noch irgendein Körper«. Das sagt schon ihre Natur einem jeden, der Augen hat zu sehen: Sie sind Masse, und deshalb ist ihr Teil kleiner als das Ganze. Schon du bist besser, meine Seele, ich sage es dir, denn du belebst die Masse deines Körpers und verleihst ihm das Leben, was sonst kein Körper einem anderen gewähren kann. Dein Gott aber hinwiederum ist für dich das Leben deines Lebens.

(Augustinus, Bekenntnisse)

Auch die »moderne« Einstellung zum Leib spiegelt die alte Gespaltenheit wider — selbst wenn sie nicht religiös motiviert ist.

Ein Übermaß an Genuß, Lust, Arbeit, Verzicht kann

auch leibfeindlich sein. In der gegenwärtigen, gesellschaftlichen Bewertung steht der Leib — nur scheinbar — hoch im Kurs. Er wird, zum Beispiel, ganz gewaltig traktiert durch die Schinderei mancher Abenteuersportarten. Aber auch die Belastung der Umwelt durch uns Menschen richtet sich gegen unseren Leib. Wenn wir nur daran denken, was heute alles an Giften durch die chemische Düngung der Böden und Haltbarmachung von Lebensmitteln in unseren Körper Einlaß findet. Und viele sexuelle Haltungen und Techniken, die heute lautstark und grell propagiert werden, zeugen nicht gerade von Leibfreundlichkeit.

Nur langsam macht sich die Erkenntnis wirklich breit, daß Leib und Seele eine sensible, leicht verletzliche Ganzheit bilden, die man nicht nach Bestreben einseitig belasten kann. Im Leib selber zeigt sich die Gestalt, die Form unserer Seele.

Leiden

Nicht erst Auschwitz hat den Aufschrei provoziert: »Gott kann nicht allmächtig und gut sein, wenn so unendlich vieles, grauenhaftes Leiden in der Welt ist!« Die Frage, warum es so viel Leiden in der Welt gibt, dürfte so alt sein, wie der Mensch nachdenken kann. Hat das Leiden einen Sinn? Welchen?

Der Verfasser des Buches Ijob, der dieses Thema vor zweieinhalbtausend Jahren behandelt hat, zeigt, wie alle schlauen und einfältigen Erklärungsversuche der frommen Freunde seines Helden nicht tragen. Das Leiden sei Vergeltung für eigene oder fremde Sünden, erkannte oder unerkannte, lautet die Kernaussage der Freunde, die damit nur ihre bereits alte Tradition wiederholen. Ijob kann das nicht akzeptieren. Er revoltiert gegen Gott, bis dieser selbst das Wort ergreift und ihn zum Verstummen bringt — nicht mit einleuchtenden Argumenten zur Beantwortung seiner Frage, sondern mit dem Hinweis auf seine Unbegreiflichkeit. Das Buch endet damit, daß Ijob die Hand auf den Mund legt und verstummt.

Inzwischen ist weiter unendlich viel zu diesem Thema argumentiert, erklärt, gedeutet und geschwätzt worden. Zumal als Jesus am Kreuz im Leiden gescheitert schien, sahen sich seine Jünger gezwungen, einen positiven Sinn in diesem Schicksal zu entdecken und zu verkünden. Am beliebtesten wurde der Gedanke vom »Sühneleiden« Jesu: Er habe uns durch sein Leiden das Verzeihen und die Gnade Gottvaters erkauft und uns mit ihm versöhnt. Alle übrigen Leiden der Menschen seien Teilhabe an diesem Leiden Jesu, um zu »ergänzen, was an den Leiden Christi noch fehlt« (Kolosser 1, 24).

Es wäre gescheiter gewesen, bei der Lösung des Ijob zu bleiben und den Mund zu halten. Derlei Vorstellungen haben nämlich nicht nur abscheuliche Gottes-Bilder hervorgebracht, sondern auch zu perversen Konsequenzen ermutigt — etwa zu denjenigen, Menschen (Ketzer, Hexen, Indios) der Folter, dem Feuer und entsetzlichen Leiden zu überantworten, um ihre »Seelen« zu retten; von der fragwürdigen »Opfer«- und »Leidens«-Frömmigkeit ganz zu schweigen, zu der Myriaden von Menschen, namentlich Frauen, verleitet worden sind.

. . . Wenn die Leiden der Kinder dazu verwendet wurden, jene Summe von Leiden vollzumachen, die für den Kauf der Wahrheit notwendig war, so behaupte ich im voraus, daß die ganze Wahrheit einen solchen Preis nicht wert ist . . .

Stell dir vor, du selbst errichtetest das Gebäude des Menschenschicksals mit dem Endziel, die Menschen zu beglücken, ihnen endlich Frieden und Ruhe zu geben, aber du müßtest dazu unbedingt und unvermeidlich nur ein einziges winziges Geschöpf zu Tode quälen . . . und auf seine ungerächten Tränen dieses Gebäude gründen — wärest du unter dieser Bedingung bereit, der Architekt zu sein?

Und könntest du es für möglich halten, daß die Menschen, für die du baust, bereit wären, ihr Glück um den Preis des ungerechtfertigten Blutes eines zu Tode gequälten Kindes zu empfangen und danach für ewig glücklich zu bleiben?. . .

Wenn der Eintritt in den Himmel um den Preis von so viel Leiden erkauft werden muß, dann will ich nicht in diesen Himmel kommen. Es geht über meine Verhältnisse, soviel für den Eintritt zu zahlen. Darum beeile ich mich, meine Eintrittskarte zurückzugeben.

(Iwan Karamasow in Dostojewskis »Die Brüder Karamasow«)

Welchen Sinn hat das Leiden? Das ist eine der religiösen Ur-Fragen. Es ist die Frage, auf die es streng genommen nur die Antwort gibt: *Wir wissen es nicht.*

Was wir wissen, ist, daß das Leiden unvermeidlich ist; daß wir nicht nur damit leben, sondern daß wir es als Bestandteil unseres Daseins annehmen müssen. »*Mußte* nicht der Messias all das erleiden, um so in seine Herrlichkeit zu gelangen?« (Lukas 24,26), fragte der geheimnisvolle Unbekannte die ratlosen Jünger auf dem Weg nach Emmaus. Der »Messias« ist das Ur-Modell des Menschen und seines Weges. *Warum* dieser Weg so beschaffen sein muß, wissen wir nicht. Der Trost, den der christliche Glaube zu bieten vermag, besteht nicht darin, das Leid erklären oder gar weg-erklären und beheben zu können. Nein, er besteht in der Zusage: »Du bist nicht *allein* in in deinem Leiden. Jesus ist bei dir. Gott selbst nimmt teil an deinem Leiden.« Und: »Du bist auf dem Weg Jesu. Es ist der Weg durch Leiden in die Herrlichkeit. Er ist ihn vorausgegangen. Dein Schicksal wird genauso enden: in Herrlichkeit.«

Paulus hat aus dieser Zuversicht heraus geschrieben:

Christus will ich erkennen und die Macht seiner Auferstehung und die Gemeinschaft mit seinem Leiden, sein Tod soll mich prägen. So hoffe ich, auch zur Auferstehung von den Toten zu gelangen.

(Philipper 3,10—11)

Daran läßt sich eine echte »Passions«-Mystik anknüpfen (im Unterschied zu fragwürdigen Formen eines nur dürftig verschleierten Masochismus und Sadismus), wie es sie in der Geschichte des Christentums gegeben hat und gibt: das Aufsuchen der Nähe Jesu in seinem Leiden, die Bereitschaft, aus Solidarität mit ihm und allen Leidenden Leiden auf sich zu nehmen, und die Erfahrung, gerade im Leiden (physischer oder seelischer Art, auf dem »letzten Platz«) seine Nähe besonders spürbar zu erfahren. Dabei richtet sich der Wunsch nicht auf das Leiden an sich (wie in den krankhaften Formen der »Passionsmystik«), sondern auf die Nähe zu Jesus und zu den Leidenden.

Das Leiden nicht nur als unausweichliches Faktum, sondern als Notwendigkeit des Lebens, ja sogar noch als Ort der Erfahrung der Nähe Gottes zu bezeichnen, läuft dem wehleidigen Hedonismus, wie er derzeit im Abendland vorherrscht, stracks zuwider. Mehr noch: Das ist für ihn eine Beleidigung. Leiden ist etwas, das nicht sein soll, und wir bieten alle Kunst, Wissenschaft und Chemie auf, um Leiden vorzubeugen, zu vermeiden, zu beheben — zumindest im privaten, individual-medizinischen Bereich. Ziemlich einfallslos und wenig engagiert sind wir noch, was die Leiden von Menschen anderer Völker und Erdteile angeht.

Ein guter Sinn im Leiden von unzähligen Menschen, von Opfern von Kriegen, Naturkatastrophen, Ausbeutung, Folter, Lieblosigkeit, Dummheit ist nicht zu erkennen, sondern man kann nur dagegen leidenschaftlich protestieren und klagen.

Es wäre ungeheuerlich, ja blasphemisch, hier von »Läuterung« religiöser oder moralischer Art zu schwafeln, so wie etwa hirnverbrannte Geister von den »reinigenden Stahlgewittern« der entsetzlichen Schlachten des Ersten Weltkriegs geschwärmt haben.

Das Leiden ist eine subjektive, individuelle Erfahrung. Deshalb läßt sich ihm nicht global ein Sinn zusprechen, sondern man kann nur in jedem subjektiven Fall nach positiven, fruchtbaren Aspekten suchen. Solche allerdings gibt es. Man kann sie niemandem auferlegen, sondern es ist das Recht und die Aufgabe jedes einzelnen Menschen, sie zu entdecken und anzunehmen. Ein Außenstehender kann ihre Möglichkeit nur andeuten, kann diskret eine neue Sicht erschließen helfen.

Es ist besser, über den Sinn von Leiden nachzudenken und zu sprechen, solange man noch nicht über beide Ohren darin steckt und vor Schmerz und Not nicht mehr klar denken kann. Die Situation ist ungut, wenn ein Therapeut oder Seelsorger erstmals dann mit einem Menschen über das Leiden sprechen kann, wenn dieser rasende Schmerzen hat. Dann ist der Helfer zu sehr Außenstehender und Verschonter, um noch überzeugend und glaubwürdig etwas sagen zu können. Er kann nur noch den Mund halten, Anteil nehmen und Schmerzen lindern helfen.

Es ist eine wichtige Aufgabe im Leben, seine Einstellung zum Leiden zu klären, solange man ihm gegenüber noch relativ frei ist. Von Haltungen und Einsichten, die man lange in Freiheit eingeübt hat, kann man hoffen, daß sie ein gut Stück weit tragen, wenn die Freiheit dahin und der Sinn getrübt ist.

Oder man kann aus dem Abstand etlicher Jahre rückblickend einen Sinn, eine Führung erkennen und eine leidvolle Phase vergangener Jahre in neuem Licht sehen.

Es gibt eindrucksvolle Beispiele, wie Menschen ihr Leiden bejaht und dadurch Reife und Würde erlangt haben. Etwa Krebskranke, die ein Sterben in Würde dem Sich-Ausliefern an eine chemische und Apparate-Medizin vorgezogen haben, das nur noch ihr physisches Vegetieren endlos verlängert hätte; die ihre Schmerzmittel auf das absolut notwendige Maß reduziert hielten, um nicht ihre letzten Wochen und Tage nur noch verdämmernd und willenlos zu verleben. Oder es gibt Beispiele von Menschen, die sich durch eine Behinderung zu einer großartigen Kreativität und Vitalität herausfordern ließen, statt im Selbstmitleid zu versinken.

Mission

Ganz verschiedene und keineswegs nur positive Vorstellungen verbinden sich für uns heutige Menschen mit dem Wort »Mission«. Die Gründe dafür liegen in der Missionsgeschichte des Christentums und des Islam. Die »alte« Missionsgeschichte des Christentums ist bei uns fast am Ende. Das Christentum wächst unter den Weltreligionen in den letzten Jahren immer langsamer, während ein zum Teil aggressiv missionierender Islam eine neue Blüte erlebt.

Auf den Plätzen und Bahnhöfen, in Unterführungen und vor Kirchen in den großen Städten sind die Frauen und Männer mit dem »Wachtturm« in der Hand ein vertrautes Bild. Es sind die »Zeugen Jehovas«, früher die »Ernsten Bibelforscher« genannt. Sie werden belächelt oder geflissentlich übersehen. Jedenfalls sind sie da. Sie missionieren — zuweilen noch an unseren Haustüren. Mission aktuell. Aber sie überzeugt nicht so recht. Oder doch? Jedenfalls wird in vielen innerkirchlichen Diskussionen auf sie verwiesen, wenn es darum geht, wie »man« wieder an die Menschen herankommen könne, die der Kirche fremd geworden oder aus ihr ausgetreten sind. Mission hat also offenbar weniger mit Parolen als mit persönlichem Einsatz zu tun, mit Hingehen, nicht mit Abwarten. Wenn ein Mensch besonders und vielleicht überengagiert ist, mehr überreden als überzeugen will, dann fällt schnell das Wort vom »missionarischen Eifer«, mit dem er zu Werke geht. Das Wort Mission ist ebenfalls mit Macht, Herrschaft, Krieg besetzt — sogar überwiegend. Anlässe dafür gab es und gibt es genug. »Feuer und Schwert« als Mittel zur

Ausbreitung einer Glaubensbotschaft sind längst nicht passé.

Raumfahrer, Soldaten, Spione, Botschafter sind E-missäre. Sie haben eine Mission, sie sind gesendet, sie handeln im Auftrag eines anderen.

Und in den Comics, die heute mehr und mehr die Bücher ersetzen, gerade unter jungen Leuten, haben die Helden eine »mission« — eine gute oder eine böse: Jedenfalls ohne »mission« geht es selten.

Eine der großen Religionen hat ausdrücklich auf Mission verzichtet: das Judentum. Es gibt keine jüdischen Missionare.

Die Christen können sich unglücklicherweise nicht davon entschuldigen, daß ihre Art zu missionieren in der Geschichte als überwiegend grausam und unterdrückerisch erschien, nein, nicht nur »erschien« — sie war es! Und dabei hieß es doch im ursprünglichen Missionsauftrag im »Sendungsbefehl« (!) — wie wir noch im Religionsunterricht lernten, ganz anders:

Der Auftrag des Auferstandenen.

Die elf Jünger gingen nach Galiläa auf den Berg, wie Jesus ihnen aufgetragen hatte. Und als sie Jesus sahen, fielen sie vor ihm nieder. Einige aber hatten Zweifel. Da trat Jesus auf sie zu und sagte zu ihnen: Mir ist alle Macht im Himmel und auf Erde gegeben. Darum geht zu allen Völkern und macht alle Menschen zu meinen Jüngern, tauft sie auf den Namen des Vaters und des Sohnes und des heiligen Geistes und lehrt sie, alles zu befolgen, was ich euch geboten habe. Und ich bin bei euch alle Tage bis zur Vollendung der Welt.

(Matthäus 28,16—20)

Die Jünger Jesu gingen ohne Waffen — wie »Schafe unter die Wölfe gesandt« — wehrlos »hinaus«, um den Menschen die Liebe Gottes zu bezeugen. Wie anders auch sollte man Liebe bezeugen, wenn es mit rechten Dingen zugeht?

Zum Beispiel Lateinamerika

Die »Botschaft der Liebe«, der »Güte« kam mit den spanischen Eroberern. Unter den Soldaten waren die Missionare — ihnen zum Verwechseln ähnlich. Die spanische conquista war eine merkwürdige, eine absurde Mischung von Religion, Raubrittertum und falschem Apostelgeist.

In seinem Bordtagebuch, das Christoph Kolumbus für das spanische Königspaar Ferdinand und Isabella schrieb, notiert er nach einem ersten Zusammentreffen mit den Indianern von Guanahani am 12. Oktober 1492:

> Sie könnten als hervorragende und kluge Sklaven gute Verwendung finden; denn ich sehe, daß sie alles nachsprechen, was ich sage, und glaube, daß man sie leicht zu Christen machen könnte; denn mir schien, daß sie keinerlei Sekte angehören. So Gott will, werde ich bei meiner Abreise sechs dieser Leute Euren Majestäten mitbringen, damit sie unsere Sprache lernen.

Und der spanische Eroberer Fernando Cortes rief am 28. Dezember 1520 seinen Soldaten in Mexiko zu:

> Keiner ist unter uns, der es nicht für die heiligste Pflicht erachtet, daß wir, die wir Diener und Mehrer der Macht Christi und unseres Kaisers sind, das Verlorene wiedergewinnen.

Für Lateinamerika kann man heute — entgegen einer weitverbreiteten Klischeemeinung — sagen, daß das Christentum dort im Grunde durch die Jahrhunderte hindurch ein kultureller Fremdkörper geblieben ist. Es ist nicht wirklich ins Leben der Menschen, der Gesellschaften und Völker eingedrungen. Die alten Kulte und Religionen sind unter der goldverzierten, kolonialen Decke lebendig geblieben und kommen heute wieder mehr und mehr zum Vorschein.

Die Zeit der »alten« Mission ist vorbei. Aber der Auftrag ist geblieben.

Was tun?

Mission ist und bleibt ein Grundauftrag des Christen. Gleich an welchem Ort und in welcher Zeit er lebt: Er ist gehalten, die Botschaft vom ewigen Heil und Ganz-Sein durch sein Leben zu bezeugen — vorausgesetzt, er hat sich freiwillig dazu entschieden. Bleibt die Frage: Worin besteht Mission, christliche Sendung, heute? Wo liegen die zeitgenössischen christlichen Missionsgebiete? Oder: Wen wollen »wir« wozu missionieren?

Umrisse eines modernen Missionskonzepts

Christsein heißt heute einer Gesellschaft anzugehören, die immer schneller und durchdringender ent-christlicht wird. Ob sie wirklich säkularer wird, ist eine andere Frage.

Christen heute werden in der modernen Massengesellschaft immer einsamer, weil sie querstehen zu den Zielen von Leistung und Konsum.

Statt sich als imposante Großorganisation zu formieren und von der Gesellschaft abzuheben, müssen sie sich in diese Gesellschaft inkarnieren. Das alte biblische Bild vom winzigen Sauerteig, der die große Masse des Brotteigs durchdringt, gewinnt neue Aktualität.

Sie müssen sich kompetent machen, in den Feldern ihrer Berufe gleichermaßen wie im Lebenswissen und in den Lebenserfahrungen. Sie müssen frag-würdig leben, das heißt so, daß sie der Fragen würdig sind.

Christen heute sollten erst dann sprechen, wenn sie gefragt werden. Sie müssen sich der wohlfeilen Antworten auf Fragen enthalten, die nicht gestellt worden sind.

Christen heute müssen sich verschweigen ins Da-Sein mit anderen, verschweigen manchmal in die namenlose Begleitung auf ganz verschwiegenen und verschlungenen Lebenswegen.

Christen müssen sich verschweigen ins Unterwegssein.

Mission geschieht heute wieder vornehmlich durch das Zeugnis des Lebens und die Bereitschaft, sich auszuliefern, ein Risiko einzugehen.

Der Christ als Einsamer

Der Christ fühlt sich in der neuen Welt immer mehr als Einsamer, Alleingelassener, gewissermaßen als ein Mensch auf verlorenem Posten. Er fühlt sich auf sein eigenes Leben zurückgeworfen, richtiger auf seinen Herrn Christus zurückgeworfen. Die Kirche kann sich in ihrer Bedrängnis weitgehend nur auf jene Einzelnen verlassen, die willens und auch imstande sind, die christliche Wahrheit glaubwürdig zu verwirklichen, von ihr Zeugnis zu geben. Es gibt heute kein Gehege mehr, in dem man als Christenmensch vor der Bewährung in der Welt sicher sein könnte. Entweder gelingt es uns, der Welt einen neuen Heiligen, einen neuen Weltmenschen zu schenken, der sie aus der Kraft seines Glaubens in eine neue Christenheit verwandelt, oder wir versagen, müssen dann auf die nächste Weltstunde hoffen. In diesem Sinne leben wir in einer Zeit, die seit dem Urchristentum die größte Chance des Glaubens ist.

(Ladislaus Boros, Heute Christ sein)

Die Konsequenzen liegen auf der Hand. Der Hang, alles beim alten zu lassen, geht tief. Mission heute bedeutet, in der kurzen Frist, die wir zu leben haben, zu begreifen, daß das Letzte — eingespannt in den Rahmen des Vorletzten und Vorläufigen — auf dem Spiel steht.

Nacht

Die Nacht hat zwei Gesichter.

Einerseits bietet sie Schutz, gibt Geborgenheit, breitet einen gnädigen Mantel über Unansehnliches aus. Andererseits macht sie Angst, ruft Dämonen auf den Plan, in ihrer Mitte schlägt die Geisterstunde.

Wir (angeblich) aufgeklärten und modernen Menschen glauben nicht mehr an Gespenster. Aber es gruselt uns dennoch, wenn wir des Nachts durch einen dunklen Wald laufen. Jedesmal bedarf es einer besonderen vergewissernden Anstrengung des Kopfes, um dem Kribbeln im Bauch und der Gänsehaut auf dem Rücken die innere Botschaft entgegenzusetzen: Es kann dir nichts passieren, alles geht mit rechten Dingen zu. Wir wollen es uns nicht eingestehen: Die Nacht macht uns immer noch — wie eh und je in Kindertagen — unsicher und manchmal auch ein wenig ängstlich.

Unser ganzes Leben ist in den Rhythmus von Tag und Nacht eingebettet. Unser körperlicher und seelischer Haushalt ist auf diese Abfolge eingerichtet. Der Rhythmus prägt unser ganzes Leben.

Das muß in einer Zeit betont werden, in der viele Menschen gezwungenermaßen oder aus freien Stücken die Nacht zum Tage machen: die Schichtarbeiterinnen und Schichtarbeiter in der Industrie, die Polizisten, die Ärzte in den Krankenhäusern, die Schwestern, um nur ein paar zu nennen. Viele Menschen »opfern« ihren Schlaf, damit wir relativ ruhig und sicher schlafen können.

Das Thema Nacht bestimmt alle großen Texte der Religionen, alle mythischen Menschheitstexte, alle Mythologien, in ihnen bleibt das Thema ewig ambivalent.

In der Nacht geschehen entscheidende Dinge — im Guten wie im Bösen. Selbst die großen geschichtlichen Abläufe sind vom Tag-Nacht-Rhythmus bestimmt. Es gibt Epochen, die wie eine einzige Nacht anmuten.

Ist nicht unser Jahrhundert, in dem wir leben, eine solche Zeit, mit den Kriegen, Atombomben, Konzentrationslagern, Foltern, menschenverachtenden Ideologien? Ist unsere Lebenszeit nicht eine einzige Wüstennacht — kalt, eisig, leer? Eine Nacht, in der die Sprache des Antigottes laut wird — gerade in unserem »Heimat«-, in unserem »Vater«-Land?

Ist nicht die Rede des SS-Chefs Heinrich Himmler vor seinen Gefolgsleuten in Posen am 04. 10. 1943 die Verkörperung von absoluter Nacht, von absoluter Kälte, von absolutem Tod?

Ein Grundsatz muß für den SS-Mann absolut gelten: Ehrlich, anständig, treu und kameradschaftlich haben wir zu Angehörigen unseres eigenen Blutes zu sein und zu sonst niemandem . . . Wie es den Russen geht, wie es den Tschechen geht, ist mir total gleichgültig. Das, was in den Völkern an gutem Blut unserer Art vorhanden ist, werden wir uns holen, indem wir ihnen . . . die Kinder rauben . . . Ob die anderen Völker im Wohlstand leben, ob sie verrecken vor Hunger, das interessiert mich nur soweit, als wir sie als Sklaven für unsere Kultur brauchen . . . Ob bei dem Bau eines Panzergrabens 10 000 russische Weiber an Entkräftung umfallen oder nicht, interessiert mich insoweit, als der Panzergraben für Deutschland fertig wird . . . Wir Deutschen, die wir als einzige auf der Welt eine anständige Einstellung zum Tier haben, werden ja auch zu diesen Menschentieren eine anständige Einstellung einnehmen . . .

Von euch werden die meisten wissen, was es heißt, wenn hundert Leichen beisammen liegen, wenn fünfhundert da liegen oder wenn tausend da liegen. Dies durchgehalten zu haben und dabei . . . anständig geblieben zu sein, das hat uns hart gemacht. Dies ist ein niemals geschriebenes und niemals zu schreibendes Ruhmesblatt unserer Geschichte.

Gott ist in unserer Menschennacht, in der Heiligen Nacht, Mensch geworden. Hat er dadurch nicht unsere Nächte in Ewigkeit hell gemacht, heil gemacht, geheiligt? Man muß das Geschehen in die kosmische Dimension hinein erweitern, dann wird klar, was Weih-Nacht wirklich bedeutet: In das starre Schweigen der unendlichen Räume blitzt ein Lichtstrahl hinein. Licht und Wärme sind keine Utopien mehr.

Und ist Jesus nicht auch vom Tode auferstanden in der Nacht, hat ein erneutes Mal die Nacht schlechthin zum unüberbietbaren Zeitpunkt der großen Wende gemacht? Was feiern wir Christen denn in der Oster-Nacht?

Und doch: Nacht bleibt Nacht. Unsere Menschen-Natur, unsere Nachtzeit, auch die Nachtzeit der gesamten Schöpfung, die ächzt und stöhnt, die »in Wehen liegt«, kommt immer wieder zum Vorschein. Dieser Vorschein kann übermächtig werden und uns in seinen Abgrund ziehen, er kann wie ein »Einbruch der dunklen Wasser in einen leer gewordenen Raum« sein.

Die wenigen tausend Jahre »Geschichte«, gegenüber der Geschichte der Erde und des Kosmos, bedeuten einen Ablauf von rasender Schnelle, eine Bewegung, deren Heftigkeit kaum in ein Verhältnis gebracht werden kann, zu Prozessen natürlicher Gestaltung. Es ist ein in das Dunkel der Natur geworfener Blitz: Was für ihn »Zeit« ist, das ist nicht Zeit der Natur, so wenig wie die Flugzeit der Eintagsfliege Zeit ist des Baumes, des Felsens, der

Meere. Mit Geschichte bricht das eigentlich Unheimliche ein. Völker, Kulturen werden in einer Nacht wie Scheite verzehrt; Geschichte ist die in den Kosmos projizierte Schrift aus dem Palast zu Babylon, ein der gesamten Umwelt wesensfremder Prozeß; nur der Glaube, und zwar ein übermenschlicher Glaube, kann als Ziel der Geschichte die Entscheidung über das Weltall stabilisieren. Wer das nicht vermag, sieht nur den Feuerzack über Brueghels aufgewühlter See, die apokalyptische Hieroglyphe über ertrinkenden Seglern, Größe in der Erscheinungsform der Flucht, nach deren Verlöschen es sein wird, wie es vorher war.

(Reinhold Schneider, Winter in Wien)

Weil wir Angst haben vor der Nacht, versuchen wir, sie taghell zu machen. Wir erleuchten unsere Städte, Dörfer, unsere Häuser und Wohnungen. Mit einer wahren Lichtmanie versuchen wir, die Dunkelheiten im kleinen wie im großen zu vertreiben. Alles wollen wir ausleuchten, durchleuchten, um den letzten Fetzen dunkler Nacht zu erhellen. Und wie wenig gelingt es uns.

Manchmal sind wir ganz übernächtigt und werden mit der Helle des Tages nicht mehr fertig.

Warum entwickeln gerade die jungen Menschen bei uns eine derart exzessive Nachtkultur in den Discos, in den Clubs und Kneipen, auf den Partys? Äußern sich darin womöglich nicht nur die Freude am Leben, die Ausgelassenheit und die Lust der frühen Jahre, sondern auch eine tiefe, beinahe ängstlich versteckte Angst vor der Nacht, vor der Dunkelheit, die die andere Seite des Lebens ist?

Woher kommen die ins Uferlose steigenden, wie eine dunkle Flut die Keller und Untergeschosse der Seele überrollenden Depressionen? Von ungefähr? Oder aus einer stummen, nicht aussagbaren Lebensangst? Warum nehmen sich bei uns so viele junge Menschen das Leben?

Die Angst vor der großen Nacht.

Die Nacht ist eine Zeit der Wehrlosigkeit. Wenn wir im Schlaf liegen, sind wir angreifbar, verletzbar; wir können uns nicht sofort erheben und uns wehren.

Die Nacht ist eine Zeit der Bewußtlosigkeit. Wir tauchen hinab in die weiten Hallen unserer Traumbilder. In ihnen entschlüsselt sich oft die verborgene Wirklichkeit unserer Tage.

In der Nacht lassen wir uns fallen, lassen wir los — werden wir wie Kinder. Wie schön ist es, wenn jemand bei einem ist, der seinen Arm um uns legt, ein paar beruhigende Worte spricht und uns damit sagt: Es ist alles gut, du brauchst im Grunde keine Angst zu haben.

Die Nacht ist wie ein Schoß, aus dem wir ins Licht geboren werden.

»Es wurde Abend, und es wurde Morgen, erster ... zweiter ... dritter ... Tag.« In der Bibel werden die Tage von Abend zu Abend gezählt. Sie beginnen in der Nacht und enden im Licht. Auf diese Bewegung hat das kirchliche Stundengebet jahrhundertelang bewußt eingestimmt. In vielen Klöstern lebt dieser Rhythmus bis heute.

Die Nacht ist die Geburt eines neuen Tages. Mitten in der tiefsten Dunkelheit beginnt er.

Es kann die Aufgabe eines ganzen Lebens sein, sich selber und den Menschen, die man liebt und die einen lieben, die Angst vor der Nacht zu nehmen, durch die jeder hindurch muß.

Offenbarung

Am gebräuchlichsten ist das Wort »Offenbarung« heute wohl in der Wortverbindung »Offenbarungseid«. Das ist das Bekenntnis, bei dem jemand seine Karten auf den Tisch legen und offen zeigen muß, wie es um seine verfahrenen, undurchsichtigen Verhältnisse steht.

Geben nicht die merkwürdig widersprüchliche Ausstattung der Gattung »Mensch« und die verhängnisvollen Läufte der Weltgeschichte Anlaß, auch vom Schöpfer all dessen den »Offenbarungseid« einzufordern? Dann wäre das, was religiös mit »Offenbarung« gemeint ist, geradezu eine Art »Offenbarungseid«. Allerdings nehmen wir uns wohl zu wichtig, wenn wir uns in die Rolle des Richters versetzen, der Aufschluß fordert, und spielen gleichzeitig unseren eigenen Beitrag zur Misere herunter.

Offenbarung kann man nicht erzwingen: Das wäre ein wichtiger Unterschied zu unserem bürgerlichen Recht. Offenbarung wird einem geschenkt. Ein Unerklärlicher, Unbegreiflicher zieht einen kleinen Zipfel der Decke weg, die ihn verhüllt, und wir erhalten — ein weiterer Unterschied — nur ein wenig Einsicht, nie die ganze. Weil unsere üblichen Kategorien nicht für diesen Unbegreiflichen geeicht sind, gibt diese kurze Einsicht mehr Rätsel auf, als sie löst. Das kann man deutlich sehen am letzten Buch der Bibel, der (Geheimen) Offenbarung des Johannes, mit der die notvolle Lage der jungen Christenheit Ende des ersten Jahrhunderts »erklärt« werden sollte. Ihre Visionen und ihre Bildersprache sind derart schillernd und vieldeutig, daß kaum etwas klar wird und noch mehr Erklärungsnot entsteht. Diese Offenbarungs-Schrift hat sich geradezu dafür angeboten, daß Heerscharen von Ausdeutern sie wie einen Steinbruch benützten, um ihre jeweiligen Ansichten hinein- und dann wieder herauszulesen.

Offenbarung ist immer schwierig zu verstehen. Wie das Licht ein Medium braucht, auf dem es sich brechen und dadurch für unsere Augen sichtbar machen kann, so braucht auch der ganz Andere ein Medium, in dem er sich bricht. Dabei gehen Medium und davon Reflektiertes eine Einheit ein, die nur sehr schwer aufzudröseln ist. Vieles, was schon für Offenbarung gehalten worden ist, war in Wirklichkeit der Anteil des Mediums. Ist die patriarchale Vorstellungswelt der Bibel Offenbarung oder Medium? Ist es Offenbarung, daß Gott Vater, Mann sei — oder ist das eine vom Medium der zeitgenössischen Kultur bedingte Vorstellung? Was ist bei Mose, was bei Jesus, was bei Paulus gefärbt von seiner damaligen Umwelt und Kultur, was Offenbarung? Fragen über Fragen tun sich da auf.

Durch Hineinnahme in die irdische Realität wird das Überirdische unweigerlich verzerrt, doch nur kraft dieser Verzerrung kann inmitten der faden, langweiligen Geräusche des Alltagslebens ein schwaches Echo der ursprünglichen Erfahrung erhalten bleiben. Die Frage läßt sich folgendermaßen formulieren: Wie können die nächtlichen Stimmen der Engel in der nüchternen Tageszeit des gewöhnlichen Lebens in Erinnerung bewahrt werden? Die ganze Religionsgeschichte gibt eine unzweideutige Antwort: durch Inkorporierung der Erinnerung in Traditionen, die soziale Autorität beanspruchen. Überflüssig zu sagen, daß die Erinnerung dadurch zerbrechlich wird, empfindlich gegenüber sozialem Wandel, besonders empfindlich aber gegenüber Änderungen, welche die soziale Autorität schwächen.

(Peter L. Berger, Der Zwang zur Häresie)

Judentum, Christentum und Islam, die »Religionen des Buches«, werden als »Offenbarungsreligionen« bezeichnet, alle anderen nicht. Buddha etwa ist streng genommen »erwacht«, nicht von einem anderen (mag man ihn »Gott« oder sonstwie nennen) »erleuchtet« worden. In den »Offenbarungsreligionen« soll Gott zu den Menschen gesprochen, ihnen von sich aus etwas über sich selbst mitgeteilt haben. Die »Naturreligionen« dagegen folgen nur eigenen Ahnungen; andere Religionen (etwa der Taoismus) sind eher Philosophien, also Frucht menschlichen Nachdenkens und Meditierens.

Besonders rigoros wird in der protestantischen »dialektischen« Theologie im Gefolge Karl Barths vertreten, von sich aus könne der Mensch absolut nichts über Dinge des Glaubens erschließen, sondern er müsse sich alles vom sich offenbarenden Gott her sagen lassen, und diese Offenbarung durchkreuze radikal jegliches menschliche Denken und mache es zuschanden, ja, sie mache sogar alle Formen nur-menschlicher Religiosität null und nichtig.

Wie soll aber eine rein von Gott her kommende Offenbarung erfolgen? Hört da eines Tages Abraham, hört Mose *akustisch* die Stimme Gottes — aus einer Wolke, aus einem brennenden Dornbusch? Sitzt da der Evangelist mit bereiter Feder, und ihm wird diktiert, was er Wort für Wort als ewige Wahrheit zu Protokoll nehmen soll? Oder ist dieses Hören der Stimme Gottes ein Vorgang im Innern des Menschen — eine an einem bestimmten Punkt überwältigende, den Menschen umtreibende Einsicht: *Das und das* will Gott von mir, von uns. *Das* und nichts anderes muß ich tun, muß ich verkünden?

Läßt sich das Angeredetwerden durch Gott realistischerweise anders als auf letztere Art vorstellen? Da erfährt sich eines Tages ein Mensch mit ungeheurer Wucht inspiriert und getrieben, bestimmte Wahrheiten und Handlungsimperative festzuhalten und zu verkünden. Er formuliert sie aus, so gut er kann, in der Sprache seiner Zeit, seiner Kultur — was immer auch bedeutet, daß er sie subjektiv färbt, ja ein wenig verwässert und verfälscht.

Bei den langen Gesetzestexten in den ersten fünf Büchern Mose ist unvorstellbar, daß das alles *so* buchstäblich von Gott diktiert sein soll. In Wirklichkeit ist das der Niederschlag dessen, wie Menschen vor Jahrtausenden glaubten, daß der Wille Gottes konkret für sie aussehe. Darin sind gültiger Gotteswille und Menschlich-Zeitbedingtes beinahe unauflösbar ineinander verwoben. Gültiger Wille Gottes steckt tatsächlich darin (darum werden diese Texte als »inspiriert« bezeichnet), aber man kann ihn nicht auf fundamentalistische Weise daraus ablesen. Im übrigen ist der Fundamentalist noch nicht geboren, der buchstäblich alle Anordnungen des Pentateuch einhält, oder der Bergpredigt. Der konkrete Wille Gottes läßt sich nur je und je in der persönlichen Begegnung des Lesers mit dem Text erschließen. Dabei findet der Leser keine fertigen Gebrauchsanleitungen, sondern er muß um Erkenntnis ringen und in Freiheit Entscheidungen treffen.

Ein Götze sagt den Menschen genau, was sie glauben sollen. Gott stellt sie vor Entscheidungen, die sie selbst treffen müssen. Vor dem Götzen bleiben Menschen abhängige Kinder, Gott belastet sie damit, an den Entscheidungen einer ewigen Schöpfung mitzuwirken, aber gleichzeitig ist das auch eine Art Freiheit. Das Dilemma bleibt, solange die westliche Gesellschaft weiterhin so viele Menschen geistig entfremdet und ihnen die Freuden des Lebens und der Kultur so endgültig nimmt, daß sie sich nach einem höheren Willen sehnen, der ihr Leben lenkt.

(Arthur Miller, Zeitkurven)

Stellt man sich also Offenbarung Gottes, Rede Gottes an Abraham oder Mose oder einen Evangelisten *so* vor — als

Aufbrechen einer inneren Gewißheit, in der immer ein Rest Ungewißheit und Wagnis bleibt —, und schaut man dann auf irgendeinen »weltlichen« Großen der menschlichen Geistesgeschichte — etwa Laotse oder Plato oder Aristoteles —, der über den Sinn des Daseins nachdenkt und dem innerlich bestimmte Einsichten zur Gewißheit werden — dann ist kein derart radikaler, unüberbrückbarer Unterschied zwischen den Erkenntnisweisen des Mose und des Laotse zu sehen, wie er behauptet wird. Denn kann man sagen, daß das Geheimnis, das Laotse anspricht und das ihm Einsichten schenkt, gar nichts mit *Dem* zu tun habe, den der Jude und Christ »Gott« nennt? Es ist ein großer Unterschied, ob man Gott als Du erfährt, als personales Gegenüber, zu dem man spricht und von dem man als einzelner, als Volk auf den Weg einer konkreten Geschichte geführt wird, und der schließlich in Jesus Christus Mensch wird und mit uns lebt; oder ob man nur ein namenloses, anonym bleibendes Geheimnis ahnt, das kein Gesicht zeigt. Aber es ist nicht zu sehen, daß beide Weisen abgetrennt voneinander wären, gar nichts miteinander zu tun hätten oder gar in feindlichem Gegensatz zueinander stünden.

Entsprechend wird man sagen können, daß es »Offenbarungen« auch heute noch gibt. Ja, genau besehen müßte jeder von uns derart intensiv nach dem Willen Gottes für sich und sein Leben fragen, daß ihm schließlich darüber innere Gewißheiten zuteil würden, die etwas anderes wären als nur Projektionen seines eigenen Denkens und Grübelns — eben »Offenbarungen«.

Opfer

Regelmäßig ist die Klage zu hören, daß die heutige junge Generation »keine Opfer mehr bringen könne«. Die Kinder der Wohlstandsgesellschaft seien es gewöhnt, alles und jedes im Überfluß zu haben, und es *sofort* zu haben. Auf etwas zu verzichten, das brächten sie kaum noch fertig.

Der Vorwurf ist zu pauschal, als daß man ihn so stehen lassen kann. Viele junge Menschen engagieren sich nicht nur oberflächlich in sozialen Berufen. Zahlreiche »Zivis«, denen man das nie zugetraut hätte, erweisen sich als hingebungsvolle Betreuer und Pfleger. Das bedeutet: Wenn es die Umstände erforderlich machen und sinnvoll erscheinen lassen, sind auch heutige junge Menschen fähig, »Opfer« zu bringen.

»Opferbringen« war ein vertrautes Element katholischer Frömmigkeit. In der Fastenzeit hieß das für die Kinder, auf Süßigkeiten zu verzichten. Das war das sogenannte »Fastenopfer«; die Erwachsenen verzichteten auf bestimmte Konsumartikel wie Zigaretten oder Alkohol oder versuchten, irgendeine faule Gewohnheit einigermaßen zu beheben, zum Beispiel die Fernsehsucht.

Den Gedanken des *»Fastenopfers«* hat 1959 Kardinal Frings aktualisiert, gleichzeitig aus dem Bereich der Privatfrömmigkeit hervorgeholt und sozial fruchtbar gemacht. Seither ist die vom alljährlichen Fastenopfer der deutschen Katholiken gespeiste Hilfsaktion »Misereor« gegen Hunger und Krankheit in der Welt ein wichtiger Beitrag zur weltweiten Katastrophen- und Entwicklungshilfe. Die Protestanten haben nachgezogen mit ihrer Aktion »Brot für die Welt«.

Wofür der Sinn allerdings geschwunden ist, das sind scheinbar künstliche »Opfer«: Warum auf etwas verzichten, wenn es da ist, warum sich einschränken, wenn man aus dem Vollen schöpfen kann?

Neuerdings legen uns die düsteren Zukunftsprognosen unserer Umwelt immer dringlicher nahe, unsere Verschwendung zu drosseln und manche Annehmlichkeiten zu »opfern«. Aber da hier die Verknüpfung von Ursache und Wirkung nicht unmittelbar erfahrbar ist, ist auch die Bereitschaft zum »Opferbringen« noch nicht sehr groß.

Bewußt wurde bis jetzt das Wort »Opfer« in Anführungszeichen gesetzt, und zwar aus dem Grund, weil noch nicht vom *echten* Opfer die Rede war. Was wir landläufig als »Opfer« bezeichnen, ist nur noch ein Abklatsch dessen, was ursprünglich in den meisten Religionen mit »Opfer« gemeint war. Selbstloses Engagement, bewußte Askese, verantwortungsvoller Verzicht, gesunde Frustrationstoleranz sind keine Opfer, denn das alles ist konstruktiv und in sich sinnvoll. Ein Opfer im strengen Sinn dagegen ist etwas *Destruktives,* und zwar buchstäblich: Beim religiösen Opfer *vernichtet* der Mensch etwas (Früchte, Tiere, evtl. sogar Menschen), um es in die überweltliche Sphäre der Gottheit zu heben und es ihr zu schenken.

Religionsgeschichtlich betrachtet, sind Opfer zentrale, meist kultische Vollzüge, in denen der Mensch der Gottheit eine Gabe zur Verfügung stellt und damit etwas Eigenes preisgibt; solche Opfer können Verehrung oder Dankbarkeit ausdrücken, Zuwendung, Hilfe und Segen erbitten oder in sühnender Absicht Versöhnung bewirken wollen.

(Arno Schilson)

In archaischer Zeit erlebten die Menschen unmittelbarer als wir, daß sie schutzlos bedrohlichen Mächten ausgeliefert waren. Es war ihre tagtägliche Erfahrung, von Mißgeschicken, Unfällen und Katastrophen heimgesucht zu werden. Der Gedanke lag nahe, nicht tatenlos auf den nächsten Schlag dieser offensichtlich feindlich gesinnten Mächte zu warten, sondern ihnen mit freiwilligen »Opfern« zuvorzukommen, in der Hoffnung, damit den nächsten Verlust wenigstens manipulieren oder womöglich sogar die Sympathie und Gnade der unheimlichen Mächte erwerben zu können.

Im »Opfer« steckt das Element der (magischen) Manipulation, so sehr es dann auch zu Formen der Verehrung, des Lobpreises usw. veredelt werden mag.

Der Gedanke, zur »Sühne« für ein Fehlverhalten ein »Opfer« zu bringen — uns also eigenhändig zu bestrafen, statt dies einer unberechenbaren Schicksalsmacht zu überlassen —, steckt uns immer noch in den Knochen. Davon weiß jeder Psychiater zu berichten. Denn, so sagt uns unser Unbewußtes immer noch: »Strafe muß sein«.

Das radikalste Opfer ist das »Brandopfer«, wie es auch im Alten Testament geläufig war. Dabei wurden Massen von Tieren und Früchten verbrannt, so daß der Tempel zu Jerusalem zeitweise einem riesigen Krematorium glich. Im Rauch, so stellte man sich vor, stieg das Geopferte zu Gott empor, und »der Herr roch den beruhigenden Duft« (Genesis 8,20).

Das griechische Wort für »Brandopfer«: »holocaustum« (= »Totalverbranntes«) ist in unserem Jahrhundert für die grauenhafte Vernichtung der Juden im Nazi-Reich wiederentdeckt worden. Doch dieses unfaßbare Opfer wurde einer wahnsinnigen Idee gebracht, keiner jenseitigen Gottheit.

Israels Propheten predigten zunehmend gegen die Brandopfer und das dahinterstehende grausige Gottesbild. Die Folge war, daß sich das Vernichtungsopfer allmählich zum sozial nützlichen Opfer wandelte: Was die Menschen als Opfergabe darbrachten, wurde nur noch zum Teil und schließlich nur noch in einem symbolischen Minimum (etwa als eine Handvoll Weihrauch) verbrannt, der Großteil und schließlich alles wurde von der Priesterschaft verwertet — für sich selbst, den Tempel und die Armen. Das »Fastenopfer« der deutschen Katholiken stellt also tatsächlich die letzte, vollends spiritualisierte Form des alttestamentlichen Brandopfers dar, und damit das gewandelte Gottesbild: Gott wird jetzt empfunden als jemand, der selbstlos nichts für sich begehrt und den Menschen nahelegt, sich wirksam umeinander zu kümmern.

Liebe will ich, nicht Schlachtopfer, Gotteserkenntnis statt Brandopfer.

(Hosea 6,6)

Noch deutlicher:

Die Widder, die ihr als Opfer verbrennt, und das Fett eurer Rinder habe ich satt. . . Bringt mir nicht länger sinnlose Gaben. . . Lernt, Gutes zu tun! Sorgt für das Recht! Helft den Unterdrückten! Verschafft den Waisen Recht, tretet ein für die Witwen!

(Jesaja 1,10—17)

Im Neuen Testament behandelt vor allem der Hebräerbrief die Opfer-Thematik. Der Grundgedanke darin ist: Seit Jesus Christus sind nie mehr Opfer notwendig. Strafe muß *nicht* sein.

Das wird im Hebräerbrief Lesern gesagt, die noch in den alttestamentlichen Opfer-Kategorien befangen waren (eben »Hebräern«). Der Verfasser greift ihre Kategorien auf, aber nicht, um sie zu bestätigen, sondern ein für allemal zu sprengen. Er will sagen: »Weg mit diesem ganzen Opferdenken. In Jesus Christus haben wir erfahren, daß Gott all das nicht will. Jesus hat euch vorgelebt, worauf es ankommt. Sein Leben zeigt, was ein wirkliches Opfer ist.«

Fatalerweise ist die Absicht des Verfassers des Hebräerbriefs verkannt, ja auf den Kopf gestellt worden. Weil er sich der »Opfer«-Sprache bediente, um angesichts der Lebenstat Jesu Christi endgültig die fixe Idee zu überwinden, Gott wolle durch Opfer versöhnlich gestimmt werden, fühlten sich die Opferer bestätigt statt in Frage gestellt. Ihre Opfer-Idee blieb stärker als die neue Einsicht. Nicht Jesus Christus überwand die »Opferer«, sondern die »Opferer« vereinnahmten Jesus Christus. Sie deuteten sein Lebenswerk als »Opfer« und knüpften daran die abstrusesten Ideen von einem rachsüchtigen, blutrünstigen Gott, der nur durch ein vollkommenes, göttliches »Brandopfer« versöhnlich gestimmt werden kann: durch die Schlachtung seines eigenen Sohnes, des Gott-Menschen am Kreuz.

Im neuen »Katechismus der Katholischen Kirche« heißt es – natürlich unter Berufung auf den Hebräerbrief – immer noch:

Das einzige vollkommene Opfer ist jenes, das Christus am Kreuz in völliger Hingabe an die Liebe des Vaters und zu unserem Heil dargebracht hat. Indem wir uns mit seinem Opfer vereinen, können wir unser Leben zu einer Opfergabe an Gott machen. (Nr. 2100)

Die Gedächtnisfeier Jesu — sein Abendmahl bei Brot und Wein — wurde konsequenterweise verstanden als »Meßopfer«: als unblutige, aber reale Gegenwärtigsetzung dieses Opfers an allen Orten und zu allen Zeiten.

Die Eucharistie ist also ein Opfer, denn sie stellt das Opfer des Kreuzes dar (und macht es dadurch *gegenwärtig)*, ist dessen *Gedächtnis* und *wendet* uns dessen Frucht *zu.* (ebd. Nr. 1366)

Daraus wird gefolgert, wer von der »Opferspeise«, dem Fleisch und Blut des geschlachteten Heilands, esse, erhalte Anteil an der Wirklichkeit und Verdienstlichkeit dieses Opfers; seine Sünden würden getilgt, und er sei mit Gott versöhnt.

Daraus folgt leicht die nächste Konsequenz: »Christenleben ist Opferleben«. Dieses Prinzip hat zahllose Generationen, zumal von (Ordens-)Frauen, gnadenlos in ein entbehrungsreiches, verkümmertes Dasein getrieben. Sie verdienen Anerkennung und Hochachtung, diese sich völlig in Diensten der Nächstenliebe verzehrenden Menschen, die sich selbst verleugnet und völlig vergessen haben, die keine eigenen Wünsche, kein eigenes Ich, kein eigenes Leben besessen haben; aber gleichzeitig verdienen sie auch Mitleid, derart rücksichtslos ausgebeutet und in die Neurose des »Helfersyndroms« gedrängt worden zu sein.

»Christenleben ist Opferleben« — das führt in eine schlimme Sackgasse. Es ist auch nur von den einfachen, schlichten Seelen aufs Wort ernst genommen worden. Ihnen ist zu gönnen, daß sie darüber »Heilige« geworden sind. Die Kleriker und Prälaten, deren Renaissance- und Barockpaläste nicht nur in Rom bis heute als Denkmäler ihres Lebensstils deutlich genug sprechen, haben ihr »Opfer« auf den kultischen Bereich zu begrenzen verstanden. Auch das Volk hat sich seine Vitalität und Lebenslust nicht nehmen lassen, sondern zahlreiche Ventile und Wege gefunden, um sich vom »Opfer«-Druck nicht allzu sehr niederhalten zu lassen. So stehen wir vor dem Phänomen, daß sich ausgerechnet in derjenigen Tradition der Christenheit, die den Opfer-Gedanken besonders hochgehalten hat, auch die ausgelassenste Volks- und Festkultur entwickelt hat. Ein Blick ins katholische Rheinland oder ein Aufenthalt in katholischen Ländern Südeuropas oder

Lateinamerikas zeigen das eindeutig (und zugleich seltsame Blüten der »Opfer«- und Passionsfrömmigkeit).

Das Leben Jesu Christi, das für Christen maßgeblich ist, war kein Leben des *Opfers*, sondern ein Leben der *Hingabe*. Beide Begriffe bezeichnen eine Hinbewegung zum anderen und eine Auslieferung an ihn. Trotzdem ist der Unterschied groß. Im Opfer werfe ich etwas (oder im Extremfall mich selbst) blind in den Abgrund eines rätselhaften, unberechenbaren Gegenüber. In der Hingabe vertraue ich mich glaubend einem geheimnisvollen, zuverlässigen Du an. Wenn ich opfere, schneide ich ein Stück von mir ab und gebe es her; das Opfer bleibt etwas Dinghaftes, hinterläßt Leere. Wenn ich mich hingebe, trete ich als Ganzer in eine Beziehung und erlebe Fülle.

Auch Hingabe kann verzehren, kann das Leben kosten. Wir sehen es an Jesus Christus. Noch in seinem angstvollen Ringen in Getsemani stand er in der dialogischen Beziehung zum Vater, dessen Willen er bis zur bitteren Neige erfüllen wollte. Sein Gebet »Aber nicht mein, sondern dein Wille soll geschehen« (Lukas 22,42) ist der Ausdruck seiner konsequenten Hingabe und zeigt, daß er in ihr die Fülle seines Lebenssinns erfahren hat, so schrecklich seine letzten Stunden waren. Jesus Christus hat sich nicht »am Kreuz geopfert«, sondern ist seiner Botschaft bis in die letzte Konsequenz, den Tod am Kreuz, treugeblieben. Er steuerte nicht auf das Kreuz zu, weil sein Vater und er das wollten, sondern er wurde ans Kreuz abgedrängt, weil er kompromißlos seine Hingabe lebte.

In der Praxis mag kaum ein Unterschied zwischen einem Leben der Hingabe und einem »Opferleben« zu erkennen sein. In beiden Fällen kann der betreffende Mensch sein Letztes geben. Und doch ist die innere Motivation und Dynamik eine andere. Dem hingebungsvollen Menschen fehlt der destruktive, manische Zug des Opferers. Von Jesus wird berichtet, er habe sich gern zu Festmählern einladen lassen und sich nicht geniert, in »schlechter Gesellschaft« zu verkehren. Es hieß von ihm: »Dieser Fresser und Säufer, dieser Freund der Zöllner und Dirnen!« (Matthäus 11,19). Ein rechter Opferer würde sich diese Blöße nie geben.

. . . Wir aber dürfen
alles Gott überlassen
und leichtsinnig sein wie Jesus,
der leicht war,
Gesang liebte,
Arme zu sich lud
und die Gewohnheit hatte,
unter Königen zu leben
und einen Stern über sich zu sehen zur Nachtzeit.

(Bertolt Brecht)

Prophet

Propheten sind heutzutage überall sehr gefragt. Wir wollen nicht in eine ungewisse Zukunft hineinleben, sondern vorauswissen, was uns erwartet, um es schon im vorhinein planen und organisieren zu können.

Die meistgefragten Propheten hierzulande sind die Wetterpropheten. Zwar hat sich der Großteil unserer Bevölkerung schon lange aus der Abhängigkeit von den Rhythmen der Natur, aus dem Zyklus von Aussaat, Reifen und Ernte abgekoppelt, aber die Frage, wie morgen und übermorgen das Wetter wird, bewegt nach wie vor jeden. Sie kann mit zunehmender wissenschaftlicher Präzision beantwortet werden.

Der Zunft der Astrologen dagegen kann man wissenschaftliche Präzision kaum unterstellen; aber auch sie sind vielgefragte Propheten und geben in Form von Horoskopen detaillierte Auskünfte über die kommenden Tage und Wochen.

Wissenschaftlich im Mittelfeld zwischen Meteorologie und Astrologie bewegen sich die ebenfalls ständig beanspruchten Propheten unseres Wirtschaftswachstums, hierzulande sogar institutionalisiert als die »fünf Weisen«, auf welche Bundesregierung und Bundesbank hören. Ihre Bezeichnung mit dem ansonsten ganz ungebräuchlich gewordenen Wort »Weise« zeigt sehr nüchtern, wozu unser Begriff von »Weisheit« verkommen ist: zur Spekulation auf wirtschaftlichen Wohlstand.

Allerdings erschöpft sich das Prophetentum unserer modernen Propheten weithin in schlichter Hochrechnerei vorgegebener Daten. Diese steigert sich gelegentlich in verrückte Exzesse, wenn man etwa bedenkt, welcher Aufwand betrieben wird, um an einem Wahltag das Ergebnis eine halbe oder eine ganze Stunde früher als die Stimmen-Auszähler zu wissen.

Die Menschen, die in der Bibel als »Propheten« bezeichnet werden, sind eine ganz andere Art von Leuten als die Lebens- und Wirtschaftsberater, die Futurologen einer Generation, die kein Vertrauen mehr in die Zukunft hat. Die heute gefragten »Propheten« sollen Berechenbarkeit und Sicherheit vermitteln, die Propheten in der Bibel wollten ganz im Gegenteil alle Sicherheit aufbrechen und den Menschen neue, unbekannte Horizonte aufreißen. Sie sagten zwar kommende Strafgerichte und die Heilszeit voraus, die Gott den Menschen zugedacht hatte, aber sie waren keine Voraussager präziser künftiger Dinge. Echte Prophetie bedeutet keine Auskunft über Künftiges, sondern ist eine Weisung für den Weg in eine sinnvolle Zukunft.

Die beste Übersetzung für das, was in der Bibel ein »Prophet« ist, hat Martin Buber gefunden: »Hervor-Sager«. Ein echter Prophet sagt geradeheraus, was Gott von uns will und was Sache ist. Er nimmt kein Blatt vor den Mund und geht keine faulen Kompromisse ein. Er tritt in alle Fettnäpfchen und schert sich überhaupt nicht darum, ob er beliebt oder unbeliebt ist.

Woher hat ein Prophet seine Gewißheit, seine Selbstsicherheit? Er hat sie nicht aus sich selbst. Im Gegenteil: Von einigen Propheten wird erzählt, daß sie mit Angst und Zittern ihre Botschaft ausgerichtet haben. Jona lief ohne Erfolg vor seiner Aufgabe davon, Jeremia rief aus: »Weh mir, Mutter, daß du mich geboren hast, einen Mann, der mit aller Welt in Zank und Streit liegt!« (Jeremia 15,10).

Ein Prophet ist ein Gepackter, ein Umgetriebener wider Willen. Jeremia schildert es am eindrucksvollsten:

Das Wort des Herrn bringt mir den ganzen Tag nur Spott und Hohn. Sagte ich aber: Ich will nicht mehr an ihn denken und nicht mehr in seinem Namen sprechen!, so war es mir, als brenne in meinem Herzen ein Feuer, eingeschlossen in meinem Innern. Ich quälte mich, es auszuhalten, und konnte nicht.

(Jeremia 20,8.9)

Den Propheten überkommt mit innerer Gewißheit eine Einsicht und Botschaft für seine Mitmenschen, verbunden mit der unentrinnbaren Pflicht, sie ihnen mitzuteilen. Was er ausrichten muß, ist gar nicht unbedingt seine eigene Überzeugung. Der Prophet Jona hätte den Untergang Ninives gewünscht und erwartet, aber er mußte zu seinem Verdruß mit ansehen, daß die Stadt verschont blieb.

Der Prophet ist Sprachrohr Gottes. Was ihn umtreibt, ist die Ergriffenheit von einem anderen, der eindeutig nicht er selbst ist; folglich ist seine Botschaft nicht lediglich das Produkt seiner eigenen Vorstellungen, Gedanken und Wünsche.

Da Propheten gewöhnlich die bequemen Vorstellungen und Erwartungen der Menschen durchkreuzen, wirken sie auf die meisten Menschen unbequem, ja lästig. »Prophetenschicksal« sind darum das Alleinsein und die Einsamkeit, ja der Tod. »Meine nächsten Bekannten warten alle darauf, daß ich stürze«, empfand Jeremia (20,10).

Solches Stehen auf einsamem Posten ist auch deshalb gefährlich, weil der Prophet ein Mensch mit seinen Grenzen und Schwächen bleibt. Propheten neigen zu Einseitigkeiten und Extremen, weil sie die Menschen wachrütteln wollen und müssen. Das geht nur, wenn sie energisch und überzogen an konkreten Punkten ansetzen. Nicht jeder Prophet hält die Spannung und die Konflikte, in die er dadurch gerät, gleichmütigen Sinnes aus. Mancher verrennt und verbeißt sich in die Rolle des verkannten Propheten, wird zum verbitterten Fanatiker und verfälscht und verliert darüber seine Botschaft. Darum gibt es eine Verantwortung der Gesellschaft für ihre Propheten. Wo sie nicht bereit ist, sie wenigstens anzuhören oder mit ihnen in Dialog zu treten, treibt sie sie unvermeidlich ins Abseits oder bringt sie zum Verstummen.

Wahrscheinlich bekommt jede Gesellschaft die Propheten, die sie verdient. Wenn heute in der Kirche und in der Gesellschaft echtes Prophetentum so gut wie verstummt ist, liegt das an der Kirche und Gesellschaft selbst.

Propheten stellen unbequeme Fragen an selbstgefällige, allzu sicher gewordene Einzelne und Institutionen und sind daher ein Element heilsamer Unruhe und Lebendigkeit. In der katholischen Kirche hat man die gefährliche Theorie entwickelt, das prophetische Element sei ins Amt der Priester integriert, also in die Institution. Selbst Karl Rahner sagt:

Amt und prophetisches Charisma sind in der Kirche nicht mehr adäquat unterscheidbare Größen.

Das bedeutet, daß prophetische Infragestellungen durch Nicht-Amtsträger grundsätzlich nicht vorgesehen sind. Deshalb sucht man im Index des umfangreichen neuen Katechismus der Katholischen Kirche vergeblich einen Hinweis auf Prophetentum in der Kirche.

Definiert man den Propheten als einen Menschen, der direkt von Gott ergriffen ist und in unmittelbarer Beziehung zu Gott steht, dann ist das »prophetische« Element unverzichtbar für jeden, der lebendig aus dem Glauben leben will. Ein Glaube nur aus zweiter Hand, der zum Glauben an Papst, Kirche und Pfarrer verkürzt wird und auf die Unmittelbarkeit zu Gott verzichtet, ist kein wirklicher

Glaube mehr. Er hat innerlich die Tendenz zur Gott-losigkeit: Das System schließt sich in sich selbst und funktioniert sogar am besten, wenn Gott es in Ruhe läßt und nicht durch unvorhergesehene Überraschungen stört. Die Sorge mancher Amtsträger um den Bestand der Kirche mutet in diesem Sinn ziemlich gott-los an. Sie verkünden immer nur die Kirche und ihre Prinzipien, aber kaum mehr den lebendigen Gott.

Gewiß hat der durchschnittliche, normale Christ nicht die Fähigkeit und die Last der Berufung zum einsamen Propheten und Rufer in der Wüste wie Jeremia oder Johannes der Täufer. Aber jeder Christ sollte einen innersten Bereich der Unmittelbarkeit zu Gott kennen, einen Raum der unantastbaren Intimität der Begegnung mit Gott in Gebet und Meditation, in den er sich nicht hineinreden läßt und von dem her er die Äußerungen von Kirche und Gesellschaft kritisch beurteilt. Lebendige Kirche lebt aus dem Austausch und Zusammenspiel solcher lebendiger Erfahrungen ihrer mündigen Mitglieder, und nicht nur aus den »objektiv-sakramentalen« Veranstaltungen ihrer Amtsträger. Zu allen Zeiten hat es zum Glück in der Kirche prophetische Menschen gegeben, die den Geist in ihr lebendig hielten. Viele wurden ins Abseits gedrängt; andere hatten zu ihren Lebzeiten unendliche Schwierigkeiten, aber ihr Impuls wurde wirksam. Manche wurden posthum angepaßt, ihre Biographien wurden geglättet, und manche wurden ohne ihre gefährlichen Erinnerungen zur Ehre der Altäre erhoben.

Als prophetisches Element ist das Mönchs- und Ordensleben in der Kirche entstanden. Hie und da hat es sich einen gewissen Spielraum gegenüber aller Reglementierung und Einpassung bewahren können.

Im Neuen Testament gibt es Hinweise, daß solche prophetische Mündigkeit der »Laien« *vorgesehen* ist. So verkündet Petrus am Pfingsttag, jetzt werde das Wort erfüllt, das der Prophet Joel gesagt habe:

In den letzten Tagen wird es geschehen, so spricht Gott: Ich werde von meinem Geist ausgießen über alles Fleisch. Eure Söhne und eure Töchter werden Propheten sein, eure jungen Männer werden Visionen haben, und eure Alten werden Träume haben. Auch über meine Knechte und Mägde werde ich von meinem Geist ausgießen in jenen Tagen, und sie werden Propheten sein.

(Apostelgeschichte 2,17.18)

Im Hebräerbrief wird ausgeführt, daß mit Jesus Christus jener »neue Bund« Gottes mit den Menschen geschlossen worden sei, den der Prophet Jeremia angekündigt habe. Seine neue Qualität besteht genau darin, daß die Menschen direkt Gott erkennen, nicht nur über Mittelspersonen, und folglich mündig und selbständig werden:

Das wird der Bund sein, den ich nach diesen Tagen mit dem Haus Israel schließe — spricht der Herr: Ich lege meine Gesetze in ihr Inneres hinein und schreibe sie ihnen in ihr Herz. Ich werde ihr Gott sein, und sie werden mein Volk sein. Keiner wird mehr seinen Mitbürger und keiner seinen Bruder belehren und sagen: Erkenne den Herrn! Denn sie alle, klein und groß, werden mich erkennen.

(Hebräer 8,10.11)

Kurz und knapp hatte bereits Jesus dies auf die Formel gebracht:

Der Jünger steht nicht über seinem Meister; jeder aber, der alles gelernt hat, wird wie sein Meister sein.

(Lukas 6,40)

Statt aus Sorge um die Einheit von Lehre und Organisation die Existenz von »Meistern« und »Propheten« außerhalb der Hierarchie zu verkennen und zu bekämpfen, wäre es eine wichtige Aufgabe des Amtes in der Kirche, Menschen im Rahmen der Gemeinschaft zum Mündigsein zu ermutigen. Aber vielleicht ist diese Vorstellung utopisch. Prophetischer Glaube scheint immer die Gabe und Last von Einzelnen zu bleiben, so wie die Individuation etwas Mühsames bleibt. Mündigkeit muß mit der Münze der Einsamkeit bezahlt werden, und Gemeinschaft von Mündigen in voller Harmonie scheint erst im Jenseits zu gelingen, wenn das »Reich Gottes« voll wahr wird. Vorerst können wir nur gelegentlich daran nippen. Die Herden-Einheitlichkeit unmündig Gehaltener jedoch ist ein schlechter Vorgeschmack davon.

Quelle

Viele Quellen versiegen heute: Ölquellen, Geldquellen, Energiequellen . . . Knapp wird es vor allem in den kommenden Jahren mit den Wasserquellen auf der ganzen Erde. Um im Sahel, der sich südlich der Sahara jährlich um rund einen Kilometer weiter ausbreitet, an Wasser zu kommen, müssen inzwischen 100 Meter tiefe Brunnen gebohrt werden. Wir haben es weltweit fertig gebracht, ein wichtiges, wenn nicht das wichtigste Lebenselement durch exzessiven Gebrauch und durch die Schändung weiter Landstriche ernsthaft zu gefährden.

Quellen sind Orte, an denen Leben aus der Erde quillt: Leben, das im Innern verborgen ist, reich und vielfältig, sprudelt hervor, springt heraus.

Es gibt auch bedrohliche Quellen. Wenn zum Beispiel ein Vulkan ausbricht, wird er zur tödlichen Quelle, gebiert feurige Lava aus dem Innern der Erde, verbrennt das Land. Bedrohlich war auch die Wahnsinnstat des irakischen Diktators Saddam Hussein im Golf-Krieg 1991, als er die Ölquellen sprengen ließ und sich das »Schwarze Gold« ins Meer ergoß und auf Jahrzehnte hinaus Leben vernichtete.

Wie kostbar Wasserquellen sind, das zeigt uns auch die Bedeutung des alten Wortes »Brunnenvergiftung« weit über den tatsächlichen Vorgang hinaus. Man nimmt durch böse Worte und Taten dem anderen buchstäblich die Möglichkeit zum Leben, gibt ihn dem seelischen Verdursten preis. Quelle sein heißt Anfang sein, fruchtbarer Schoß, Gebärmutter, Ort der Öffnung, der Offenbarung von Leben, Einbruch des Lichts, fließendes, sprudelndes, drängendes Dasein, Bewegung, Erneuerung, Aufbruch, Beginn.

O Lust des Beginnens! O früher Morgen!
Erstes Gras, wenn vergessen scheint
Was grün ist! O erste Seite des Buchs
Des Erwarteten, sehr Überraschenden! Lies
Langsam, allzu schnell
Wird der ungelesene Teil Dir dünn!
Und der erste Wasserguß
in das verschweißte Gesicht! Das frische
kühle Hemd!
O Beginn der Liebe! Blick, der wegirrt!
O Beginn der Arbeit! Öl zu füllen
in die kalte Maschine! Erster Handgriff und erstes Summen
Des anspringenden Motors! Und erster Zug
Rauchs, der die Lunge füllt! Und Du
neuer Gedanke!

(Bertolt Brecht)

In allen Religionen sind Quellen heilige Orte, sie sind Quellen des Heils, Zeichen ewiger Fruchtbarkeit, sich beständig erneuernden Lebens.

In den altindischen Gesängen, den Veden, wird das Quellwasser angesprochen: »Wasser, du bist die Quelle jeden Dinges und jeder Existenz«.

Der alte religiöse Brauch, Quellenopfer darzubringen, hat sich — auch bei fortschreitender Säkularisierung — bis heute erhalten: Auf dem Grund von Quellen und Brunnen finden wir oft Münzen. Welchen anderen Anlaß hätten Menschen, Geld ins Wasser zu werfen, als einen religiösen, um ein Opfer zu bringen? Tempel, Kultstätten, Wallfahrtsorte erheben sich über heiligen Quellen.

An wichtigen Stellen in der Geschichte der Religionen finden wir mit Sicherheit das Vorkommen einer Quelle.

Gott selber ist Quelle und Ursprung. Er läßt uns teilhaben am Reichtum seines unerforschlichen Geheimnisses, das wir nie entschlüsseln werden.

Herr, deine Güte reicht, soweit der Himmel ist,
deine Treue, soweit die Wolken ziehen.
Deine Gerechtigkeit steht wie die Berge Gottes,
deine Urteile sind tief wie das Meer.
Herr, du hilfst Menschen und Tieren.
Gott, wie köstlich ist deine Huld!
Die Menschen bergen sich im Schatten deiner Flügel,
sie laben sich am Reichtum deines Hauses;
du tränkst sie mit dem Strom deiner Wonnen.
Denn bei dir ist die Quelle des Lebens,
in deinem Licht schauen wir das Licht.

(Psalm 36,6—10)

Eines der schönsten Bilder für Gottes Handeln an uns findet sich in der Geheimen Offenbarung des Johannes. Wer durch die Drangsal des Lebens gegangen ist, wird in Gottes Nähe kommen.

Sie werden nicht mehr hungern und nicht mehr dürsten; und keine Sonnenhitze noch irgendeine Glut wird auf ihnen lasten. Denn das Lamm in der Mitte vor dem Thron wird sie weiden und zu den Quellwassern des Lebens führen, und Gott wird jede Träne aus ihren Augen wischen.

(Offenbarung 16,17)

Im Frühling — das Wort hat mit Quelle und Ursprung zu tun, im Englischen heißt es spring-time — erscheint die Natur jedesmal in ihrer ur-sprüng-lichen Reinheit. Der Begriff der Quelle ist untrennbar mit dem Begriff der Reinheit verbunden. Eine Quelle ist die Materialisierung der Reinheit, der Keuschheit. Daß es für uns heute so schwer ist, von Reinheit zu sprechen, hat seine Ursache im einseitigen, kirchlichen Gebrauch, in der Verengung des Wortes auf die Sexualität. Wer sich nicht sexuell »befleckte«, blieb »rein«. Maria, die »unbefleckt Empfangene«, wurde als Frau vergessen und zum Symbol der Reinheit entpersönlicht. »Reif werden und rein bleiben«, so hieß die Devise für Generationen von Jugendlichen in den Jugendbünden der Kirchen in diesem Jahrhundert. Man hatte zu kämpfen gegen die dunkle Macht der aufbrechenden Geschlechtlichkeit im Jugendalter. Es galt den »bösen Feind« im Unterleib zu besiegen, als katholischer Jungmann, als Mitglied in der katholischen Jungfrauen-Kongregation. Welch einen schieren Irrsinn und Blödsinn hat man jungen Menschen eingetrichtert! In welcher verquasten Sprache hat man von Reinheit geredet! Die kirchlichen Ergebnisse liegen gehäuft vor — in schrecklich verkrampften und zerstörten körperlichen und seelischen Biographien. Ein Beispiel von vielen:

Heftige Verkrampfungen und Sündenangst

Männlich, kath., 38 Jahre, 10 J., verh., ein Kind, Lehrer. Das Erlebnis der ersten nächtlichen Pollution war für mich erschreckend. Ich wußte nicht, was organisch bei mir vor sich ging. Ich empfand zwar ein gewisses Lustgefühl, aber gerade dies schien mir verboten zu sein. Ich versuchte, durch Zusammenpressen der Beine nächtliche Pollutionen zu verhindern. Alle Erlebnisse, die mit Lust verbunden waren, schienen mir moralisch verdächtig zu sein . . .

Eine sich anbahnende Zuneigung zu einem Mädchen im Alter von etwa 13 Jahren erzeugte nach einigen Wochen bei mir starke Schuldgefühle. Ich beichtete, daß ich dieses Mädchen verehren und meinen Wunsch, sie zu sehen, als etwas Sündhaftes betrachten würde. Der betreffende Geistliche gab keinerlei Kommentar. Allmählich entwickelte sich bei mir eine völlige

Ablehnung und Ignorierung alles Weiblichen. Ich hatte in der Zeit der Pubertät auch nie den Wunsch, ein Mann zu werden. Alle Gedanken und Vorstellungen, die den geschlechtlichen Bereich betrafen, waren für mich tabu und erzeugten heftige Verkrampfungen und Sündenangst. Meine Eltern haben davon nie etwas erfahren. Sie konnten mir in dieser Zeit in keiner Weise helfen. Ich wandte mich meist an Seelsorger. Es war aber keiner der aufgesuchten Priester in der Lage, meine Konflikte zu erkennen und zu verstehen.

Nach dem Abitur studierte ich Theologie, und später erkannte ich, daß neben anderen Motiven wohl meine starke Bindung an die Mutter und deren Geschlechtsfeindlichkeit für meine Berufswahl ausschlaggebend gewesen war. Die Zweifel an der Richtigkeit meiner Berufsentscheidung wurden aber immer größer. Nachdem ich eine Psychotherapie begonnen hatte, wechselte ich mein Studium.

(Fritz Leist, Der sexuelle Notstand der Kirchen)

Reinheit ist etwas Ursprüngliches, etwas Schönes. Wenn wir in die Augen eines Kindes schauen oder in den Armen des geliebten Menschen ruhen, bekommen wir eine Ahnung davon — und eine Sehnsucht danach, rein, das heißt ungebrochen, ganz, heil zu sein, die unvermeidlichen Risse unseres Lebens zu kitten.

Auch die unheimlichsten und verborgensten Suchbewegungen unseres Lebens können wir als Verlangen nach Gott sehen und verstehen. Auch wenn wir dem Namenlosen tausend andere Namen geben: In allen Namen versuchen wir das Eine, den einen Namen zu finden. Wir verlangen nach der Quelle schlechthin.

Das Verlangen

Der Lehrer sagte: »Verlangst du nach Gott, so wird Gott zu dir kommen.«

Der Schüler verstand den Lehrer nicht ganz. Eines Tages badeten

beide im Fluß, und der Lehrer sagte: »Tauche unter.« Der Schüler tat es. Sofort war der Lehrer über ihm und hielt ihn unter Wasser, bis der Schüler erschöpft war. Dann ließ er ihn frei.
»Was empfandest du da unten?«
»Das Verlangen nach einem Atemzug.«
»Ersehnst du Gott ebenso stark?«
»Nein.«
»Erst wenn du das tust, wirst du Gott finden.«

(Hubertus Halbfas, Der Sprung in den Brunnen. Eine Gebetsschule)

In einer Welt, in der die Menschen immer mehr durch die rasante Entwicklung der Technik sich selbst entfremdet werden, verlangen sie sehnsüchtig nach Ur-sprung, nach der Quelle ihres Lebens.

Rache

Wir sind aufgeklärt. Spätestens seit der Französischen Revolution. So meinen wir!

Aber Rache üben wollen wir noch allemal — privat und öffentlich. Da gilt es, »alte Rechnungen zu begleichen«, etwas endlich — nachdem man lange seinen Rachedurst gezähmt hat — »heimzuzahlen«.

In manchen südlichen Ländern unseres europäischen Kontinents, von dem doch das Wunder der Aufklärung ausging, gibt es noch die Vendetta, die Blutrache. Und die Methoden der Mafia, der Roten-Armee-Fraktion und der sich mehrenden Verbrechersyndikate?

Leben wir nach 2000 Jahren Christentum in der Moderne? Oder im finsteren Mittelalter? Verharren wir im »Heidentum«, oder haben wir den alten Adam wirklich getauft, ihn aus einem Löwen in ein Lamm verwandelt, ihn lammfromm gemacht?

Was geschieht im Nahen Osten — trotz aller Friedensprozesse? In Nord-Irland? Im Baskenland? In Rest-Jugoslawien? In Kambodscha? In Ruanda? In Somalia? Im Sudan? In Afghanistan? In Indien — zwischen Moslems und Hindus? In anderen Ländern zwischen Christen und Moslems? Zwischen Juden und Arabern? Zwischen Christen und Christen?

RACHE — allgegenwärtig, blutig, brutal, subtil.

Oder was sagen uns Deutschen in diesem Jahrhundert Ortsnamen wie Lidiče oder Oradour?

»Den Alten wurde gesagt: Auge um Auge, Zahn um Zahn. Ich aber sage euch. . .« — Wirklich? Hat uns die

Botschaft des Christentums gezähmt, uns die Raubtierzähne gezogen? Skepsis bleibt angebracht.

In uns lauert die Bestie. Und wir haben Angst vor dem wilden Tier im Mitmenschen. Lammfromm sind wir nicht. Dewegen erscheint uns das »Lamm Gottes« als Ausbund von Sanftmut und Aggressionslosigkeit. Und der Wolf, der bei dem Lamm liegt, ist das höchste Bild des Friedens. Meist verhält sich die Natur wie Hund und Katz. Sie beißt, kratzt, knurrt sich an, fletscht die Zähne und geht in Abwehrhaltung. Wer's nicht glaubt, mag Konrad Lorenz lesen. Er hat die geheimen und doch offenbaren Rachemechanismen in aller Klarheit aufgezeigt und uns gelehrt, daß wir uns in diesem Punkt nicht viel über die Tierwelt erheben. Hinter der Maske des Biedermanns und der Biederfrau lauert das Wolfsgesicht.

Rache lebt vom Gegenschlag. Sie ist eine kurze Befriedigung, ein ziemlich archaischer Versuch, fast mechanisch, verletzte Gerechtigkeit wiederherzustellen. Ohne anhaltenden Erfolg — wie wir wissen.

Auch das Gebiet der Religion des liebenden Gottes ist durchsetzt von Rachegefühlen, Rachegedanken und Racheakten.

Ja, Gott selbst erscheint als der Rächer, der *die* Rache für sich gepachtet hat. Aber das Bild bleibt zwiespältig. Der Gott, der von sich sagt »Mein ist die Rache«, von dem wird auch gesagt, daß er die Rache des Rächers rächt :

Wer sich rächt, an dem rächt sich der Herr;
dessen Sünden behält er im Gedächtnis.
Vergib deinem Nächsten das Unrecht,
dann werden dir, wenn du betest,
auch deine Sünden vergeben.
Der Mensch verharrt im Zorn gegen den anderen,
vom Herrn aber sucht er Heilung zu erlangen?

Mit seinesgleichen hat er kein Erbarmen,
aber wegen seiner eigenen Sünden bittet er um Gnade?
Obwohl er nur ein Wesen aus Fleisch ist,
verharrt er in Groll,
wer wird da seine Sünden vergeben?
Denk an das Ende, laß ab von der Feindschaft,
denk an Untergang und Tod,
und bleib den Geboten treu!
Denk an die Gebote,
und grolle dem Nächsten nicht.
Denk an den Bund des Höchsten,
und verzeih die Schuld!

(Jesus Sirach 28,1—7)

Eine primitive Lesart der Religion bietet an, Gott die Rache zu überlassen. Der Mensch bleibt rachsüchtig, schiebt die Vergeltung nur auf.

Jesus nimmt eindeutig und mehrfach gegen den Rachedurst Stellung. Er vergibt. Er rächt nicht. Aber sein Vorbild hat viel zu wenig Schule gemacht. Lieben wir unsere Feinde?

Der, der am Jüngsten Tag wiederkommt, um alles zu richten und sein letztes Urteil zu sprechen, wurde uns auf den längsten Strecken der Tradition dargestellt als der Rächer. Der Jüngste Tag als Rachetag, der Weltuntergang als Racheakt. Endlich kommt der Polizeigott und bestraft gnadenlos die Menschen und seine Schöpfung, und endlich auch unsere Feinde. Generationen von Christen-Menschen wurden mit einem solchen Gottesbild groß. Ihre Väter machten es ihnen vor. Wie das Vaterbild, so auch das Gottesbild. Mensch, duck dich, Gott wirft!

Rache kommt aus der Wut, seiner Lebensfülle beraubt worden zu sein. Man nimmt Rache dafür, daß man zu kurz gekommen ist. Man läuft Amok.

Rache ist die Kurzschlußantwort für Kränkung, Verwundung, Verletzung durch den anderen. Das erzeugt Gnadenlosigkeit.

Der tiefste Grund der Rache liegt in der Angst, endgültig betrogen zu sein. Sie schafft unausweichliche Konfrontationen. In übermächtiger Angst werden Leben und Krieg im Blutrausch eins.

Ein Beispiel dafür war Adolf Hitler:

Für ihn, den ewig mißtrauischen Taktierer, den unermüdlichen Organisator von rivalisierenden und miteinander konkurrierenden Gruppierungen, bedeutete jede Partnerschaft eine Form der Gefangenschaft; er vermochte nur zu denken in den zwangsneurotischen Schablonen von Überlegenheit und Unterlegenheit, die, in der für ihn charakteristischen Zuspitzung, zugleich mit Sieg oder Untergang identisch waren. Jeder Widerstand, jede Verweigerung, die sich seinen Plänen in den Weg stellte, zerschlug den dünnen Panzer der mächtigen Pose, mit dem er sich zu umgeben trachtete, und ließ ihn erst wieder zur Ruhe kommen, wenn er in der exzessivsten Weise Rache und Vergeltung geübt und damit seine Überlegenheit wieder hergestellt hatte.

(Eugen Drewermann, Strukturen des Bösen)

Wie dem Kreislauf von Rache und Vergeltung entfliehen? Wie herauskommen aus der Spirale der Selbst-Rache, die ja nichts anderes ist als Selbst-Sucht, die sich gegen mein eigenstes Innerstes selber kehrt?

Der Weg ist nicht leicht. Er beginnt damit, daß ich mich mit mir selber versöhne, mit meinen Eigenschaften, die ich nicht leiden kann, die mir zu schaffen machen. Und er beginnt in der zögernden, aber entschiedenen Nachfolge dessen, der schwieg und sich überlieferte. Er wollte lieber Opfer als Täter sein.

Wir werden dieses Idealbild nicht erreichen. Aber wir können versuchen, ihm nachzufolgen. Das wäre ein Signal für die Welt.

Ritual

Ohne Rituale wäre das Leben äußerst mühsam. Wenn ich meinen Computer einschalte, spult er von allein das Ritual des Überprüfens seiner Dateien und des Startens ab, ich klinke mich in sein Ritual ein, indem ich durch das Drücken bestimmter Tasten seine rituellen Fragen beantworte, und alsbald kann ich meinen Text weiterschreiben. Ich würde viel Zeit verlieren, wenn ich jeden Schritt jedesmal neu ausdenken, beschließen und durchführen müßte. Genauso ist es schon morgens beim Aufstehen: Mir bleibt viel Entscheidungsstreß erspart, weil das Ritual des Aus-dem-Bett-Steigens, Hund-Kraulens, Kaffeewasser-Aufsetzens, Duschens, Zähneputzens, Ankleidens und Rasierens wie von allein abläuft; es bedarf keiner Auswahl, keiner Entscheidungen, keiner Beschlüsse. Ich kann mein Hirnschmalz für wichtigere Dinge aufsparen.

Sieht man sich daraufhin um, so stellt man schnell fest, daß wir, ohne uns dessen bewußt zu sein, weithin mit Hilfe von Ritualen unseren Alltag bewältigen. Begrüßungen und Plaudereien in der Straßenbahn verlaufen rituell. Wir fragen einander rituell, wie's geht, und erwarten keine qualifizierte Auskunft; im Gegenteil, es wäre lästig, ja unanständig, wollte sich der so Angesprochene durch unsere Frage ermutigt fühlen, uns frühmorgens mit einem schwerwiegenden Problem zu belästigen. Die Fahrkartenkontrolle, der Zeitungskauf, die Begrüßung der Kollegen, meine Arbeitsvorgänge und Besprechungen, selbst mein Arztbesuch — das alles sind Rituale, deren Verlauf nach allgemein üblichen Spielregeln vorprogrammiert ist. Jeder der Beteiligten kennt seine Rolle und kann sie energiesparend ausfüllen. Ich kann mich als Person aus all dem heraushalten, ja, das wird sogar von mir erwartet.

Rituale machen das Leben leicht, Rituale schenken Sicherheit. Wo Gewohntes auf vertraute Weise abläuft, fühlt man sich geborgen. Man kennt sich aus, ist daheim, muß nicht ständig auf der Hut sein, etwas falsch zu machen. Wo Rituale fehlen oder nicht greifen, wird das Leben stressig. Wo bestimmte Reaktionen nicht automatisiert sind — etwa beim Autofahren —, wird es lebensgefährlich.

Gilbert K. Chesterton hat geäußert, gelegentlich seien Rituale Äußerungen überschäumender und nicht etwa mangelnder Vitalität:

Der Mensch variiert seine Bewegungen, weil ihn kleine Anfälle von Schwäche oder Ermüdung überkommen. . . Die Sonne geht jeden Morgen auf. Ich stehe nicht jeden Morgen auf, nicht etwa, weil ich besonders einfallsreich, sondern weil ich träge bin . . . Was ich damit meine, kann man bei Kindern gut beobachten, wenn sie auf ein Spiel oder einen Spaß kommen, der ihnen besonders gut gefällt. Ein Kind wippt rhythmisch mit den Beinen, und zwar aus Überfülle, nicht aus Mangel an Leben. Weil Kinder von überbordender Vitalität sind und ihr Geist kühn und frei ist, wollen sie, daß man bestimmte Dinge ständig wiederholt und nicht verändert. Sie sagen immer: »Noch einmal!«, und der Erwachsene tut es noch einmal, bis ihm die Puste ausgeht. Erwachsene sind nämlich nicht stark genug, um in Monotonie schwelgen zu können. Aber vielleicht ist Gott stark genug, um in Monotonie zu schwelgen. Vielleicht sagt er jeden Morgen »Noch einmal!« zur Sonne und jeden Abend »Noch einmal!« zum Mond. Vielleicht müßten nicht unbedingt alle Gänseblümchen gleich aussehen; es könnte ja sein, daß Gott einfach nie müde wird, sie immer wieder genauso zu machen.

Den guten Sinn von Ritualen kann man also keineswegs in Frage stellen. Sie sind verhaltens-ökonomisch unbedingt notwendig, sie können Zeichen der Vitalität sein. Wer ständig Änderungen braucht, ist vielleicht zu oberflächlich, sucht allzusehr Quantität statt Qualität.

Allerdings besitzen Rituale die Eigenschaft, unmerklich zu wuchern und Bereiche zu erfassen, in denen sie lästig, ja gefährlich werden. Das sind die Bereiche des qualifiziert menschlichen, persönlichen, bewußten, verantwortlichen Verhaltens. Wenn ich für den Austausch von Sätzen mit meiner Frau und den Kindern beim Frühstück nicht mehr innere Beteiligung aufbringe als für mein Ritual des Zähneputzens, ist unsere Beziehung (zumindest beim Frühstück) zu einem fragwürdigen Ritual geworden.

Im Idealfall sind die Rituale der feste Untergrund, der uns die Freiheit verschafft, uns in allen dafür geeigneten Fällen als spontane, vom Herzen oder vom gesunden Menschenverstand her agierende Menschen zu verhalten. Im schlechteren Fall dienen sie dazu, unseren Mangel an Vernunft, Herz und persönlicher Anteilnahme zu überspielen und zu verstecken. Relativ harmlos ist das Beispiel der Politiker, die über »Betroffenheits«-Rituale und -Formulare verfügen, welche ihre Pressesprecher bei allen einschlägigen Anlässen publizieren können. Da weiß man, daß das — weithin — so ist und gar nicht anders sein kann, weil sich ein einzelner Mensch nicht auf so vieles in der Welt glaubhaft emotional einlassen kann. Schwerwiegender wird es, wenn in einer Ehe die ursprünglich fröhlichen, phantasievollen Rituale erstarren, schließlich jegliche Spontaneität überwuchern und die Tatsache kaschieren, daß die herzliche Zuneigung längst abgestorben ist. Oder schädlich wird es, wenn Rituale vernünftige, schwerwiegende Entscheidungen ersetzen; etwa, wenn unser Wirtschaftsleben anscheinend vom zwanghaft anmutenden Ritual beherrscht ist, jedes Frühjahr die Spirale aller Löhne und Preise um einige Windungen höherzuschrauben, selbst wenn alle mit dem gegenwärtigen Zustand ganz gut leben könnten.

Es gibt Gesellschaften, die an der Fülle und Starre ihrer Rituale zugrunde gehen. Sie sind derart festgelegt durch Traditionen, Regeln, Tabus und fixe Ideen, was wie und nicht anders sein muß, daß sie sich auf neue Umstände nicht mehr genügend einstellen können.

Im Abendland sind — namentlich im Gefolge der »Aufklärung« — seit zweihundert Jahren viele jahrhundertealte Rituale, Konventionen, Traditionen und Selbstverständlichkeiten hinterfragt und verworfen worden. Selbst der innerste Bereich menschlicher Beziehungen, die Ehe, war vorher weithin ritualisiert und in ein Korsett gesellschaftlicher Konventionen gezwängt. Die Vorstellung, daß man einander aus Liebe heirate, ist relativ jungen Datums; vorher wurden Ehen aus einer Vielzahl von praktischen Gründen arrangiert. Das Ritual machte sie sehr stabil; eine Scheidung war so gut wie undenkbar. Heutige Ehen, beinahe frei von Ritualen und als lebendige persönliche Beziehungen gemeint, sind äußerst zerbrechlich. Das ist vielleicht das beste Beispiel dafür, wie kompliziert das Spannungsverhältnis von Ritual und Spontaneität ist. Auch Gesellschaften und Beziehungen ohne ein gesundes Maß an Ritualen laufen Gefahr zugrunde zu gehen. Uns ständig reflektiert, unkonventionell und spontan verhalten zu müssen, das überfordert uns. Das haben die Anhänger der 1968er-Bewegung auf allen Feldern ihrer Aufbruchversuche zur Genüge erfahren müssen.

Bisher war anscheinend noch nicht vom religiösen Ritual die Rede — aber in Wirklichkeit reden wir von Anfang an darüber. Wenn das Ritual ein Mittel ist, in seiner Welt ein Stück Vertrautheit und Sicherheit zu finden, hat es grundsätzlich religiösen Charakter. Es ist eine Frage des Ansatzes, ob man das weltliche Ritual vom religiösen Ritual herleitet oder umgekehrt. Wer kennt schon genau die Grenze zwischen beiden?

Wenn die Engel sprechen, verflüchtigen sich die Lebensbelange zur Bedeutungslosigkeit, ja sogar zur Irrealität. Sprächen die Engel die ganze Zeit, würde das Lebensgeschäft wahrscheinlich völlig zum Erliegen kommen. Die Gesellschaft könnte nicht überleben, wäre sie starr, unverrückbar auf die Begegnung mit dem Übernatürlichen eingestellt. Religiöse Tradition hält jene Nächte des Ruhms in Schach, die sonst das ganze Leben verschlingen könnten. Religiöse Rituale beispielsweise schreiben den Begegnungen mit der heiligen Realität bestimmte Zeiten und Orte zu und unterwerfen sie der Kontrolle von allgemein umsichtigen und gescheiten Funktionären. Überdies befreien religiöse Rituale das übrige Leben von der Last, sich solchen Begegnungen unterziehen zu müssen. Dank dem religiösen Ritual kann der einzelne nun seinen gewöhnlichen Geschäften nachgehen, Liebe machen, Geld machen, Krieg machen und so weiter —, ohne dabei ständig von Botschaften aus einer anderen Welt unterbrochen zu werden.

(Peter L. Berger, Der Zwang zur Häresie)

Religion als die Beziehung zum Ganz-Anderen, Unbekannten greift so gut wie immer auf Rituale zurück. Religion als meine persönliche Beziehung zu dem, der mir innerlicher ist, als ich selbst mir bin, sollte sich aber gleichzeitig auch mehr als jede andere Äußerung des Menschen vom Ritual lösen. Innerstes, Innerlichstes sollte nur soweit ritualisiert werden, als es notwendig ist, um es mit anderen teilen und feiern zu können. Oder ich kann mir Haltungen und Gesten, die mir wesentlich sind, derart als Ritual einüben, daß sie sich spontan einstellen — auch dann, wenn ich nicht daran denke oder nicht in der Lage bin, sie willentlich herbeizurufen. Die gute Gewohnheit, zu festen Zeiten oder Gelegenheiten zu beten oder zu meditieren, kann zu einem hilfreichen Ritual werden. Wertvoll ist ein Grundbestand an auswendig gelernten Gebeten, die man selbst noch im Zustand halber Bewußtlosigkeit aktivieren kann, wenn kein frei formuliertes Gebet mehr möglich ist.

Ein gesunder, lebendiger Ritus entfaltet, deutet und vertieft, was im Inneren vorgeht, er weckt und inspiriert neues Leben, er hält Botschaften über bestimmte Erfahrungen für die Nachkommenden fest. Ein kranker, toter Ritus ersetzt lebendige Beziehung durch beruhigende Gewohnheit, und der Trost, den er spendet, kommt aus dem Gefühl, daß alles genauso ist und bleibt, wie es schon immer war.

Es ist auffällig, daß gerade Menschen, die in ihrem privaten und beruflichen Leben besonders agil und wendig sind und für religiöse Weiterbildung keine Zeit und Energie aufwenden, dazu neigen, auf dem Gebiet der Religion stabile Riten zu erwarten: Wenigstens da soll etwas Unveränderliches, Vertrautes in ihrem Leben bleiben. Religiöse Riten übernehmen hier die Funktion von Naturschutzgebieten und Eingeborenen-Reservaten, von Zufluchten für kulturgestreßte Manager. Oder sie werden zum Rettungsanker für orientierungslose Zeitgenossen, die sich vom Pluralismus unserer Tage überfordert fühlen und klare Rezepte wollen.

Solcher Konservativismus ist in bestimmten Kreisen der Geistlichkeit nicht unbeliebt, sondern kommt ihnen entgegen. Auch die »Funktionäre« der Religion neigen ja dazu, komplizierte, starre Riten und Gesetze zu entwickeln, die sie unentbehrlich machen wie den Steuerberater oder den Fahrkartenlöseberater bei der Deutschen Bahn: Ohne sie würde man zu viel bezahlen oder alles falsch machen. Ein mit allen Wassern gewaschener Kirchenrechtler vermag die Annullierung jeder Ehe zu bewerkstelligen, unter Wahrung sämtlicher unabänderlicher Normen der katholischen Kirche, und ein geweihter Priester hat das Monopol auf bestimmte wirksame Riten und kann auf Erden binden oder lösen, was auch im Himmel gebunden oder gelöst sein wird. Wie sollte ihn der »Laie« da nicht unbedingt brauchen?

Wo Rituale und Gesetze zum Selbstzweck oder so kompliziert werden, daß sie nur noch mit Hilfe von Beratern und Experten zu bewältigen sind, müssen sie in Frage gestellt, ja schleunigst gesprengt werden. Der Mensch ist nicht für den Sabbat da, sondern der Sabbat für den Menschen. Er soll ihm seine Beziehung zu Gott erleichtern, sie nicht komplizierter machen.

Selbst seine liebgewordenen persönlichen Alltagsrituale muß man regelmäßig kritisch überprüfen und eventuell umkrempeln. Nichts gewinnt dadurch die Qualität der Echtheit und Wahrhaftigkeit, daß es schon lange oder schon immer so war. Hinter diese Einsicht der »Aufklärung«, so mühsam sie zeitweise ist, sollten wir nicht mehr zurückfallen. Es bleibt eine ständige Herausforderung an unsere schöpferische Phantasie, hilfreiche Rituale zu finden und zu erfinden und ihnen nicht zu erlauben, starr und zum Selbstläufer zu werden.

Sünde

Wenn wir auf die heiße Herdplatte greifen und uns die Finger verbrennen, ist das die negative Auswirkung unseres Fehlverhaltens, aber keine Strafe. In den Augen unserer Großmütter hätte dieser Schmerz allerdings eine Strafe für uns sein können, zum Beispiel dafür, daß wir vorher mit den Geschwistern gestritten haben. Unsere Großeltern lebten ja mit einem Gott-Du, einem sehr menschlich vorgestellten Gottesbild, und folglich lebten sie mit Sünden.

Sünden ereignen sich zwischen Personen. Wer sündigt, verletzt die Wünsche, Vorstellungen und Empfindungen eines anderen, zu dem er in der Beziehung der Liebe stehen sollte, könnte oder möchte, und dieser andere reagiert darauf mit Betroffenheit, Schmerz, Zorn oder Rache. Daher kann man eine Sünde nicht durch Wiederherstellung einer verdorbenen Sache oder eines Zustands und durch Richtigmachen beheben, sondern nur durch Versöhnung. Die Bedingungen solcher Versöhnung kann nur der Verletzte nennen. Alles andere bleibt Beschwichtigung. Folglich muß man den Verletzten kennen, auf ihn hören und sich auf ihn einstellen.

Religionen, in denen Gott nicht als ein personales Du vorgestellt wird, etwa der Buddhismus, kennen konsequenterweise keine Sünde, sondern nur unrichtiges, falsches Verhalten mit nachteiligen Folgen, die jedoch keine »Strafe« sind, sondern Auswirkung von Fehlverhalten.

Diese Unterscheidung zwischen Sünde und Fehler übersieht man häufig, und daraus entstehen allerhand Verwirrungen. Man kann zum Beispiel Menschen, die an kein Gott-Du glauben, die Gebote Gottes schlecht vorhalten und aufdrängen. Sie sehen nur noch das als falsch ein, was nachweisbar schlechte Auswirkungen hat, und werden trotzdem oft das Falsche weitermachen. Aber es funktioniert nicht umgekehrt: daß man von schlechten Auswirkungen her beweisen könnte, daß dies und jenes »Sünde« sei. Die Versuchung dazu ist groß: Um Menschen, die nicht mehr an Gott glauben, dennoch bestimmte Forderungen des göttlichen Willens vorhalten zu können, stellt man diese als »Naturgesetze« und »Naturrecht« dar und zeigt, daß Verstöße dagegen Fehler mit schlimmen Folgen sind. In Wirklichkeit ist das der Einstieg zu einer gott-losen Moral, denn dabei wird der konkrete Wille des lebendigen Gottes überflüssig. Statt auf ihn, bezieht man sich auf objektive Gesetze, statt Mystik lehrt man Moral.

Ein echtes Gebot Gottes ist etwas anderes als irgendein Naturgesetz; es hat etwas Apodiktisches, Unbeweisbares an sich und ist nur verständlich aus der Beziehung zu Gott heraus.

Das aber schafft neue Schwierigkeiten: Denn wer kennt genau, wer verkündet die apodiktischen Gebote Gottes? Die stehen in der Bibel, könnte man sagen. Doch es ist nicht einfach, aus der Bibel diesen authentischen, aktuellen Willen Gottes für uns heute herauszufiltern.

Ein loyaler Katholik wird sagen: Dazu gibt es den Papst; der kann unfehlbar den Willen Gottes benennen. Der Haken an dieser Auffassung ist nur, daß dabei rasch wieder allgemeine Prinzipien und Richtlinien entstehen, an die sich der Mensch zu halten habe. Das Gespräch des einzelnen Menschen mit dem lebendigen Gott bleibt dabei auf der Strecke. Es ginge jedoch darum, die Menschen anzuleiten, täglich neu nach dem Willen Gottes für sie persönlich zu fragen. Das ist anspruchsvoll, und viele wollen das gar nicht, sondern verlangen klare Richtlinien. Aber das muß möglich sein, wenn Gott wirklich ein lebendiges Du ist, das mit uns durch die Geschichte wandert. Es ist ein Zeichen mangelnden Glaubens, wenn man die Suche nach dem Willen Gottes reduziert auf das Multiplizieren und Auseinanderdividieren bestimmter unverrückbarer Prinzipien und deren Anwendung auf den konkreten Fall. Schließlich endet man in der Erbsenzählerei von »Todsünden«, »schweren Sünden« und »läßlichen Sünden«, von Sündentilgungstarifen und -methoden wie Ablaß gewinnen, Messen bestellen und Bußen verrichten. Wollte der lebendige Gott in dieses hochkomplizierte System dreinreden, würde er bloß stören.

Unversehens geht es dann darum, dem Papst zu gehorchen, und nicht Gott. Die Tragik des gegenwärtigen römischen Lehramts besteht darin: Vor lauter Ableitungen aus Grundsätzen, vor lauter Weiterschreibung früherer Verlautbarungen, vor lauter Selbstzitaten aus dem vorigen Jahrzehnt oder Jahrtausend hat es sich verheddert in seinem wohlkonstruierten System. Es hat verlernt, auf den lebendigen Gott und die lebendigen Menschen zu hören. Statt auf Inspirationen zu achten, beschäftigt man sich mit Deduktionen, statt Mystagogen haben wir Moralprediger zuhauf. Die ernsthaft Suchenden wenden sich derweil nach Fernost, um dort »Meditation«, »Kontemplation« und »Mystik« zu finden.

Doch bleiben wir beim Christentum: »Sünde« ist also, wenn ich erkenne, was Gott von mir will, und das nicht in die Tat umsetze. Es gibt vieles, was in keinem Sündenkatalog steht und doch für mich subjektiv »Sünde« sein kann, weil Gott nicht will, daß ich das tue. Wahrscheinlich gibt es auch manches, was in allen gängigen Sündenkatalogen steht und was ich dennoch in einem bestimmten Punkt meines Lebens als das für mich Richtige tun muß. Deshalb verbietet Jesus seinen Anhängern das Richten über irgend jemanden.

»Liebe — und dann tu, was du willst«, hat Augustinus gesagt. Dieses Zitat hebt den springenden Punkt hervor: daß das Wesentliche die Liebesbeziehung und der ständige Dialog mit Gott ist, und nicht irgendeine Regel oder Ordnung, die diese Beziehung überflüssig macht, weil sie das ganze Leben in einem geschlossenen System organisiert.

»Sünde« ist, noch ehe ich gegen den Willen Gottes verstoße, meine Trägheit und Weigerung, diesen Willen überhaupt zu erkennen. Wahrscheinlich ist das sogar die verbreitetste, üblichste Art Sünde: die Sünde der Stumpfheit und Blindheit, die mangelnde Sensibilität für Sinn und Würde und Geheimnis des Lebens, der strohdumme Egoismus.

Sünden verlaufen nach einigen immer gleichen einfallslosen Grundmustern. Sündigen ist seinem Wesen nach geistlos. So geistreich es gelegentlich aufgemacht sein mag — am Ende läuft es immer ins Hohle aus.

Eng verwandt mit der Sünde der Geistlosigkeit sind der selbstmitleidige Narzißmus und der arrogante Eigensinn und Stolz; beide Formen sind zutiefst kleinkariert und verweigern die Ekstase in etwas unendlich Größeres hinein, als sie selbst sind.

Echte Sünde verursacht *Schuld.* Heute sind zunehmend weniger Menschen fähig, persönliche Schuld zuzugeben. Die Verhältnisse sind schuld, die ersten drei Kindheitsjahre, die anderen. Man kann alles psychologisch wegerklären. Das aber ist würdelos, denn es stellt in Abrede, daß der Mensch jemals einigermaßen klar aus eigenem Wollen und eigener Entscheidung etwas wählen und folglich auch selbstverantwortlich danebengreifen kann. An die Stelle des Bekenntnisses ist eine raffinierte Strategie der Abwiegelung und der Schadensbegrenzung getreten.

Das Gegenteil von Sünde ist nicht Sündenlosigkeit, sondern Gnade. Ist Sünde die Unfähigkeit, voll und ganz für das Du offen zu sein, so ist Gnade die Fähigkeit, sein Gegenüber in völliger Offenheit so zu nehmen und zu lieben, wie es, er, sie ist. Der Kern der christlichen Botschaft besteht darin: Gott nehme uns und liebe uns, wie wir sind, noch ehe wir besonders gut sind oder etwas Ansehnliches leisten. Gnade sagt nicht: »Erst mußt du noch die und die Bedingungen erfüllen, bis ich dich liebe«, sondern: »Ich liebe dich, wie du bist.« Wer das wirklich erfaßt, den wandelt, den schmilzt diese Liebe von allein um.

Das ist das »neue Gebot« der Liebe, das von allein funktioniert. Ohne Liebe funktioniert kein Gebot. Unser eigentliches Problem besteht darin, daß wir noch nicht begriffen haben, wie sehr wir geliebt werden. Wir sind schrecklich blind und empfindungslos dafür. Gott allein weiß, wieweit wir daran selbst »schuld« sind. Im Tiefsten bleibt das ein unlösbares Rätsel.

Kleiner Exkurs über die Erbsünde

Es gibt die kindliche Vorstellung, bei der Erbsünde handle es sich um eine im Akt der Zeugung, und womöglich durch diesen verursachte, sündhafte Begierde oder Immunschwäche — also um eine Art theologisches Aids —, die seit Adam und Eva an alle Menschen weitervererbt werde. In Wirklichkeit ist in diesem Begriff eine menschliche Ur-Erfahrung gefaßt: daß wir Menschen in unserem Wesen gestört, beeinträchtigt, angeknackst sind, und daß deshalb unsere Fähigkeit zu personaler Beziehung völlig unterentwickelt ist. In dieser Hinsicht ist die Menschheit noch geradezu im Embryonalstadium ihrer Entwicklung. Das wirkt sich dann weiter aus auf unsere gesamte Einstellung zum Leben.

Ein Stück Trägheit, Blindheit, Widerborstigkeit, Bosheit steckt in jedem von uns, und zwar ganz tief. Alltäglich äußert sich das im Bruch zwischen Einsicht und Tun: »Ja, ich weiß schon, eigentlich müßte ich dies und jenes anders machen, aber. . .«

Seit einiger Zeit sehen wir deutlicher, daß diese Problematik nicht nur individualistisch angegangen werden kann, sondern daß es auch böse Verhältnisse und Strukturen gibt, kollektive, strukturelle Sünden, die jeder beklagt und doch keiner ändert. Wenn man sie nicht bekämpft, kommen die Individuen nie hoch. Aber wir kippen beinahe schon wieder ins Extrem und neigen zur Unterstellung, immer nur seien eigentlich die Verhältnisse und die anderen schuld, und die Individuen wären eigentlich lauter Prachtexemplare, wenn sie nur die idealen Lebensbedingungen und vernünftigere und verständnisvollere Menschen um sich herum hätten. Alle Schüler etwa wären fleißig und intelligent, wenn sie nur die rechten Lehrer hätten. Damit sollen dann die Lehrer an allem schuld sein, und tatsächlich haben das auch viele von ihnen verinnerlicht. In Wirklichkeit steckt in jedem Schüler auch ein mehr oder weniger großes Maß an unüberwindlicher Faulheit und Dummheit. Das gilt analog für alle anderen Menschentypen und Lebensbereiche: Faule und Dumme (und Böse) werden auch die idealsten Verhältnisse ausreizen und bis zum Gehtnichtmehr ausnützen. Jedes großzügige System sozialer Fürsorge etwa kollabiert früher oder später, weil es von einer Vielzahl raffgieriger Bürger zu Tode gemolken wird, die unfähig sind, damit verantwortlich und selbstkritisch umzugehen. Das ist das Phänomen der »Erbsünde«, der Unfähigkeit und Verweigerung, ein reifer, verantwortungsvoller, selbstloser Mensch zu werden.

Wenn unser Geschlecht untergehn soll, dann wird es am Ekel, am Lebensüberdruß untergehn. Die menschliche Persönlichkeit wird langsam zernagt werden wie ein Balken durch unsichtbare Pilze, die in wenigen Wochen aus einem Eichenblock eine derart schwammige Masse machen, daß sie schon durch einen Fingerdruck auseinanderfällt. Und der Moralist wird Laster erörtern, der Staatsmann wird die Zahl der Polizisten und Beamten vermehren, der Erzieher wird Lehrpläne aufstellen — man wird wertvolle Kräfte vergeuden, um unnützerweise einen künftighin hefelosen Teig zu bearbeiten.

(George Bernanos, Tagebuch eines Landpfarrers)

Der Begriff der »Erbsünde« ist sehr brisant. Weil es die »Erbsünde« gibt, breiten sich bedingungsloses Gutsein und vorbehaltloses Lieben entgegen aller naiven Christen-Taktik nicht nach allen Seiten aus, sondern es wird schamlos ausgenützt: Die Idealisten und Gewaltfreien kommen unter die Räder — wie Jesus auch. Ein naiver Aufklärungs-Optimismus wird zuschanden, der meint, die richtigen Argumente und die angemessene Psychologie und Pädagogik könnten aus jedem Menschen ein Prachtexemplar seiner Art machen. Nein, der Wurm bleibt drin. Wir brauchen eine Erlösung davon, die wir nicht selbst herbeiführen können.

Tod

Der stärkste Antrieb des Lebens ist der Tod.

Er stellt alles in Frage: die Welt, die Schöpfung, den einzelnen Menschen. Mehr noch: Er macht alles zu nichts. Er ist ein großer Vernichter.

Erschwerend kommt hinzu: Wir Menschen wissen, daß wir sterben müssen. Mit dem Augenblick der Zeugung tritt der Tod auf den Plan. Vielem kann man auf der Lebensstrecke aus dem Weg gehen. Dem Tod nicht. Er stellt sich uns in den Weg — mitten im Leben oft und zuweilen auch in seiner frühen Zeit — unverhofft.

Dieses Wissen verändert alles. Was wäre das Leben ohne den Tod?

Da sie geboren sind, nehmen sie auf sich, zu leben und den Tod zu haben, und Kinder hinterlassen sie, daß neuer Tod geboren wird.

(Heraklit von Ephesus)

Unlösbare Fragen drängen sich auf. Befriedigende Antworten sind nicht in Sicht. Fraglich bleibt es, ob wir »danach« etwas Genaues in Erfahrung bringen können.

Warum müssen wir leben, wenn wir sterben müssen?

Welchen Stellenwert hat die Liebe angesichts des Todes?

Wie ist der Tod in die Welt gekommen?

Weil es den Tod gibt, wollen wir ewig leben. Christen glauben sogar an das ewige Leben, sie bekennen dies.

Der Mythos vom ewigen Leben durchwirkt auch das Webmuster unserer Zeit, in der die Todesangst absonderliche Blüten treibt.

Manchmal schlägt die Todesangst um in Lebenslust, in gesteigerten Genuß, in Angstlust, die einen in gefährliche Abenteuer treibt. Wir hängen so sehr — aus Angst vor dem Tod — am Leben, daß wir es bis an die äußerste Grenze treiben.

Unser Glaube an den Tod als absolutes Ende des Lebens äußert sich deutlich in der übersteigerten, völlig einseitigen Bemühung, das Leben der Menschen biologisch so lange wie nur irgend möglich zu erhalten. Hier ist die christliche Auffassung von der unantastbaren Würde jedes Menschenlebens zum Selbstläufer geworden. Es ist eindrucksvoll, welch ungeheurer Aufwand an Personal und Technik getrieben wird, wenn hierzulande ein Menschenleben durch einen Unfall in Gefahr kommt; keine Kosten sind zu hoch, es biologisch zu erhalten. Genauso eindrucksvoll sind die zunehmend rascheren und intensiveren internationalen Einsätze, um an allen Kriegs- und Katastrophenschauplätzen der Welt möglichst viele Menschenleben zu retten. Solches Bemühen ist nicht in Frage zu stellen, aber fragen muß man schon, wofür, für welchen Sinn, für welchen Inhalt alle diese Leben gerettet werden. Natürlich, jeder Gerettete muß selbst zusehen, welchen Sinn er seinem Leben gibt; das ist die privateste und persönlichste Angelegenheit, in die niemand hineinreden kann und darf. Trotzdem frappiert das Mißverhältnis zwischen dem geradezu begeisterten oder verbissenen Aufwand, der zur biologischen Erhaltung von Menschenleben getrieben wird, und der Gleichgültigkeit oder völligen Neutralität gegenüber der Erörterung der Frage, welchen Sinn und Inhalt nun eigentlich alle diese Leben haben.

Am schärfsten spitzt sich dieses Mißverhältnis in Fällen zu, in denen ein beinahe hundertjähriger Mensch mit Hilfe einer hochkomplexen Apparatemedizin Woche für Woche am Leben erhalten wird. Äußert sich hier vielleicht die

Unfähigkeit, an eine Wirklichkeit, gleich welcher Art, über den Tod hinaus zu glauben, so daß auf jeden Fall ein noch so reduziertes Leben einen höheren Wert darstellt als das darauffolgende absolute Nichts? Also eine Art von quasi-religiösem Sichfestklammern am (biologischen) Leben als dem höchsten aller Güter? Oder vielleicht ist es auch die rein pragmatische Hinkehr zum Greifbaren, um sich die Auseinandersetzung mit dem Ungreifbaren und Unsicheren zu ersparen.

Eine andere Möglichkeit ist es, den Kampf gegen das Ende von allem aufzugeben, sich mit dem Tod zu arrangieren, regelrecht mit ihm zu verhandeln. Viele alten Geschichten erzählen davon, wie der Tod zu früh kommt und man mit ihm feilscht, er solle doch bitte noch ein wenig warten. Aber kommt der Tod nicht immer zu früh — und folglich das Leben nicht immer zu spät?

Die Totenklagen, die Totentänze und Totenlieder durchziehen die Geschichte von Anfang an. In manchen Religionen und Kulturen wurden regelrechte Fahrpläne ins Jenseits aufgestellt, der ferne Ort wurde ausgemalt in den buntesten und grellsten Farben. Die Nekropolen, die Totenstädte der Alten, geben ein beredtes Zeugnis davon.

In den Totenbüchern ist alles festgelegt: Wenn schon unausweichlicher Tod, dann der Versuch einer ordentlichen Bewältigung der Reise in das Land, aus dem es keine Rückkehr gibt.

So manche Anordnung des letzten Willens ist durchtränkt von Ironie und spiegelt die ganze Gebrochenheit gegenüber Sterben und Tod wieder.

Ich sehe es so. Der Sarg aus frischem Kiefernholz. Unverarbeitet, nur gehobelt. Man soll mich riechen können, auf dem Weg zum Grabe. Die Grube, wo es sich einrichten läßt; natürlich in Berlin. Der Stein ungehauen. Granit. Die Initialen genügen. Es dürfte auf keinen Fall der Eindruck entstehen, daß der Stein hingestellt worden sei. Es gibt keine stehenden Steine. Mein Grabstein soll liegen. Exakt über'm Kopf. Wegen der Korrespondenz zwischen den beiden. Bepflanzung: Efeu; der macht keine Mühe.

Am Grab keine Predigt, keine Ansprache, keine Musik. Aber jemand mit guter Stimme soll die schönste Geschichte der Welt am offenen Grab verlesen. Sie ist nicht lang, zweieinhalb Seiten nur etwa. Sie heißt »Unverhofftes Wiedersehen«, und es hat sie Johann Peter Hebel geschrieben. Ist die Geschichte verklungen, soll laut und vernehmlich am offenen Grab der Hinweis auf das Lokal oder die Kneipe erfolgen, wo im Anschluß jetzt der Leichenschmaus stattfinden wird. Ich bitte darum, schon am Grab, auf jeden Fall noch auf dem Friedhof, wieder Alltagsgespräche zu führen.

... Ach ja: und das Begräbnis sollte am Vormittag liegen, warum den Leuten den Abend verderben.

(Wolfdietrich Schnurre, Der Schattenfotograf)

Trügt der Eindruck, daß ein wesentliches Defizit unserer Zeit, die wir die Moderne nennen, ist, daß wir das Sterben verlernt haben?

Unsere Sterbe- und Todesrituale sind verkrampft, vollgestopft mit Grauen und Angst. Nur selten stirbt jemand heiter und von großer Neugier erfüllt auf das, was kommt.

Im Sterben und im Tod müssen wir unser Leben lassen. Warum sollen wir das nicht schon einüben während des Lebens selber? Es gibt doch auch im Leben jedes einzelnen von uns ein Sterben, das schlimmer ist als der Tod. Wenn zum Beispiel eine Freundschaft zerbricht, eine Liebe stirbt, ein Kind uns verläßt, kurz: wenn wir uns von irgendeinem Geliebten trennen müssen.

Warum werden wir uns im Versuch der Bewältigung solcher uns überwältigenden Erfahrungen nicht inne und bewußt, daß wir nur wirklich leben können um den Preis des Abschiednehmens? Nasci est mori — geboren werden heißt sterben, sagt ein antikes Sprichwort. Sterben wäre danach nicht das Gegenteil des Lebens. Auch läßt es sich nicht begrenzen auf die letzte Phase des Lebens.

Wir müssen das Sterben aus seiner Isolierung in den Sterbeprozeß herauslösen. Leben ist zugleich Sterben, und das von Anfang an. Stetiges Sterben bedeutet: lassen, zurücklassen, sich nehmen lassen, sich aus der Hand nehmen lassen, sich aus der Hand geben.

Die Zeit nimmt uns Augenblick für Augenblick. So entsteht in einem ununterbrochenen und fortwährenden Prozeß unsere Vergangenheit.

Täglich sprechen wir Worte, die verklingen. Aber einmal sprechen wir das letzte Wort. Davor haben wir Angst. Warum sonst suchen wir den Tod zu verdrängen? Aber sterbend und nicht anders vollendet sich unser Leben. Der letzte Wegabschnitt verwandelt deshalb den ganzen Weg, die Geschichte eines Menschen, er spricht das letzte und endgültige Wort über den Wert meines Lebens.

Es gilt also zu lernen, Abschied zu nehmen. Nicht jammernd, nicht klagend, sondern in einer großen Nüchternheit und Gelassenheit, die dem Tod seinen Ernst nicht nimmt, ihn aber auch nicht verteufelt. Wir werden zu dieser Gelassenheit nicht finden, wenn wir nicht jetzt schon damit beginnen, uns in sie einzuüben.

Unsterblichkeit

Die Vorstellung, plötzlich einmal *nicht* mehr, absolut nicht mehr zu sein, ist uns fremd. Sogar der logisch zwingende Gedanke, daß ich, wenn ich nicht mehr bin, absolut nichts mehr empfinde und folglich sicherlich nicht darunter leide, nicht mehr zu sein, birgt keinen rechten Trost. Wir sind auf das Sein und Leben angelegt und kennen nur dieses. Das völlig Unbekannte ist uns unheimlich.

Die Folge ist, daß wir Menschen uns erträumen, unsterblich zu sein. Alle Religionen versprechen auf irgendeine Weise Unsterblichkeit und kennen Riten der Einweihung in ein »ewiges« Leben. Wie dieses beschaffen sein soll, ist uns unvorstellbar. Auch die christliche Bilderwelt vom ewigen Leben im Himmel bleibt eine Projektion irdischer Verhältnisse ins Jenseits. Man mag sich das himmlische Dasein noch so herrlich ausmalen — als Paradiesgarten, als Festmahl, als Chöre und Reigen, als seliges Beieinander aller, die man liebt und schätzt: Dies endlos und unveränderlich erleben zu müssen, ist eine unendlich langweilige, geradezu bedrückende Vorstellung. Ludwig Thomas »Münchner im Himmel« hat wohl doch recht, wenn er im Vergleich dazu die kurzen, vergänglichen Freuden bei seinen Spezln im Hofbräuhaus für begehrenswerter hält. Den Reiz jeder Freude macht es ja aus, daß sie zeitlich ist: aufblitzt, überwältigt, vergeht, neu und anders wiederkehrt.

Es liegt wohl unter anderem an unserer Unfähigkeit, uns ein unsterbliches Leben im »Himmel« vorstellen zu können, daß eine dazu alternative Vorstellung derzeit Hochkonjunktur hat: die Idee der Reinkarnation, der »Wiedergeburt«. Statt für immer in einen unvorstellbaren Himmel zu entschweben, geht die Seele des Menschen nach dieser Lehre in einen neuen Körper ein, beginnt also wiederum ein irdisches Dasein und bleibt als Wanderin durch unzählige Erdenleben hindurch unsterblich. Das kann man sich ziemlich konkret vorstellen, und darum ist diese Vorstellung populär.

Im Fernen Osten, wo sie herstammt, ist das allerdings keine Wunschvorstellung, sondern ein Alptraum. Das religiöse Bemühen im Hinduismus und Buddhismus zielt gerade darauf, dem Kreislauf der Wiedergeburten zu entkommen und ins »Nirwana« einzugehen, das nicht einfach das »Nichts« ist, sondern ein unbeschreiblicher Zustand der Erlösung.

Wie unerträglich ein unsterbliches Dasein in der Form der ständigen Wiedergeburt wäre, hat eindrucksvoll der Hindu-Dichter Tukaram (1598–1650) beschrieben:

Welche Leiden im Kreislauf des Lebens.
Vor der Empfängnis im Mutterschoß
wurde ich schon 8 400 000mal geboren.
Und nun bin ich hier, mittellos, ein Bettler.

Die Summe meiner Leben
hält mich wie ein Netz gefangen.
Der Ertrag meiner Taten,
das Karma fesselt mich.
Ich leide unter der Peitsche seiner Macht.

Nichts, um meinen Bauch zu füllen, keine Ruhe.
Kein Platz im Dorf, der mir zugewiesen würde.
Ohne Kraft, ohne Hoffnung, so werde ich, mein Gott,
geschüttelt wie der Reis in der Pfanne.

Unzählige Zeitalter sahen mich in diesem Zustand,
ich weiß nicht, wie viele noch kommen.

Kein Bleiben:
die unaufhaltsame Bewegung fängt von vorne an.
Selbst am Ende des Kreislaufs:
kein Wechsel für mich.

Wer wird mein Unglück tragen?
Wer nimmt meine Last auf sich?
Dein Name ist der Fährmann auf dem Fluß des Lebens,
Du kommst dem zu Hilfe, der ihn anruft.

Es ist Zeit, daß du herbeieilst.
Ich bin, o Narayana, ein Armer in Not.
Schau nicht auf meine Fehler:
Tuka bittet um Dein Erbarmen.

Die moderne westliche Spielart der Wiedergeburts-Vorstellung gibt sich im Vergleich dazu wesentlich optimistischer.

Die Jagd nach dem Glück ist ins Seelisch-Jenseitige verlegt, die Entwicklung der Arten ins Geistig-Kosmische. Das gleichzeitige Ziel heißt: Selbstverwirklichung der individuellen Persönlichkeit und Aufstieg der Menschheit zur Vollkommenheit. Während das Karma im Osten einem Karussell gleicht, von dem man am liebsten abspränge, ähnelt es im Westen einer Wendeltreppe, auf der man munter emporsteigt.

(Heinz Zahrnt, Gotteswende)

Im Alten Testament heißt es vom Sterben Abrahams und Isaaks jeweils: »Er starb in hohem Alter, betagt und lebenssatt« (Genesis 25,8 und 35,29). Das ist eine ganz andere Sicht: das Gefühl, vom Leben gesättigt zu sein, also genügend davon gelebt zu haben, und es endgültig, dankbar und in Frieden beschließen zu können. Soweit wir wissen, glaubte man zur damaligen Zeit nicht an ein Weiterleben nach dem Tod oder eine Auferstehung. Dieser Gedanke entwickelte sich erst später und setzte sich erst kurz vor dem Auftreten Jesu durch. Im »Buch der Weisheit«, zwischen 80 und 30 v. Chr. verfaßt, heißt es schließlich:

Gott hat den Tod nicht gemacht und hat keine Freude am Untergang der Lebenden. Zum Dasein hat er alles geschaffen. . . Die Seelen der Gerechten sind in Gottes Hand, und keine Qual kann sie berühren. In den Augen der Toren sind sie gestorben, ihr Heimgang gilt als Unglück, ihr Scheiden von uns als Vernichtung; sie aber sind in Frieden. In den Augen der Menschen wurden sie gestraft, doch ihre Hoffnung ist voll Unsterblichkeit . . . Sie werden Völker richten und über Nationen herrschen, und der Herr wird ihr König sein in Ewigkeit. Alle, die auf ihn vertrauen, werden die Wahrheit erkennen, und die Treuen werden bei ihm bleiben in Liebe.

(Buch der Weisheit 1,13; 3,1–4.8–9)

Die Formulierung »Die Treuen werden bei ihm bleiben in Liebe« bringt bereits die biblische, und damit auch neutestamentliche Unsterblichkeits-Vorstellung auf den Punkt: Unsterblichkeit ist ein Zustand, der sich aus der Beziehung zu Gott, und nur aus ihr, ergibt. Spekulationen über eine unsterbliche Substanz des Menschen gibt es in der Bibel nicht, also die Vorstellung einer »Seele«, die aus der sterblichen Hülle des Leibes auszöge, umherwanderte oder zu Gott heimginge oder in der Hölle gepeinigt würde usw. Mit »Seele« ist im obigen Text und anderswo der *ganze* Mensch gemeint.

Wir kennen die Erfahrung, daß jemand »fortlebt« in der Erinnerung der Menschen, die ihn schätzen und lieben. Dieses »Fortleben« ist gewöhnlich sehr blaß und schwach im Vergleich zur früheren leibhaftigen Existenz, gelegentlich allerdings kann es nach dem körperlichen Tod des Betreffenden wirkmächtiger sein als zu seinen Lebzeiten und gewaltige Inspirationen und Energien wecken. Das war bei großen, inspirierenden Persönlichkeiten der Geschichte der Fall: bei Religions- und Ordensstiftern, Philosophen, Schriftstellern, Heiligen. Aber für die Mehrzahl der Menschen schwindet das »Fortleben in der Erinnerung« ziemlich schnell und stirbt mit den nächsten Angehörigen.

Wir könnten uns Unsterblichkeit so vorstellen, daß sich nicht nur sterbliche Menschen unser erinnern, daß wir nicht nur in der Erinnerung hinfälliger Menschen »fortleben« und verblassen, sondern daß sich der ewige Gott unser erinnert. Seine Erinnerung an unser Leben ist von unvergleichlich anderer Qualität als die Erinnerung jedes Menschen. Sie ist nicht nur über Zeit und Raum erhaben, sondern von schöpferischer Wirkmacht, und deshalb weckt sie uns zu einer wirklichen Unsterblichkeit.

Im Zentrum des christlichen Glaubens an Auferstehung und Unsterblichkeit steht Jesus Christus. An ihm ist diese wirkmächtige Erinnerung Gottes in einmaliger Weise wahr geworden. Der Vater hat ihn aus dem Grab »auferweckt«, und die Tatsache, daß er lebt, haben Unzählige erfahren. Unsere »Auferweckung« können wir uns genauso vorstellen.

Auferstehung macht also nur Sinn als Auferweckung im Raum der Beziehung, der Liebe. Ich stehe nicht als Monade wieder eigenmächtig auf (was das Wort »Auferstehung« suggeriert), sondern ich werde von einem auferweckt, der mich in Ewigkeit nicht vergessen kann. Seine Erinnerung an mich ist derart schöpferisch, daß er, indem er mich bei sich erinnert, mir neues, wirkliches Leben schenkt. Der Ort dieses Lebens ist sein Innerstes, in das hinein er mich erinnert hat, ist sein Herz. Die Zustandsform solchen Lebens ist das mystische Einssein — also jene Form der Kommunikation, nach der blind alle tasten, die Verschmelzung, Aufgehen, Auflösung, Vergessen und Überwindung ihres Alleinseins suchen und sich dabei der fragwürdigsten Methoden und Mittel bedienen.

Sehr viel mehr kann man darüber nicht sagen. Am ehesten können das Liebende ahnen, die »wissen«, daß ihre Liebe etwas Unsterbliches ist, und die erfahren, daß diese Liebe Dimensionen hat, die in alle Ewigkeit nicht langweilig werden.

Jetzt schauen wir in einen Spiegel und sehen nur rätselhafte Umrisse, dann aber schauen wir von Angesicht zu Angesicht. Jetzt erkenne ich unvollkommen, dann aber werde ich durch und durch erkennen, so wie ich auch durch und durch erkannt worden bin.

(1 Korinther 13,12)

Verzweiflung

Der Zweifel kommt immer wieder. Er rennt gegen die Sicherheit an, zerrüttet die Gewißheit, schleust Angst ein.

Am Ende aller Zweifel steht selten die Gewißheit, meist die Verzweiflung. Sie führt in die Nacht der Ausweglosigkeit, ruft die Dämonen der Depression, der Resignation auf den Plan, treibt Mummenschanz mit der ermatteten, vom Zweifel übermannten Seele.

Wo Verzweiflung herrscht, fehlen Mut, Entschlossenheit, Zuversicht, Hoffnung.

Nicht nur Glaubenszweifel plagen uns. Schlimmer noch ist Glaubensverzweiflung. Vor allem angesichts einer sicheren, selbstsicheren, abgesicherten Kirche, die sich als Gottesbesitzerin in eitler Gebärde spreizt.

Manche sagen uns zwar festen Glauben nach, sie erwarten ihn auch von uns. Dies macht aber die Sache nur noch schwerer. Der abgründige Unglaube, der wie Schatten das schwache Licht des Glaubens stets begleitet, wird nicht zugelassen. Was aber so aufkommt, ist nicht selten verständnislose Selbstverständlichkeit.

(Paul M. Zulehner, Menschen)

Dabei war doch Jesus selber ganz verzweifelt, in seiner Verzweiflung gott-los.

Von der Mittagsstunde an
legte sich eine Finsternis über das Land,
die drei Stunden dauerte.

Um die dritte Stunde nach Mittag schrie Jesus auf:
Mein Gott, mein Gott, warum hast Du mich verlassen!

(Matthäus 27,45—46)

Die Verzweiflung Jesu als Sakrament der Gottverlassenheit! Müßte nicht gerade deshalb die Verzweiflung eine sichere Heimat im Raum der Religion haben?

Thomas — ein Kurzportrait

Thomas, einer der Zwölf, der Zwilling genannt wurde, war nicht bei ihnen, als Jesus kam. Die anderen Jünger sagten zu ihm: Wir haben den Herrn gesehen. Er entgegnete ihnen: Wenn ich an seinen Händen nicht die Nagelwunden sehe und wenn ich meine Finger nicht in die Nagelwunden und meine Hand nicht in seine Seite lege, glaube ich nicht. Acht Tage darauf waren seine Jünger wieder in dem Raum, und Thomas war bei ihnen. Da kam Jesus bei verschlossenen Türen, trat in ihre Mitte und sprach: Friede sei mit euch! Darauf sagte er zu Thomas: Leg deinen Finger hierher und sieh meine Hände; nimm deine Hand und lege sie in meine Seite und sei nicht ungläubig, sondern gläubig! Thomas antwortete ihm: Mein Herr und mein Gott! Jesus sprach zu ihm: Weil Du mich gesehen hast, glaubst Du. Selig sind, die nicht sehen und doch glauben!

(Johannes 20,24—29)

Er wollte es genau wissen, war ganz modern, könnte einer von uns Heutigen gewesen sein. Ein bißchen forsch — weil unsicher. Da kam er mit IHM zusammen: der Skeptiker mit dem geheimnisvollen Optimisten. Wurde Zeuge des Scheiterns, hielt den gescheiterten Auferstandenen für ein Phantom. War er's wirklich? Oder war er's wirklich nicht?

Er fragte — mit dem Mut des Zweifels. Er wollte nicht verzweifeln. Die Antwort war typisch: Keine Berührungsangst, Finger auf und in die Wunde, dazu ein Schubs: Sei nicht ungläubig, sondern gläubig! Du wolltest es wissen, was man eigentlich nicht wissen kann. Jetzt weißt du's.

Aber nicht jedem kann so geschehen. Nicht jeder Verzweiflung entkommt man durch Wissen.

Denk daran: Als erstes kam die Berührung, ganz konkret, nicht mit zarter Haut, nein, mit offener Wunde. Er wollte es ja genau wissen.

Aber was hat man mit den Verzweifelnden, mit den Verzweifelten gemacht in der Kirchen-Geschichte?

Die Sicheren, die Feldherren der Gewißheit, haben Kriege, blutige Kriege gegen sie geführt, sie des Unglaubens bezichtigt, mit Qualen und Torturen überzogen, versucht, die Gewißheit wie Blut aus ihren Körpern zu erpressen. In den Folterkammern hingen Kreuze mit dem Gottverlassenen. Er mußte zuschauen. Der Gottverlassene wurde zum hölzernen, steinernen, metallenen Voyeur degradiert. Aber: Waren die Folterer und ihre Knechte nicht selber Verzweifelte?

Verzweiflung treibt in die Enge. Verzweifelte sind im Engpaß. Enge kommt von Angst. Enge stellt die Luft ab. Enge drückt aufs Herz, lähmt. Anhaltende Enge führt zum Tod. Der Tod aus Verzweiflung hat in unserer Gesellschaft Konjunktur. Schon seit es Menschen gibt, wohnt der Zweifel unter ihnen und in ihnen. Die Bibel kennt ihn. Im Alten und im Neuen Testament. In den Schriften vieler Religionen ist davon die Rede.

Es gibt aber auch die Verheißung, daß der Herr die Gefangenen befreien wird, daß sie erlöst werden von ihren Zweifeln.

Als mir's eng wurde, hast Du mir's weitgemacht.

(Psalm 4)

Menschen ringen um Sinn und Heil. Sie bleiben oft in der dunklen Nacht der Gottesfinsternis gefangen und sterben in dieser Nacht, ohne ein Licht am Ende des Tunnels der Gottes- und Menschenfinsternis erblickt zu haben. Sie sterben fragend und mit weit geöffneten Augen.

Die Not des Verzweifelten

Dahin sind meine Tage,
zunichte meine Pläne, meine Herzenswünsche.
Sie machen mir die Nacht zum Tag,
das Licht nähert sich dem Dunkel.
Ich habe keine Hoffnung.
Die Unterwelt wird mein Haus,
in der Finsternis breite ich mein Lager aus.
Zur Grube rufe ich: Mein Vater bist Du!,
Meine Mutter, meine Schwester!, zum Wurm.
Wo ist meine Hoffnung
und wo mein Glück? Wer kann es schauen?
Fahren sie zur Unterwelt mit mir hinab,
sinken wir vereint in den Staub?

(Ijob 17,11—16)

Was ist das bessere Mittel gegen die Verzweiflung?
Psychotherapie?
Medizin?
Drogen?
Glaube?
Hoffnung?
Liebe?

Es helfen auch Wut und Mut. Es gibt eben auch den Mut der Verzweiflung. Ihm voraus geht der Mut zur Verzweiflung. Mut macht Wut. Wut befreit. Was jedoch tun, wenn der Zweifel hochkriecht wie Nebel und Wolken an einer steilen Wand, in einem engen Gebirgstal, wenn er einen einhüllt, die Sicht nimmt, verschluckt? Was tun? Nur die Nerven nicht verlieren, vorsichtig gehen, vorantasten. Notfalls warten — auch wenn es lange dauert.

Das ist auch eine Frage der Vorräte. Ein bißchen Bevorratung ist schon gut, leichtes Gepäck.

Sich auf das Nächstliegende konzentrieren, die Hoffnung nicht verlieren.

Und wenn gar nichts mehr geht und es schier endlos dauert? — Den Durchbruch wagen, das Risiko eingehen, den Einsatz nicht scheuen.

Verzweifelte aller Länder
vereinigt euch!

Wälzt immer wieder
die Steine
den Berg hinauf

Kommt heraus
aus Euren Gräbern

Ihr wißt mehr
als die Wissenden

Eure Hände
begreifen
die Wunden
der Welt

Eure Fingerspitzen
berühren
das zweischneidige Schwert
der falschen Sicherheiten

Mit Eurer Verzweiflung
seid Ihr
bei Gott
gut aufgehoben.

Welt

An manchen gotischen Domen, die wie Fossile in den Herzen der modernen Städte stehen, kann man »Frau Welt« betrachten: eine schöne Frau, mit lächelndem Gesicht. Betrachtet man jedoch ihre Hinterseite, so kann einem die Gänsehaut über den Rücken laufen. Der schöne Leib vorn ist nur Fassade für ein Gehäuse aus Würmern, Schlangen und Käfern. So hat man — nicht nur im Mittelalter — die Welt gesehen. Zwar schön, aber nur dem äußeren Schein nach. Innen — oder auf der Rückseite alles faul, in Verwesung und Zersetzung begriffen, die eigentlich verächtlich ist. Eine solche Sicht der Welt herrscht heute nicht mehr vor. Gleichwohl feiert sie immer wieder fröhliche Urständ. Aus der Weltverachtung ist das Christentum, sind aber auch einige andere Religionen nie ganz herausgekommen.

Im Glaubensbekenntnis formulieren Christen jedoch gleich am Anfang ihr Bekenntnis zu Gott, dem »Schöpfer des Himmels und der Erde«. »Himmel und Erde« meint die ganze Welt, das All, von dem unsere Erden-Welt ja nur ein winziger Teil ist. Welche Gründe gibt es, der Schöpfung des Schöpfers distanziert bis verächtlich zu begegnen?

---

mater materia
dein ist das chaos
frei im gebirge
ist vielform
und faltung
diskrete bröckelung auch
die lust an der tiefe
die liebe zum meer

das millionen jahre
schon wartet
auch dich erwartet
in weiser geduld

mater materia
dein sind die trümmer
von gletscher und fels
der langsame fuß
der manchmal achtlos
dann wieder behutsam
dich tritt

und dein die hand
die wir legen an dich
die du wartest
in weiser geduld

mater materia
dein ist die einsamkeit
steilauf im gebirg
entfaltet im meer
am unbegreiflichsten
draußen im all

wo das ewige schweigen
unendlicher räume
weder wartet
noch uns erwartet —
auch das auch das
in weiser geduld

(Kurt Marti, Schon wieder heute)

Eine weitere, kritische Entwicklung hat sich im Lauf der christlichen Geschichte angebahnt, die heute in ein gefährliches Stadium eingetreten ist. Der Mensch wurde in einem falsch verstandenen Schöpfungsauftrag — »Macht euch die Erde untertan!« — zur Krone der Schöpfung emporstilisiert. Mit allen bösen Folgen, wie zum Beispiel der Tatsache einer tödlichen Bedrohung der Umwelt, die ja bereits kosmische Dimensionen anzunehmen droht.

Der Mensch aber ist ein Teil der Schöpfung und nicht ihr Herr. Alte indianische Religionen haben dieses Bewußtsein bis heute bewahrt. Wir dagegen sind dabei, mühsam — und beinahe schon zu spät — diesen Zusammenhang wieder freizulegen und die fälligen Konsequenzen aus ihm zu ziehen.

Ihr Europäer habt mit eurer Konsumkultur die Natur zerstört. Ihr wolltet euch die Natur untertan machen. Wir haben niemals über die Natur herrschen wollen. Sie war für uns immer gleichwertig, wie ein Teil der Familie. Wir haben die Natur angebetet. Sie ist für uns ein Gott. In jedem lebendigen Wesen wohnt ein kleiner Gott. Und weil wir alles, was lebt, anbeten, können wir auch nicht so rücksichtslos mit dem umgehen, was uns die Natur gegeben hat.

(Klemens Ludwig, Flüstere zu dem Felsen)

Welt ist Chiffre, Ausdruck, Symbol alles Lebendigen. Es wird höchste Zeit, daß wir uns nach 2000 Jahren wieder der zerbrechlichen und seufzenden Schöpfung erinnern.

Wer die Welt zerstört, begeht Gottesmord.

Wille

Was will ich eigentlich? Man kann dieser Frage vier unterschiedliche Nuancen geben, je nachdem, welches Wort man betont. Beschränken wir uns hier auf zwei: Was *will* ich eigentlich? Was will *ich* eigentlich?

Tausend Dinge, Einzelheiten, Umstände, Möglichkeiten hätte ich gern — gut, darüber läßt sich reden. Aber das sind ja immer nur mehr oder weniger kurzfristige Befriedigungen. Zielt darauf mein tiefstes Wollen? Oder ist es etwas anderes? Bin ich nicht unersättlich in meinem Wollen? Gibt es überhaupt etwas, das es befriedigen könnte?

Noch ratloser läßt mich die Frage, was nun eigentlich wirklich *ich* will. Gibt es überhaupt einen völlig freien, ganz persönlichen Willen? Ich kenne viele eigenwillige, originelle Leute, die gerade dadurch etwas an sich haben, was man kennt und einordnen kann. Ihre Kleidung etwa entspricht der Individualisten-Uniform, ihre Ansichten liegen genau in dem und dem Trend und lassen sich nach dem ersten kurzen Kontakt vorausberechnen.

Wem geht es nicht so? Da habe ich einen wirklich originellen Einfall — und entdecke wenig später, daß der gerade in der Luft liegt und ihn eine ganze Reihe anderer Leute so ähnlich auch schon hatten. Ich durchschaue überhaupt nicht, was mich alles beeinflußt und manipuliert, welche geheimen Verführer mein Lebensgefühl und meine Ansichten und Verhaltensweisen steuern.

Die Psychologie weiß heute viel über un- und unterbewußte Einflüsse, die Neurologie hat dazu noch das Einwirken chemischer und physiologischer Prozesse auf mein Wollen entdeckt. Von außen bin ich ständig unzähligen Einflüsterungen ausgesetzt, die mich lenken, ohne daß ich es merke. Ganze Industrien verfolgen einzig den Zweck, mir mittels raffiniertester Medien zu suggerieren, was ich wollen soll und schließlich will — nämlich das, was ihre Auftraggeber wünschen und ich eigentlich gar nicht will. Das funktioniert offensichtlich großartig, sonst würden nicht so viel Intelligenz und Kapital darin investiert.

Bei manchen Entscheidungen meines Lebens war ich der festen Überzeugung, wenigstens hier treffe ich eine ur-eigene Entscheidung, äußert sich mein ur-eigener Wille. Später habe ich gemerkt, daß ich auch da voreingenommen und beeinflußt, wenn nicht gesteuert war durch meine Umgebung, meine Erziehung, meine religiösen Vorstellungen, das kirchliche Milieu, bestimmte Vorbilder, meine damalige Situation usw. Je mehr ich darüber im Nachhinein nachdenke, desto fragwürdiger wird mir, ob damals *ich*, nur *ich* eine Willensentscheidung getroffen habe, ob wirklich und ausschließlich *ich* das so gewollt habe.

Leben wir, oder werden wir gelebt? Gibt es überhaupt ein absolut selb-ständiges, eigen-wollendes Ich? Reine Objektivität gibt es gar nicht, haben die Wissenschaftler erkannt, weil wir immer schon durch unseren Frage-Ansatz, unsere Untersuchungsmethode, unsere Wahrnehmung den Gegenstand manipulieren, unsere Wahrnehmung tendenziös verfälschen.

Unser Leben bleibt ein riskantes, spannendes Abenteuer. Wir steuern nicht als absolut freie Monaden zielstrebig durch das Treiben dieser Welt hindurch auf selbstgesetzte Ziele zu, sondern wir sind selbst Teile dieser quirlenden, oft chaotisch anmutenden Welt und versuchen ein Stück Selbständigkeit zu erringen.

Dazu gehört das Bemühen, herauszufinden, welcher Einfluß uns gerade bestimmt. Die *Selbsterkenntnis* sei das

Fundament jedes reifen menschlichen und geistlichen Lebens, sagt eine jahrtausendealte Tradition.

Im Christentum stellte man sich vor, der Mensch werde von Engeln und Teufeln, also guten und bösen Geistern geritten, und seine Aufgabe bestehe darin, »die Geister zu unterscheiden« und einigermaßen bewußt zu wählen, von welcher Art Geister er sich lenken lasse. Das unterscheidet und entscheidet man nie endgültig, sondern man muß ständig neu eine Wahl treffen. Diese einigermaßen erkennbare, nicht mit scharfen Konturen von allem sich abhebende, sondern ins Ganze hineinverwobene und von ihm beeinflußte Instanz, dieser Kopf, der sich aus dem Sumpf herausstreckt, so stelle ich mir vor, bin ich, ist mein Wille. Er schwebt nicht wie der Geist Gottes frei über dem Chaos, sondern ist Teil des Chaos und doch davon abgehoben, kritisch reflektierend, sich selbst freistrampelnd.

Insgesamt jedoch bleibt die Frage, wie ich meinen ureigenen Willen chemisch rein aus der allgemeinen Masse herausdestillieren könnte, unlösbar.

Die Methode, die das Christentum anbietet, ist verblüffend. Hier wird gesagt: Gib es auf, überhaupt deinen eigenen Willen zu suchen, sondern bete, daß *Gottes* Wille geschehe. Auf dem Umweg über diese Bitte wirst du am ehesten original du selbst. Dahinter steht die Überzeugung, daß das Ich nur über das Du zum Ich wird, das heißt über das Sich-selbst-Vergessen und die Hingabe an ein Gegenüber. Alle isolierte Anstrengung um Selbstfindung bleibt deshalb ein narzißtisches, fruchtloses Kreisen um sich selbst.

»Dein Wille geschehe«: So lautet die zentrale Bitte an Gott im Vaterunser. Das war auch das entscheidende Gebetswort Jesu in Getsemani: »Nicht was ich will, sondern was du willst (soll geschehen)« (Markus 14,36). Dieses Gebetswort und die Konsequenz, mit der es gesprochen wird, ist der Maßstab für die Ernsthaftigkeit und Echtheit christlicher Religiosität und paradoxerweise der Weg, sich selbst zu finden.

Auch Menschen, die sich gewöhnlich kaum mit Fragen des Glaubens befassen und alle äußere religiöse Praxis aufgegeben haben, schicken in Not- und Streßsituationen das Gebet zum Himmel: »O Gott, hilf mir in dieser Prüfung, rette mich aus dieser Verlegenheit; beende diesen schlimmen Zustand.«

Es ist menschlich, in extremer Not nach übermenschlicher Hilfe zu schreien, aber das hat noch wenig mit *Glauben* zu tun. Man versucht eben noch bei den allerletzten Instanzen Unterstützung für die Erfüllung des eigenen Willens zu finden. »Erhört« Gott die Bitte, ist es mit der Dankbarkeit oft nicht weit her, und der Mohr kann wieder gehen, nachdem er seine Schuldigkeit getan hat; erhört Gott die Bitte nicht, ist das Anlaß, an seiner Existenz und Allmacht zu zweifeln. Das sind die deutlichen Symptome dafür, daß bei solchem Beten im Zentrum das eigene vordergründige Wollen steht, und daß das Interesse an Gott nur so weit reicht, wie er dieses eigene Wollen durchsetzen hilft.

Bei echter Religion wird in den Mittelpunkt der Wille Gottes gesetzt. Alles geht darum, sich mit immer größerem Vertrauen auf diesen Willen Gottes einzulassen. Nur so kann der Mensch über seine eigenen kleinkarierten Vorstellungen und Ideale hinausgeführt, können ihm die unendlichen Horizonte Gottes aufgerissen werden.

Mit sicherem Gespür erkannten die ersten Christen, daß »Glauben« etwas mit »Sterben« zu tun hat: Der Mensch muß sich dabei ganz loslassen, ganz fallenlassen, in die Hände dessen hinein, dem er sich anvertraut. Daher ist das Symbol und Sakrament der Aufnahme in die Gemeinschaft der Glaubenden ein Ritus des Ersäuft-, des Begrabenwerdens, des Sterbens: die Taufe. Der »alte Mensch« mit seinen Wünschen und Vorstellungen soll sterben, ein »neuer Mensch«, der sich von Gott führen läßt, soll auferstehen.

Mich so führen zu lassen setzt das ungeheure Vertrauen voraus, daß der, der mich führt, es gut mit mir meint — selbst dann, wenn ich aktuell nur Leid, Sinnlosigkeit und Ausweglosigkeit erlebe. Aber genau dieses Vertrauen ist *Glaube.*

Es gibt Menschen, die nach außen hin unreligiös sind, aber sich durch alle Schicksalsschläge hindurch ein unerschütterliches Vertrauen in die Sinnhaftigkeit des Daseins bewahren. Das wirkt oft ernsthafter »religiös« als die geschäftigen frommen Veranstaltungen von Menschen, die das Beten als Unternehmen der Manipulation des Willens Gottes betreiben und in Glaubenszweifel stürzen, wenn ihr Wille nicht geschieht.

Dem scheint zu widersprechen, daß Jesus im Evangelium seine Jünger ausdrücklich zum Bitten auffordert:

Bittet, dann wird euch gegeben; sucht, dann werdet ihr finden; klopft an, dann wird euch geöffnet. Denn wer bittet, der empfängt; wer sucht, der findet; und wer anklopft, dem wird geöffnet.

(Matthäus 7,7—8)

Sieht man den Text genau an, so entdeckt man unschwer, daß Jesus nicht verspricht, genau das Erbetene werde man empfangen; er sagt lediglich, der »Vater im Himmel« werde den Bittenden ganz bestimmt »Gutes geben« (Matthäus 7,11). Lukas, der diese Sätze ebenfalls in sein Evangelium aufgenommen hat, verdeutlicht die Aussage noch, indem er Jesus nicht »Gutes« versprechen, sondern sagen läßt, »der Vater im Himmel« werde »den Heiligen Geist denen geben, die ihn bitten« (Lukas 11,13). Statt des ganz Konkreten, das du im Gebet von Gott erbittest, bekommst du also seinen »Heiligen Geist«: Und das ist in diesem Zusammenhang nichts anderes als die Fähigkeit, grenzenloses Vertrauen darauf zu haben, daß Gott dein Leben sinnvoll fügen wird, und die Kraft, deinen eigenen Willen in Gottes Willen hinein loszulassen.

Beten — auch in der Form des Bittgebets — ist also keine Methode, bei der allerhöchsten Instanz seine eigenen Vorstellungen durchzudrücken, sondern eine Einübung in das Vertrauen, daß der alles richtig fügen wird, der einen größeren Überblick und andere Perspektiven hat als ich.

Sich dem Willen Gottes ausliefern heißt darum, sich auf ein lebenslanges Abenteuer einlassen, an dessen Ende man endlich auch sich selbst findet.

Xanthippe

Xanthippe war die Frau des griechischen Philosophen Sokrates, und folglich handelt dieser Artikel von der Beziehung der christlichen Philosophen und Theologen zu ihren Frauen. Die meisten hatten gar keine, und das haben sie schon fast gemeinsam mit Sokrates. Denn der hatte zwar eine Frau, aber sie ist in die Geschichte eingegangen als eine ihm nicht angemessene Frau, als Inbegriff des keifenden Hausdrachen, der nur Sinn für Staubwischen, Kinderaufzucht und Haushalt hat und dem armen Mann, den in den Höhen des Geistes zu schweben verlangt, immer wieder verständnislos und unsanft auf den Boden der allzu irdisch-menschlichen Realitäten herunterzerrt, mit der Behauptung, aus tiefsinnigen Gedanken allein lasse sich nichts kochen.

Beinahe alle christlichen Theologen haben ihr spirituelles Ideal von Frauen eher beeinträchtigt als inspiriert empfunden. Heloise war mit der gleichen Überzeugung geimpft: Sie hat den Geist ihres geliebten Abälard nicht durch eine Ehe und Säuglingsgeschrei ersticken wollen und ist deshalb lieber ins Kloster gegangen.

Bei näherem Zusehen erweist sich derzeit, daß überraschend viele Zölibatäre von Frauen inspiriert worden sind — aber zugegeben hätten sie das nie, und erst recht nicht haben sie das in ihr jeweiliges Gedankensystem eingebaut und als wesentliches Element dargestellt. In ihrer Theologie spielt nur die Jungfrau-Mutter Maria eine Rolle, die so ideal-fern ist, wie die hohen Damen den Minnesängern des Mittelalters fern waren.

Xanthippe ist die Patronin aller Pfarrhaushälterinnen, Kirchenputzfrauen, Pfarramtssekretärinnen, Pfarrhausdamen und sonstigen auch heute noch niedrigen weiblichen Chargen, die gelegentlich über ansehnliche Macht verfügen, beim Auftritt des Herrn jedoch schleunigst drunten in den Kirchenbänken verstummen müssen und nur genau vorgefaßte Beiträge wie »Und mit deinem Geiste« sprechen dürfen.

In Klerikerkreisen kursieren noch die gleichen Witze über herrschsüchtige Frauen wie höchstwahrscheinlich schon unter den Schülern des geplagten Sokrates. So ist das Verhältnis von Männern und Frauen zweieinhalbtausend Jahre fast unverändert geblieben. In kirchlichen Mitteilungen finden sich nach wie vor regelmäßig Appelle der Pfarrer, es möge sich eine möglichst große Anzahl tatkräftiger Frauen für eine Großputzaktion in der Kirche einfinden. Sie dürfen sogar zu diesem Zweck in den Altarraum. Also: Xanthippen erwünscht!

Das zeigt, daß wir noch weit entfernt sind von einer wirklichen *Ehe* zwischen Mann und Frau im Christentum.

Am Fest der Heiligen Familie feiert die katholische Kirche alljährlich eine »geschlossene, aber noch nicht vollzogene Ehe« zwischen Maria und Josef, die nach Canon 1142 des Kirchenrechts jederzeit vom Papst aufgelöst werden kann. In geistreicher Abwandlung des sokratischen Ehemodells ist hierin nicht der Frau, sondern dem Mann die Rolle des Nichtblickers zugeteilt, dem immer wieder durch Träume auf die Sprünge geholfen werden muß. Meistens wird Josef auf Bildern als alter Mann im Hintergrund dargestellt, der sich um das Feuer kümmert, indes die blutjunge Mutter und das Kind, das nicht von ihm stammt, sich den Jüngern zuwenden.

Daß die Frau wichtiger sei und mehr zu sagen habe als der Mann, ist eine einzigartige Ausnahme für den Fall des

Paares Maria und Josef. Aber sonst galt die Weisung des Paulus:

Wie es in allen Gemeinden üblich ist, sollen die Frauen in der Versammlung schweigen; es ist ihnen nicht gestattet, zu reden. Sie sollen sich unterordnen, wie auch das Gesetz es fordert. Wenn sie etwas wissen wollen, dann sollen sie zu Hause ihre Männer fragen; denn es gehört sich nicht für eine Frau, vor der Gemeinde zu reden.

(1 Korinther 14,33—35)

Hier ist der Xanthippe ihr Platz unmißverständlich zugewiesen, und zwar unter Berufung auf das Gesetz, unter Berufung auf den Brauch in allen Gemeinden. Es gibt im Neuen Testament eine noch markantere Stelle zum selben Thema, die weniger bekannt ist und deshalb ebenfalls voll zitiert werden soll:

Eine Frau soll sich still und in aller Unterordnung belehren lassen. Daß eine Frau lehrt, erlaube ich nicht, auch nicht, daß sie über ihren Mann herrscht; sie soll sich still verhalten. Denn zuerst wurde Adam erschaffen, danach Eva. Und nicht Adam wurde verführt, sondern die Frau ließ sich verführen und übertrat das Gebot. Sie wird aber dadurch gerettet werden, daß sie Kinder zur Welt bringt, wenn sie in Glaube, Liebe und Heiligkeit ein besonnenes Leben führt.

(1 Timotheus 2,11—15)

Wie »betriebsblind«, wie voreingenommen, wie naiv haben sogar die Verfasser des Neuen Testaments ihre eigenen Gewohnheiten und Interessen verquickt mit dem, was ihnen von Gott her aufgegangen ist! Die gleiche Voreingenommenheit, nur mit anderen Tendenzen als damals, müssen wir natürlich bei uns selbst auch unterstellen, was uns behutsam machen sollte beim Pochen auf glasklare Wahrheiten, die wir angeblich über den unfaßbaren, geheimnisvollen Gott erkennen.

»Daß eine Frau lehrt, erlaube ich nicht, auch nicht, daß sie über ihren Mann herrscht; sie soll sich still verhalten.« Dieser Satz ist verräterisch. Sein Verfasser gibt zu, daß hier eindeutig eine Macht-Frage im Spiel ist. Der Mann soll, will herrschen, die Frau soll das Unterfutter für das liefern, was er her- und darstellt.

Xanthippe hat es so gemacht. Nach einem Tag voller geistreicher Dialoge mit seinen Männer-Freunden kam der Sokrates heim und wollte etwas Vernünftiges auf den Tisch gestellt bekommen. Überall in patriarchalischen Gesellschaften sind die Rollen so verteilt. Die Frau darf bestimmte Dinge nicht, weil sie sie nicht versteht, und sie versteht sie nicht, weil sie sie nicht darf. Das war der raffinierte Zirkelschluß, jahrtausendelang.

Männer haben eine breite Brust und kleine Hüften, darum haben sie auch mehr Verstand denn die Weiber, welche enge Brüste haben und breite Hüften und Gesäß, daß sie sollen daheim bleiben, im Hause still sitzen, haushalten, Kinder tragen und ziehen.

(Martin Luther)

Indes ist die Degradierung der Frau zur Xanthippe kein spezifisches Problem der Kirche, sondern ganz allgemein das Erbe einer jahrtausendealten Kulturgeschichte. Die Kirche fällt nur heutzutage besonders damit auf, weil sie immer wieder konservativer und schwerfälliger ist als die meisten anderen Strömungen der Geistesgeschichte.

»Gelehrte« Frauen brauchen ihre Bücher etwa so wie ihre Uhr, bloß um sie zu tragen, damit sie gesehen werde, obschon sie meist stille steht oder doch nicht nach der Sonne richtig gestellt ist.

(Immanuel Kant)

Frauen können wohl gebildet sein, aber für die höheren Wissenschaften, die Philosophie und für gewisse Produktionen der Kunst, die ein Allgemeines fordern, sind sie nicht gemacht. Frauen können Einfälle, Geschmack, Zierlichkeit haben, aber das Ideale haben sie nicht.

(Friedrich Hegel)

Noch vor hundert Jahren argumentierte Dr. Paul Julius Möbius streng »wissenschaftlich«:

Übermäßige Gehirntätigkeit macht das Weib nicht nur verkehrt, sondern auch krank. . . Soll das Weib das sein, wozu die Natur es bestimmt hat, so darf es nicht mit dem Manne wetteifern. Die modernen Närrinnen sind schlechte Gebärerinnen und schlechte Mütter. In dem Grade, in dem die »Civilisation« wächst, sinkt die Fruchtbarkeit, je besser die Schulen werden, um so schlechter werden die Wochenbetten, um so geringer wird die Milchabsonderung, kurz, um so untauglicher werden die Weiber.

Solche Sätze sind durchaus nicht amüsant, sondern sind Dokumente einer jahrtausendelangen Entmündigung und Verkümmerung unzähliger Frauen, die genau besehen in Lateinamerika, Asien und Afrika bis heute beinahe unhinterfragt anhält und in Europa und Nordamerika trotz aller Aufklärung und Emanzipation in zahlreichen subtilen Formen immer noch wirkt. Koran, Bibel, andere uralte heilige und weltliche Traditionen legitimieren sie.

Der Verfasser des 1. Timotheusbriefs hat sich dafür auf die Schöpfungsgeschichte berufen. Allerdings sind diese ersten Kapitel der Bibel zu vielschichtig, als daß sich aus ihnen nur eine einzige Theorie ableiten ließe; zum Beispiel enthalten sie hintereinander zwei Fassungen der Geschichte von der Erschaffung der Welt, die unterschiedliche Aussageschwerpunkte haben und nicht miteinander harmonisierbar sind. Das zeigt, daß göttliche Offenbarung sich splitterweise äußert: Das Edelmetall zeitloser Wahrheit ist immer verschmolzen mit viel zeitbedingtem Schrott. Wenn dann noch Männer mit bestimmten Vorurteilen und Wünschen die Bibel hernehmen und auslegen — wie es der Verfasser des 1. Timotheusbriefs getan hat —, passiert das gleiche, was wir im Umgang maßgeblicher Moslems mit dem Koran beobachten: Die Auslegung wird tendenziös.

Bei unserem Beispiel hat der Ausleger nur die zweite Fassung der Schöpfungsgeschichte hergenommen, in der erzählt wird, Gott habe den Mann Adam geschaffen, und erst später zu seinem Trost aus seiner Rippe die Frau Eva. Unter den Tisch fallen lassen hat er die erste Fassung, die das anders darstellt. Da heißt es:

Dann sprach Gott: Laßt uns Menschen machen als unser Abbild, uns ähnlich. . . Gott schuf also den Menschen als sein Abbild; als Abbild Gottes schuf er ihn. Als Mann und Frau schuf er sie.

(Genesis 1,26-27)

Das Überraschende an diesem Text ist, daß hier Mann und Frau als Einheit gesehen und erschaffen werden und sie zusammen »Abbild Gottes« sind: »Als Abbild Gottes schuf er ihn. . . als Mann und Frau.« Das hat der Verfasser des 1. Timotheusbriefs übersehen — wahrscheinlich auch übersehen wollen, denn ihm ging es um die Stabilisierung überkommener Zustände.

Diese uralte Formel einzulösen ist uns immer noch nicht gelungen: daß Mann und Frau gemeinsam »Abbild Gottes«

seien; daß Sokrates und Xanthippe nicht im ewigen Konflikt liegen, sondern sich finden in einer gemeinsamen Aufgabe: harmonisch miteinander zu wachsen und zu reifen, gegenseitig ihr Bestes zu wecken und zu entfalten, nicht im Widerstreit, sondern im Wohlwollen füreinander, ja im Entzücken aneinander.

Yin und Yang

Das Yin-Yang-Symbol ist ein beliebter Schmuck an Ohrringen und Halskettchen: der schwarze und der weiße Tropfen, die sich in vollkommener Symmetrie und Harmonie umschlingen und einen Kreis ausfüllen. Seine symbolische Bedeutung ist vielgestaltig und für viele Interpretationen offen: Das geradezu zärtliche Ineinander der beiden Elemente kann die vollkommene Mann-Frau-Beziehung darstellen, die Integration aller Seelenkräfte, das Gleichmaß von Körper und Geist, die Harmonie von Gott und Welt, die Ausgeglichenheit und das Vermeiden von Extremen, die Seele und ihren Schatten, das Gute und das Böse.

Das Symbol stammt aus dem chinesischen Taoismus und stellt die Kurzformel dieser philosophischen Weisheitslehre dar. Sie zeichnet sich durch eine sympathische heitere Ausgewogenheit, Gelassenheit und Weisheit aus.

Im Tao, sagt Lao-tse, ist alles, was es gibt, eins. Die Aufspaltung des Tao in Einzelteile, in Gegenstände nimmt lediglich der Geist des Menschen vor. Der Mensch unterscheidet und trennt zwischen Gut und Böse, Wahr und Falsch, Oben und Unten usw. Die Gegensätze bedingen einander, entstehen simultan: Indem du etwas für gut erklärst, gilt anderes automatisch als schlecht. Auf der Ebene deines Denkens bringst du diese Gegensätze dann nie mehr zusammen.

Will man ein reifes Menschenleben führen, muß man wieder die wurzelhafte Einheit aller Gegensätze entdecken.

Das Yin-Yang-Symbol ist das programmatische Zeichen dafür.

Was halb ist, wird ganz werden.
Was krumm ist, wird gerade werden.
Was leer ist, wird voll werden.
Was alt ist, wird neu werden.
Wer wenig hat, wird bekommen.
Wer viel hat, wird benommen.
Also auch der Berufene:
Er umfaßt das Eine
und ist der Welt Vorbild.
Er will nicht selber scheinen,
darum wird er erleuchtet.
Er will nichts selber sein,
darum wird er herrlich.
Er rühmt sich selber nicht,
darum vollbringt er Werke.
Er tut sich nicht selber hervor,
darum wird er erhoben.
Denn wer nicht streitet,
mit dem kann niemand auf der Welt streiten.

(Laotse, Tao te king)

Darin steckt viel Verwandtes mit der Botschaft Jesu. Nach christlicher Vorstellung sind allerdings Gott, Welt und Mensch nicht aus ein und derselben Substanz, so daß die Einheit durch das Zurückkehren in den Ur-Schoß, durch Reduktion, zu finden wäre. Die Einheit liegt vielmehr vor uns. Sie ist ein Werk der Gnade und Liebe Gottes, die das konkrete Gesicht Jesu Christi angenommen hat. Sie will in Zusammenarbeit mit dieser Gnade erarbeitet und errungen werden in einem Prozeß persönlichen Ringens und Reifens.

Paulus schreibt an die Galater:

Es gibt nicht mehr Juden und Griechen, nicht Sklaven und Freie, nicht Mann und Frau; denn ihr alle seid »einer« in Christus Jesus.

(Galater 3,28)

Daß das noch lange nicht erfüllte Wirklichkeit, sondern auch nach zweitausend Jahren Christen- und Kirchengeschichte ein noch kaum angefangenes Programm ist, erleben wir tagtäglich.

Von Jesus sind Worte und Handlungen überliefert, die auf geradezu ärgerliche Weise den einfachen Unterschied zwischen Gut und Böse in Frage stellen. Genau sie waren es, die ihn zum Ärgernis werden ließen und ihn schließlich Kopf und Kragen gekostet haben. Denn wo kommen wir hin, wenn öffentliche Sünder, Zöllner und Huren eher ins Reich Gottes gelangen sollen als Gerechte und Fromme?

Der Vater läßt seine Sonne aufgehen über Bösen und Guten, und er läßt regnen über Gerechte und Ungerechte.

(Matthäus 5,45)

Jesus schärft uns ein, wir sollen auf keinen Fall richten (Matthäus 7,1), also endgültige Einteilungen in Gut und Schlecht vornehmen.

Es ist wohl eine Frage der Altersweisheit, immer deutlicher zu sehen, daß die Grenze zwischen Gut und Böse alles andere als klar ist. Wir alle sind in ein unentwirrbares Geflecht von Richtig und Falsch verstrickt, aus dem wir nicht durch Richten, sondern nur durch gnädiges Erbarmen und Verzeihen herausgelöst werden können.

Wenn man sich des Richtens und endgültigen Taxierens enthalten soll, stellt sich unverzüglich die Frage, ob das in der Praxis auf ein konturenloses Wischi-Waschi hinauslaufe, bei dem jede Ansicht und jede Handlung möglich und gleich gültig, und folglich gleichgültig sei. Es gibt heute durchaus einen solchen fragwürdigen Begriff von »Toleranz« und die entsprechende bequeme Wurstigkeit gegenüber allem und jedem. Ihr stehen andere Worte Jesu entgegen, die eine klare Entscheidung und Stellungnahme fordern, etwa:

Kein Sklave kann zwei Herren dienen, er wird entweder den einen hassen und den andern lieben, oder er wird zu dem einen halten und den andern verachten. Ihr könnt nicht beiden dienen, Gott und dem Mammon.

(Lukas 16,13)

---

oder:

Denkt nicht, ich sei gekommen, um Frieden auf die Erde zu bringen. Ich bin nicht gekommen, um Frieden zu bringen, sondern das Schwert. Denn ich bin gekommen, um den Sohn mit seinem Vater zu entzweien und die Tochter mit ihrer Mutter und die Schwiegertochter mit ihrer Schwiegermutter, und die Hausgenossen eines Menschen werden seine Feinde sein. . .
Wer nicht sein Kreuz auf sich nimmt und mir nachfolgt, ist meiner nicht würdig.
Wer das Leben gewinnen will, wird es verlieren; wer aber das Leben um meinetwillen verliert, wird es gewinnen.

(Matthäus 10,34—39)

Für den letzten Satz gibt es einige weitere Entsprechungen, zum Beispiel:

Wenn du eingeladen bist, setz dich, wenn du hinkommst, auf den untersten Platz, dann wird der Gastgeber zu dir kommen und sagen: Mein Freund, rück weiter hinauf! Das wird für dich eine Ehre sein vor allen anderen Gästen.
Denn wer sich selbst erhöht, wird erniedrigt, und wer sich selbst erniedrigt, wird erhöht werden.

(Lukas 14,10—11)

Solche Jesus-Worte von »Verlieren/Gewinnen« und »Erniedrigen/Erhöhen« deuten auf ein ganz ähnliches Paradox, wie wir es im Taoismus finden und wie es noch systematischer im Zen-Buddhismus kultiviert wird. Es handelt sich um eine eigentümliche, unauflösbare Spannung und Dialektik, die dem Leben sein Wagnis und seine Lebendigkeit verleihen.

Die Versuchung liegt nahe, die Spannung auszugleichen und sie auf einen Mischmasch aus beidem, auf ein Mittelmaß einzupendeln: Statt zu verlieren *oder* zu gewinnen, könnte man ja auch *ein bißchen etwas* erwerben, statt sich oben *oder* unten hinzusetzen, könnte man doch gleich einen *mittleren* Platz wählen und wäre damit allen weiteren Konflikten enthoben. Das führt dann zum langweiligen Kompromiß, zum vielbelächelten »katholischen Sowohl-Als auch« und »einerseits-andererseits«, das — richtig verstanden — zwar gerade die dialektische Spannung und das Paradox meint, mit dem sich aber auch zwischen klaren Entscheidungen balancieren läßt.

In dieselbe Versuchung führt seit Aristoteles eine lange Tradition der Tugend der »Mäßigung«, derzufolge die Weisheit darin besteht, in allem das rechte Maß zu halten. »Rechtes Maß in allem« und Mittelmäßigkeit können sich zum Verwechseln gleichen. Die Leidenschaft — die sich ja auch auf Gutes richten kann — und die genialische Einseitigkeit haben dabei keine Chance. Das unreflektierte, aber landläufig propagierte Idealbild des »vollkommenen Christen« besticht durch absolute Langweiligkeit.

Wahrscheinlich läßt sich in der Praxis die Dialektik von Glaube und Zweifel, Tugend und Sünde, Demut und Stolz, Hoffnung und Verzweiflung, Liebe und Haß am ehesten in zeitlichem Hintereinander, auf dem Weg über Höhen und Tiefen, durch paradiesische Landschaften und schreckliche Wüsten leben. Nicht in einem bestimmten Punkt des

Lebens und nicht in einem anhaltenden gleichförmigen Zustand gelingt die Synthese, sondern die gesamte Biographie eines Menschen zusammengenommen wird — im Glücksfall — die Synthese darstellen.

Das hat ganz praktische Folgen für die Einrichtung christlicher Lebensformen: Statt mit einem Mix aus allen wünschenswerten Zutaten »ausgeglichene« Lebensstände vorzusehen, in denen es dann lebenslänglich zu *verharren* gilt — sei das die »christliche Ehe« oder jegliche Form verfaßten Ordens- oder »Laien«-Lebens —, wäre es lebensnäher, Orientierungshilfen, Werte und Kriterien für dynamische Lebensläufe und Entwicklungen vorzulegen, in denen Wandlungen und Überraschungen vorgesehen statt unterbunden werden.

Letztlich bleibt das Leben ein Wagnis und Abenteuer — die Fahrt zwischen Scylla und Charybdis, die Wanderung zwischen Himmel und Hölle, das Gerittensein von Engeln und Teufeln, das Eingespanntsein in Fragen und Widersprüchen. Je länger man lebt, desto weniger weiß man sicher, und desto mehr kann man sich im Unfaßbaren geborgen fühlen, kann man ahnen, daß alle Widersprüchlichkeiten, Unerklärbarkeiten und Geheimnisse viel kostbarer sind als die Sicherheiten der Fundamentalisten. Paradoxerweise geht man dann mit mehr heiterer, gelassener Zuversicht und Klarheit seinen Weg. Das muß nicht heißen, daß dieser Weg *leicht* wäre.

Das christliche Integrations- und Harmonie-Symbol ist nämlich das Kreuz. Es ist der Schlüssel, der oben und unten, rechts und links zusammenschließen will, die Vertikale: Gott und Mensch, Geist und Materie, Gnade und Anstrengung, Gedanke und Tat, Höhen und Abgründe, und die Horizontale: Mann und Frau, Mensch und Schöpfung, Rechte und Linke, Gute und Böse, Schwarze und Weiße und Rote und Gelbe . . .

Es ist kein Zufall, daß Jesus Christus ausgerechnet an einem Kreuz verblutet ist. Das weist darauf hin, wie ungeheuer schwer diese Synthese, diese Harmonie zu erringen ist, daß es unheimliche, tödliche Gegen-Kräfte gibt, die die Vereinigung aller Gegensätze hintertreiben, daß es folglich das Leben kosten kann, wenn man sich für diese Versöhnung engagiert.

Zeit

»Was also ist die Zeit? Wenn mich niemand danach fragt, weiß ich es, wenn ich es aber einem, der mich fragt, erklären sollte, weiß ich es nicht.«

So hat der Kirchenvater Augustinus versucht, eine Antwort auf die Frage, was Zeit für ihn sei, zu geben.

Es bleibt: Geheimnis »Zeit« — nicht erklärbar, nicht aufklärbar, nur scheinbar zu messen, wenn man sie zu messen beginnt, hat man sie und hat man schon verloren.

Zeit ist da und ist nicht da. Ist sie da, ist sie schon vergangen, schlüpfrig wie ein Fisch, der der Hand, die zufassen will, entgleitet.

Wenn ich jetzt »jetzt« sage, ist jetzt schon vorbei. Ewigkeit im Augenblick. Zeit in Ewigkeit. Ewigkeit in der Zeit. Wir sind in die Zeit hineingeboren, ja manche sagen hineingeworfen, und im Tode werden wir wieder herausgeworfen, hinausgeschleudert in eine Nacht, von der wir nichts wissen. Aber, wenn wir vergehen, so bleibt doch die vergehende Zeit. Vielfach, tausendfach sind die Versuche in der Geschichte von uns Menschen, ihr auf die Spur zu kommen. Die Zeit aber weicht aus, flieht. Auf einer alten Sonnenuhr in einem Hafen in der Bretagne steht der Satz: »Tempus fugit velut umbra — die Zeit flieht wie ein Schatten« — und wir fliehen mit ihr. Aber wohin? Die Zeit und ihr Begriff sind voller Tücken und Fallen.

In der abendländischen Geschichte, vor allem nach dem Eintritt des Christentums in den Horizont unserer Erinnerung, wird sehr früh der Versuch sichtbar, die Zeit in den Griff zu bekommen, ihrer habhaft zu werden. Man sperrte die Zeit ein in Maße und Strecken, teilte sie ein, zerteilte sie. Zeit wurde Menschen-Zeit.

Aber was ist Zeit? Wem gehört sie? Ist sie Eigentum Gottes oder Eigentum der Menschen?

Was glauben wir, wenn wir singen: »Der Du die Zeit in Händen hast, so nimm auch unserer Tage Last, und wandle sie in Segen«? (Gotteslob 157)

Zeit hat etwas mit dem Grund- und dem Urverständnis unseres Glaubens zu tun. Der Glaube ist eine Schnittlinie, eine Wasserscheide zwischen Zeit und Ewigkeit.

Wer glaubt, weiß seine »Zeit in Gottes Händen« — oder? Und in Gottes Händen hat alles »seine« Zeit (Kohelet 3,1-8).

Sich ins unendliche Geheimnis Gottes versenken kann man wirklich nur, wenn man Zeit nicht als Strecke versteht, auf der sich Zeit-Punkt nach Zeit-Punkt aneinanderreiht. Man muß verweilen, innehalten, gleichsam das Rennen der Uhrzeiger anhalten. Gott erschließt sich nicht im linearen Zeitverständnis, sondern eben nur in der sich erfüllenden, schließlich erfüllten Zeit.

In der Kirchengeschichte hat schon relativ früh die Uhrenzeit Einzug gehalten. In den alten Klöstern hören wir heute noch die laut tönenden, die Stille der Kirchenräume durchschneidenden Glockenschläge der Tagzeituhren, die die Stunden des Chorgebetes anzeigten und anzeigen.

In den Klöstern auf dem Berg Athos schlägt mitten in der Nacht das Symandron seinen metallischen Klang und holt die Mönche aus ihrem leichten Schlaf in die dunkle Kirche zum Gotteslob.

Schon im Spätmittelalter wurden die Uhren an den Kirchtürmen und Rathäusern angebracht. Das war das Ende eines Zeitverständnisses, das vom Rhythmus der Natur, vom Lauf der Jahres- und Tages- und Nachtzeiten bestimmt war und der Anfang einer Zeit, die dann schließlich bis in unsere nachindustrielle Zeit einen Tag zur Nacht und die Nacht zum Tag machte. »Rund um die Uhr« heißt heute die Devise.

Es herrscht der Typus des Machers, der die Zeit im Griff hat.

Hat er die Zeit im Griff — oder sie ihn?

Nutzt er die Zeit aus — oder sie ihn?

Unterwirft er sich der Zeit — oder ist er nicht der Zeit unterworfen?

Das ist der Fortschritt, den wir uns selber, frohgemut und futuristisch gesinnt und gestimmt, geschaffen haben: Er macht uns krank — in vielerlei Hinsicht, auf mancherlei Weise.

Die Menschen haben keine Zeit mehr, irgendetwas zu lernen.

(Antoine de Saint-Exupéry)

Manchmal erscheint es mir wie ein Traum, daß die Kirchen Inseln erfüllter Zeit — Gottes-Zeit! — wieder werden und sein können. Aber sie haben sich auch dem Rennen von Zeitpunkt zu Zeitpunkt, der Hetze angepaßt. Dadurch erschweren sie den Zugang zum Geheimnis Gottes, das sich in der Zeit ewig verbirgt.

Die Kirchen müßten — richtig verstanden — heute nicht nur das Lob Gottes singen, sondern auch das Lob der Langsamkeit.

Wir haben eine Rasanz, eine Geschwindigkeit, eine Überhitztheit in die privaten und öffentlichen Lebensprozesse hineingebracht, die in Wirklichkeit keinen Fortschritt mehr bedeuten. Nein, keuchend, Hamstern gleich, rennen wir im Rad, das sich immer nur auf der Stelle dreht. Wir wissen vor lauter Information nicht mehr, welche Informationen wichtig, weniger wichtig und welche unwichtig sind. Wir speichern, ohne zu fragen, ob es sich zu speichern lohnt. Wir speichern mehr als das, worüber wir in den Grenzen unserer menschlichen Natur und unserer Lebenszeit überhaupt verfügen können. Wir überhitzen unsere Arbeitsprozesse, unsere Tagesabläufe, unsere Bewegungen von einem Ort zum andern so sehr, daß wir dabei krank werden.

Es gehört Zeit dazu, Menschen mit neuen Verhältnissen vertraut zu machen. Läßt man ihnen diese Zeit nicht, lassen wir sie uns selber nicht, so sind wir bald fremdbestimmt und jeder Mode ausgeliefert.

Menschen, die gezwungen sind, sich in kurzer Zeit allzu vielen Veränderungen anzupassen, werden einem Streß unterworfen, der ihr Krankheitsrisiko erheblich steigert.

Wo immerfort geändert wird, ist nichts mehr durchsichtig, kann niemand mehr prüfen, ob alles den rechten Weg gegangen ist.

Der Überhang an Zukunftserwartungen, die Anspruchsinflation, der Dauerstreß durch schnelle Veränderung, sie können nicht so fatal wirksam sein, wenn sich in unserem Verhältnis, in unserer Beziehung zur Dimension der Zeit, zur Vergangenheit, zur Gegenwart, zur Zukunft ein tiefgreifender Wandel vollzieht.

Die Langsamkeit ist ein Vorgeschmack der ewigen Zeit, der Ewigkeit. Einer Zeit, in der tausend Jahre vor Gott wie ein Tag, wie eine Wache in der Nacht sind.

Zeugnis

Christliche Kleinbürger
— ist's nicht zum Lachen?
Wehwehchen, Ängste zuhauf,
der tägliche Mißmut natürlich,
der seelische Schleim.
Man fühlt sich bedroht,
man droht zurück,
die Welt ist nicht, wie sie sollte.
Zeit ist Geld
und gesucht ein Plätzchen
ohne viel Durchzug,
wenn's sein muß, sogar in der Kirche,
fernab jedenfalls
vom Geschrei des allmächtigen Markts,
vom Gewimmer des Hungers:
Saint Money bewahre uns
vor Aufruhr, Umsturz, Veränderung!
Und wo, bitte, kann ich die Rolltreppe finden,
die empor in den Himmel führt?

Mein Gott!
Was fängt Dein Radikalo
aus Nazareths Kleinbürgertum
mit uns, den christlichen Kleinbürgern, an?

(Kurt Marti, Urgrund Liebe. Klagen — Wünsche — Lieder)

Das Wort »Zeugnis« hat mit »bezeugen« zu tun und mit »überzeugen«. Jesus Christus hat seine Jünger in die ganze Welt hinausgeschickt, um Zeugnis abzulegen und die

Menschen zu überzeugen von dem, was sie gesehen, gehört und gelernt hatten.

Wie legt man überzeugend Zeugnis ab? Gewiß, durch das Wort, durch die Verkündigung. Aber was man sagt, muß gedeckt, belegt sein durch das, was man ist. Mehr als Worte überzeugen Taten, zumal in einer geschwätzigen Welt, in der die Worte verkommen und nichts mehr wert sind. Paulus wird idealisiert haben, als er den Korinthern schrieb:

Unverkennbar seid ihr ein Brief Christi, ausgefertigt durch unseren Dienst, geschrieben nicht mit Tinte, sondern mit dem Geist des lebendigen Gottes, nicht auf Tafeln aus Stein, sondern – wie auf Tafeln – in Herzen von Fleisch.

(2 Korinther 3,3)

Das Ideal jedoch wäre das in diesem Zitat formulierte: mit seiner eigenen Existenz ein Brief zu sein, der alles Wichtige sagt, so daß man sich die Worte sparen könnte. Allzuoft findet man das Umgekehrte: viele Worte, die von der Existenz Lügen gestraft werden. Es gibt Menschen, die ihre Abkehr von der Kirche noch nach Jahrzehnten mit einem bestimmten Erlebnis begründen, das sie mit dem und dem Geistlichen hatten. Das hat nachhaltiger gewirkt als sein jahrzehntelanges Predigen. Es bleibe dahingestellt, ob ihre Wahrnehmung und ihre Reaktion richtig waren. Jedenfalls war es die Begegnung mit dem *Menschen,* nicht die Begegnung mit seinen *Worten,* was den Ausschlag gegeben hat. Zum Glück gibt es auch überzeugende Menschen.

Christ bin ich geworden und geblieben durch andere Menschen, in deren Freundschaft mir die Menschenfreundlichkeit Gottes begegnet ist.

Christ bin ich geworden und geblieben durch andere Menschen, deren entschiedenes Engagement mir die Augen geöffnet hat für das Engagement Jesu.

Christ bin ich geworden und geblieben durch meine Frau, deren Liebe ich erfahre als Spiegelung des göttlichen Schalom, in dem Eros und Agape zwei Seiten derselben Wirklichkeit sind.

Christ bin ich geworden und geblieben durch Männer, durch Frauen, die mir Mut zu mir selber machten.

Christ bin ich geworden und geblieben, weil ich unter Christen die offensten, mutigsten, anregendsten Menschen gefunden habe.

Christ bin ich geblieben, weil ich in der Kirche die heftigsten Konflikte mit anderen Menschen erlebt habe, was einerseits Beziehungsabbrüche und Feindschaften, andererseits Freundschaften mit Menschen zur Folge hatte, mit denen ich Pferde stehlen, Kirchenbonzen stürzen und andern heiligen oder unheiligen Schabernack treiben kann.

Christ bin ich — um in meiner Aufzählung einzuhalten — durch andere, dank anderen.

(Kurt Marti, Lachen–Weinen–Lieben. Ermutigungen zum Leben)

Bis vor wenigen Jahrzehnten galten in der katholischen Tradition die »Blutzeugen« als die überzeugendsten Glaubenszeugen. Mehr noch: Die Fähigkeit dieser zum Teil blutjungen Menschen, um ihres Glaubens willen furchtlos ihr Leben aufs Spiel zu setzen, wurde als besonders starker Beweis dafür ins Feld geführt, daß in ihnen eine übermenschliche, übernatürliche Kraft am Werk und folglich der christliche Glaube wahr sein müsse. Seit wir erleben, daß in Nordirland, Palästina und zahlreichen anderen Ländern der Erde junge Fanatiker fähig sind, sich eine Bombe umzuschnallen und sich für ihre Überzeugung selbst in die Luft zu sprengen, ist dieser Beweis nicht mehr viel wert.

Das »Blutzeugnis« mag in Extremsituationen durchaus eine besonders starke Form des Zeugnisses für den Glauben sein. Aber es kann nicht das Ideal und der Maßstab sein, da es unter extremen — auch emotional extremen und daher kaum berechenbaren — Bedingungen abgelegt wird. Wichtiger — und wahrscheinlich mühsamer und womöglich sogar heroischer — ist das alltägliche Zeugnis. Es ist eine unglaubliche Leistung (oder richtiger: Gnade), wenn einem Menschen auch nach Jahrzehnten mühevollen Einsatzes für andere nicht die Puste ausgeht. Solche Zeugnisse fallen meist gar nicht auf; etwa, wenn jemand jahrzehntelang einen behinderten, bettlägerigen Familienangehörigen pflegt, dadurch seine Entfaltungsmöglichkeiten radikal reduziert sind und er trotzdem ein wacher, dankbarer Mensch bleibt.

Doch sollte das Zeugnis des Glaubens nicht auf den privaten Bereich beschränkt bleiben. »Ihr sollt meine Zeugen sein« — das ist ein sehr schönes Motto für Katholiken- und Kirchentage oder Firm- und Konfirmationsveranstaltungen, aber leider ein rasch platzender Luftballon. Angesichts ständiger Massen-Aussendungen von »Zeugen« (immerhin sind in jedem deutschen Bistum die Terminkalender mehrerer »Firmspender« randvoll, und bei jedem Termin kann mit einem »output« von 50 bis 150 neuen »Zeugen« gerechnet werden) stellt sich die Frage, wo diese Zeugen alle bleiben.

Von einigen hochrangigen Mafia-Bossen ist bekannt, daß sie Wert darauf gelegt haben, kirchlich getraut zu werden und ihre Kinder katholisch taufen zu lassen. Selbst wenn sie als Drahtzieher unzähliger Morde auf der Fahndungsliste standen, haben sie dazu die Gelegenheit gefunden. Lateinamerikanische Großgrundbesitzer, die Todesschwadrone organisieren, und Militärs, die putschen und sich auf Kosten der Armen bereichern, sind weithin Katholiken. Das korrupte philippinische Präsidentenpaar Marcos und Imelda hat als gute Katholiken Wert darauf gelegt, den Papst zu empfangen und mit ihm fotografiert zu werden. Das sind Extrembeispiele — die sich immerhin in Gegenwart und Vergangenheit schier endlos vermehren ließen. Es gibt die alltäglicheren. Wie viele Katholiken, wie viele Christen hierzulande sind direkt oder indirekt in der Waffenproduktion beschäftigt, fertigen Gewehre, Granaten, scheußliche Minen, Bomben und Raketen, die ausgeführt werden und an den Krisenpunkten unseres Globus unzählige Menschen zerfetzen oder zu Krüppeln machen? Oder: Was ist noch profiliert christlich an Parteien, die ein C im Namen führen? Die »Democrazia Cristiana« in Italien (lauter Katholiken) hat sich als besonders korrupter Klüngel erwiesen, mit guten Beziehungen zur Mafia (lauter Katholiken). Nehmen nicht hierzulande christliche Politiker einige tausend Verkehrstote jährlich in Kauf, die am Leben blieben, wenn es ein vernünftiges Tempolimit gäbe? Werte und Ziele, die unser christliches Ethos dringend nahelegen würde, müssen eher von Randgruppen, Splitterparteien, »Spinnern« in Erinnerung gerufen werden.

Es fehlt auch in unserer heutigen Welt nicht am Zeugnis christlicher Menschen. Es gibt viele einzelne Zeugen. Ihnen werden Spielwiesen eingeräumt; sie sind willkommen als caritative Helfer und wirken als solche sogar ungewollt politisch stabilisierend für ungerechte Verhältnisse: Mutter Teresa darf in Indien die Sterbenden von der Straße aufsammeln. Aber eine knappe Milliarde katholischer »Zeugen« weltweit lebt nicht spürbar kritisch, geschweige alternativ zu unserer Gesellschaft, die auf Egoismus, Leistung und Konsum setzt und Umwelt und Ressourcen verschwendet. Die allermeisten leben angepaßt an die üblichen Standards. Wenn ausnahmsweise einer an maßgeblicher Stelle sitzt, dort, wo Entscheidungen von nationaler und globaler Tragweite fallen, merkt man kaum, daß er anders ist, und es bleibt herzlich folgenlos. Vielleicht liegt das daran, daß sich die Wege und Methoden, dorthin zu gelangen, einem überzeugten Christen ohnehin verbieten. So bleiben die ernsthaften, konsequenten Zeugen die »kleine Herde«, die sich nach dem Wort ihres Herrn »nicht fürchten« soll (Lukas 12,32). Man braucht verflixt viel Glauben, Gnade, Dickköpfigkeit und Humor, um als Zeuge nicht den Bettel hinzuwerfen.

Diesen Schatz tragen wir in zerbrechlichen Gefäßen. So wird deutlich, daß das Übermaß der Kraft von Gott und nicht von uns kommt. Von allen Seiten werden wir in die Enge getrieben und finden doch noch Raum; wir wissen weder aus noch ein und verzweifeln dennoch nicht, wir werden gehetzt und sind doch nicht verlassen; wir werden niedergestreckt und doch nicht vernichtet. Wohin wir auch kommen, immer tragen wir das Todesleiden Jesu an unserem Leib, damit auch das Leben Jesu an unserem Leib sichtbar wird.

(2 Korinther 3,7—10)

»Das Leben Jesu«, das am »Zeugen« sichtbar wird, ist wahrscheinlich diese merkwürdige Energie, die ihn davor zurückhält, jemals endgültig das Handtuch zu werfen.

Register

Otto Hermann Pesch

Warum hast du so große Ohren?

Otto Hermann Pesch

Warum hast du so große Ohren?

Rotkäppchen – „theologisch" zu Gehör gebracht

Herder
Freiburg · Basel · Wien

Umschlaggestaltung: Finken & Bumiller, Stuttgart
Umschlagmotiv: „Meine wunderbare Märchenwelt“ –
Die 20 schönsten Märchen der Brüder Grimm,
illustriert von Barbara Bedrisch-Bos,
Freiburg i. Br., 7. Aufl. 1997

3., erweiterte Auflage

Satz: Fotosetzerei G. Scheydecker, Freiburg i. Br.
Druck und Einband: Freiburger Graphische Betriebe 1998
ISBN 3-451-26386-6

Meinen Geschwistern
Marianne, Winfried
und ihren „Häusern“,
meinem Bruder Albert
zum Gedenken,
in der Hoffnung
auf mehr Humor in der Kirche

Inhalt

Es war einmal eine theologische Fakultät

Es war einmal eine theologische Fakultät. Katholisch? Evangelisch? Es ist nicht wichtig. Niemand muß es wissen. Auch daß sie später feierlich „Fachbereich Theologie" hieß, können die Menschen vergessen. Sie war und blieb doch eine rechtschaffene „Fakultät". Denn die Namen verändern nicht die Dinge und die Menschen, vielmehr verändern die Dinge und die Menschen die Namen, wenn es Anlaß dazu gibt. Und den gab es nicht. So laßt uns weiter einfach „Fakultät" sagen, wie es die Wahrheit gebietet.

An dieser theologischen Fakultät lebten und arbeiteten die Frauen und Männer einträchtig zusammen, die Professoren, die Dozenten – Professorinnen und Dozentinnen hatte die Fakultät lange Zeit keine, was alle sehr beklagten, was sich aber gottlob geändert hat –, die Assistentinnen und Assistenten, die wissenschaftlichen Mitarbeiterinnen und Mitarbeiter, die Studentinnen und Studenten, die Bibliothekarinnen, die Verwaltungsfrauen und Sekretärinnen – Verwaltungs*männer* hatte die Fakultät nur wenige und *Sekre-*

täre gar nicht, was fast niemand beklagte. Manchmal stritten sie auch heftig miteinander, die Professoren und Dozenten untereinander und mit den Assistentinnen und Assistenten oder mit den Studierenden, die Assistentinnen und Assistenten untereinander, die Sekretärinnen mit den Verwaltungsfrauen und den Professoren, aber nur selten untereinander, die Studentinnen mit den Studenten und beide untereinander und mit allen anderen, die Verwaltungsfrauen und Sekretärinnen ausgenommen. Sie stritten über ihre Wissenschaft und über die Universitätspolitik, über die Verhältnisse im allgemeinen und über die Ungerechtigkeit in der Welt im besonderen – und ebenfalls im allgemeinen. Aber nach jedem Streit kehrte auch wieder Friede ein. Ja, es konnte geschehen, daß man am Nachmittag gegeneinander in heftigen Worten stritt und am Abend ein Fest miteinander feierte. In der eigenen Universität und bei den anderen theologischen Fakultäten im Lande war die Fakultät deshalb hoch angesehen.

Nur eines war ungut an dieser Fakultät – übrigens an vielen anderen Fakultäten auch: Die unvermeidlichen Sitzungen der Gremien und Räte, die das Hochschulgesetz vorschrieb, dauerten immer unendlich lange. Das lag daran, daß immer demokratisch entschieden wurde und darum alle ungehindert zu Wort kommen mußten, bevor man zur Abstimmung schritt. Es ist ja bekannt: Autoritäre Entscheidungen sparen Zeit, Demokratie

dauert länger. Aber manchen packte dabei die Ungeduld – vor allem, wenn eigentlich alle Gründe und Gegengründe gesagt waren, die Diskussion aber immer noch weiterging.
Unter den besonders Ungeduldigen gab es einen Professor, den die langen Sitzungen fürchterlich peinigten. Wie gern wäre er statt dessen an seinem Schreibtisch gesessen, vor einem theologischen Buch oder bei einem Manuskript! Aber pflichtschuldig und gewissenhaft nahm er an den Sitzungen teil. Und überlegte, wie er die dort verbrachte Zeit nutzbringender verwenden könne. Zuerst versuchte er es mit Lesen – aber er konnte sich nicht konzentrieren. Dann probierte er, Briefe zu schreiben – aber die meisten Briefe mußte er mit Schreibmaschine schreiben, und das war in der Sitzung unmöglich.

Da hörte er von einem Kollegen, der aus ähnlichen Gründen in den Sitzungen Geschichten schrieb. Das erforderte nicht viel Konzentration, nur „Abschalten" – und das fiel bei den langweiligen Sitzungen nicht schwer. Zur gleichen Zeit kam dem Theologieprofessor mehrfach – zum Beispiel bei Konferenzen abends beim Wein – eine Neufassung des bekannten Märchens vom Rotkäppchen in der unnachahmlich schönen Sprache einer deutschen Amtsstube zu Ohren. Es gelang ihm mit einiger Mühe, sich den Text zu besorgen. Sie kennen ihn nicht? Also, das klingt zum Beispiel so:

„Im Kinderanteil unserer Stadtgemeinde ist eine hierorts wohnhafte, noch unbeschulte Minderjährige aktenkundig, welche durch ihre unübliche Kopfbekleidung gewohnheitsrechtlich Rotkäppchen genannt worden ist … Dieselbe machte sich infolge Nichtbeachtens dieser Vorschrift [der Mutter] straffällig und begegnete beim Übertreten des amtlichen Blumenpflückverbotes einem polizeilich nicht gemeldeten Wolf ohne festen Wohnsitz. Dieser verlangte in gesetzwidriger Amtsanmaßung Einsichtnahme in das zu Transportzwecken von Konsumgütern dienende Korbbehältnis … Da wolfseits Verknappungen auf dem Ernährungssektor vorherrschend waren, faßte er den Entschluß, bei der Großmutter der R. unter Vorlage falscher Papiere vorsprachig zu werden … Der sich auf einem Dienstgang befindliche und im Forstwesen zuständige Waldbeamte B. vernahm Schnarchgeräusche und stellte deren Urheberschaft seitens des Tiermaules fest … Durch die unverhoffte Wiederbelebung bemächtigte sich beider Personen ein gesteigertes, amtlich nicht zulässiges Lebensgefühl, dem sie durch groben Unfug, öffentliches Ärgernis erregenden Lärm und Nichtbeachtung anderer Polizeiverordnungen Ausdruck verliehen, was ihre Haftpflichtigmachung zur Folge hatte. Der Vorfall wurde von den kulturschaffenden Gebrüdern Grimm zu Protokoll genommen und stark bekinderten Familien in Märchenform zustellig gemacht …"

Und so weiter. Merkwürdigerweise verriet der Text – die Kopie eines Schreibmaschinenmanuskriptes – nicht den Namen seines Verfassers. Angeblich habe ein Kollege von der Jurisprudenz sich ihn ausgedacht. Erst viel später erfuhr der Professor, daß er von Thaddäus Troll stammt.[1] Doch wie dem auch sei, der Geschichten schreibende Kollege und das „amtsdeutsche" Rotkäppchen beflügelten die Phantasie des Theologieprofessors. Wie würde sich die Geschichte von Rotkäppchen wohl anhören, wenn er sie in der Sprache *seines* Faches, der systematischen Theologie, aufschriebe? Er versuchte es ohne Scheu – und so erlebte er eine der schönsten Fachbereichsratssitzungen seines Professorenlebens.

Aber *durfte* er denn keine Scheu dabei haben? War es schicklich, seinen Spaß zu treiben mit Worten und Begriffen, in denen sonst die heiligsten Dinge ausgedrückt werden: Gott, Jesus Christus, der Heilige Geist, das Evangelium, die Gnade Gottes, das ewige Leben und noch viele andere heilige Dinge? Beging der Professor nicht eine Sünde gegen das zweite Gebot, bei dem die katholischen Schulkinder früher einmal im Beichtspiegel gefragt wurden: „Habe ich heilige Namen unehrerbietig ausgesprochen?"

---

[1] Siehe das *Nachwort* unten S. 141.

Aber der Professor konnte sich selbst zwei gute Gegengründe vorhalten. Erstens stammte er aus Köln, und ein Kölner nimmt bekanntlich nichts ganz ernst außer dem lieben Gott selbst. Wie sollte er da die Theologie ganz ernst nehmen, die doch nicht von Gott selbst, sondern von Menschen gemacht wird? Und zweitens war er tief durchdrungen von der Wahrheit, die der Apostel Paulus ausspricht: „Stückwerk ist unser Erkennen, Stückwerk unsere Prophetenrede. (Erst) wenn aber die Vollendung kommt, wird das Stückwerk zunichte werden ... Jetzt sehen wir noch (wie) durch einen Spiegel auf ein Rätselbild, dann aber von Angesicht zu Angesicht" (1 Kor 13,9f. 12). Immer, wenn er diese Sätze der Heiligen Schrift las, dachte er bei sich: Wir Theologen – ja, vor allem die Männer-Theologen! – sind in der ständigen Gefahr, zu vergessen, wie vorläufig und vergänglich all unsere Arbeit ist. Obwohl wir durch das Studium der Theologiegeschichte eigentlich klug geworden sein müßten, erliegen wir immer wieder der Versuchung, unsere kleinen Gedanken oder auch großen Begriffsgebäude für den Niederschlag der Gedanken Gottes selbst zu halten, und zwar um so mehr, je eifriger und leidenschaftlicher wir uns der theologischen Aufgabe hingeben. Welche Medizin kann man gegen diese chronische Theologenkrankheit aufbieten?

Wenn das Studium der Theologiegeschichte nicht kräftig genug ist, wenn der Anblick all der theolo-

gischen Theorien, die schon auf dem Abfallhaufen der Geschichte gelandet sind, nicht genügend Eindruck macht, sollte man es dann nicht einmal mit etwas Spott versuchen – liebenswürdigem Spott natürlich? So mußte das arme Rotkäppchen dazu herhalten, die Theologie zu verspotten, oder, wie man in der kölnischen Heimat des Professors zu sagen pflegt: die Theologie zu „veräppeln".
Warum gerade Rotkäppchen? Könnte man denn die „Theologieveräppelung" nicht auch mit dem Märchen von Schneewittchen oder mit dem von dem Wolf und den sieben Geißlein oder mit dem vom Froschkönig versuchen? Natürlich könnte man. Vermutlich hat der Professor, beflügelt vom Vorbild des „amtlichen" Textes, gar nicht weiter nachgedacht und ist einfach bei Rotkäppchen geblieben. Zudem eignet sich dieses Märchen auch deshalb besonders, weil es – bis auf den Schluß – eine so alltägliche Geschichte ist, wo die anderen Märchen von Anfang an voller Wunder sind. Aber vielleicht versucht jemand anders ja einmal dasselbe mit „Schneewittchen" …

Hier könnte das Märchen von der Theologischen Fakultät und dem Theologieprofessor enden. Denn eines Tages erließ die Regierung ein neues Hochschulgesetz, in dessen Gefolge die Gremien der Fakultät stark verkleinert wurden. Dadurch gab es naturgemäß weniger zahlreiche Wortmeldungen in den Sitzungen. Von heute auf morgen dauerten diese nun nicht mehr 6–8 Stunden, sondern in der Regel nur noch 2–3 Stunden. Nun mußten alle wieder konzentriert zuhören – es blieb keine Zeit mehr fürs Geschichtenschreiben. Aber das Märchen geht noch weiter. Auf irgendwelchen Wegen hatten die Studierenden erfahren, daß da eine Geschichte „Rotkäppchen – theologisch" existierte. Zu jener Zeit veranstaltete die Fakultät am Ende der Einführungswochen für die Studienanfänger stets eine zusammenfassende Blockveranstaltung übers Wochenende. Die schloß natürlich mit einem Fest ab – was denn sonst! Und damit die Studienanfängerinnen und Studienanfänger zum Abschluß ihrer Einstimmung in das Theologiestudium auch einen rechten Begriff von der Theologie mit nach Hause und ins Studium nähmen, baten die Veranstalterinnen und Veranstalter des Wochenendes den Professor, beim Fest sein „Rotkäppchen – theologisch" vorzutragen. Das gefiel allen, und sie quittierten es mit wieherndem Gelächter – obwohl doch die Studienanfänger kaum einen der eingebauten Fachbegriffe schon verstehen konnten. Im Jahr darauf baten die Veranstalter des Einführungswochenendes den Professor wieder zur „Märchenstunde". Und damit er sich nicht wiederhole, machte er eine neue Rotkäppchengeschichte – diesmal aus gegebenem Anlaß „Rotkäppchen – propädeutisch-theologisch". Und so im Jahr darauf wiederum – diesmal „Rotkäppchen – kirchen-

geschichtlich", denn die Kirchengeschichte war das Fach, dem der Professor neben seinem eigenen Fach am nächsten stand.
Inzwischen hatten Studentinnen und Studenten jener Fakultät eine studentische Fakultätszeitung gegründet. Sie fragten den nun schon notorischen Märchenerzähler, ob sie die Rotkäppchen-Variationen abdrucken dürften. Der Märchenerzähler konnte schwerlich nein sagen – aber nun war er gefangen. Folge für Folge mußte er über mehrere Semester immer neue Variationen über Rotkäppchen sich ausdenken – in der Sprache aller theologischen Fächer, bis zum „Epilog im Himmel". Ei, wie froh war er, als das endlich geschafft war! Er machte die Erfahrung, daß es manchmal leichter ist, einen wissenschaftlichen Aufsatz zu schreiben als eine Geschichte. Und er lernte auch, daß man ein theologisches Fach erst beherrscht, wenn man mit dessen „Fach-Jargon" auch sein Spiel treiben kann – zur heilsamen „Theologieverspottung". Dabei konnte und mußte er der Versuchung nicht widerstehen, auch seine lieben Kollegen, mit denen er sich reihum gut versteht, ein wenig zu „veräppeln".

Hier nun wäre das Märchen von der Theologischen Fakultät und dem Theologieprofessor wirklich zu Ende, wenn da nicht eines Tages ein Mann gekommen wäre, der in einem großen und berühmten deutschen Verlag eine einflußreiche

Stellung bekleidet. Der hatte mit dem Professor schon früher gut zusammengearbeitet, und so erklärt es sich, daß auch er Kunde von den „theologischen" Rotkäppchen-Geschichten bekam. Er erbat sich die Manuskripte, fand sein Vergnügen an ihnen, zeigte sie anderen Kollegen im Verlag – und schlug vor, die Geschichten als Buch zu veröffentlichen. Der Professor freute sich und stimmte dem Vorschlag zu. Aber er wollte die Geschichten unter einem Pseudonym veröffentlichen, unter dem man freilich bald den richtigen Namen erraten hätte – so wie auch bei den Namen der Kollegen, die er in den Geschichten nennt. Die Leute vom Verlag aber fanden das etwas feige. Außerdem dachten sie wohl nicht zu Unrecht, es sei für das Buch und für die Sache doch wohl ganz nützlich, wenn Leserinnen und Leser gleich wüßten, welcher Spötter da sein eigenes Fach „veräppelt". Der aber dachte bei sich: In wenigen Jahren ist mein Dienst ohnehin zu Ende, meiner Zukunft kann es also nicht mehr viel schaden – warum also nicht?

So kommt es, daß der Geschichtenerzähler seinen eigenen Namen preisgibt, seine Kollegen aber nur mit verschlüsselten Namen benennt – ein Ratespiel für Neugierige, und nicht einmal ein schwieriges.

Damit ist das Märchen von der Theologischen Fakultät wirklich zu Ende gekommen – und Sie, liebe Leserin, lieber Leser, halten das Ergebnis in der Hand – übrigens mit zwei weiteren, für diese Neuausgabe eigens geschriebenen Geschichten. Und wenn die Menschen an jener Fakultät nicht gestorben sind, leben sie heute noch. Sie leben in der Tat heute noch – fröhlich, streitlustig und friedlich wie eh und je. Wenn sie aber einmal gestorben sind, dann wird dieses Buch auch unter dem Staub einer Bibliothek noch Kunde davon geben:

Es war einmal eine Theologische Fakultät, an der sollte das arme, kleine Rotkäppchen noch zu theologischen Ehren kommen …

Rotkäppchen – systematisch-theologisch

Es existierte einmal ein junges Individuum von jener Art Geschöpfe, die in Gen 1,27c als alternative Spielart der am sechsten Schöpfungstage erschaffenen Kreatur namens ‚Adam' hervorgehoben wird. Da das Geschöpf gewöhnlich eine rote Mütze trug – ein Geschenk seiner Großmutter –, stand signifikationshermeneutisch nichts im Wege, es als „Rotkäppchen" zu bezeichnen.

Rotkäppchen „ek-sistierte" also, das heißt: Im Unterschied zu allem bloß Vorhandenem entwarf es je und je neu sein Dasein in die Zukunft hinein. Als der Kairos gekommen war, sandten seine Eltern unter Berufung auf das (nach lutherischer und katholischer Zählung) vierte Gebot das Rotkäppchen aus mit dem Sendungsauftrag, der Großmutter den Dienst der Nächstenliebe zu leisten und sie im Licht von Mt 25, 31–46 zu speisen und zu tränken. Dazu hatte Rotkäppchen den Weg zu nehmen durch eine Ansammlung jener Kreaturen des dritten Schöpfungstages, die, wenn besonders dicht beisammenstehend, in der schlichten Sprache unserer Gemeinden „Wald" genannt werden. Die Eltern „stellten" Rotkäppchen daher

„unter das Wort" und sagten: „Heilsgeschichtlich gibt es nur *einen* Weg zur Großmutter. Weichst du von ihm ab, so sind Unheil, Tod und Gottesfinsternis dein Anteil!"

Rotkäppchen ließ sich existentiell vom Kerygma treffen und entschied sich zu seiner Eigentlichkeit, indem es ohne Anknüpfungspunkt, in reinem Hören, dem Wort der Eltern anhangte. Es nahm die *signa efficacia* (wirksamen Zeichen) der Nächstenliebe, integrierte sie in einen Korb und machte sich in präsentisch-eschatologischer Zuversicht auf den Weg.

Die Anfechtungserfahrungen konnten allerdings nicht ausbleiben. Rotkäppchens existentielle Identität geriet in immer größere Bedrohung, die allen Anlaß zur Reflexion auf die menschliche Grundbefindlichkeit der „Sorge" gab. Sie erreichte ihren Höhepunkt, als jenes Tier auftauchte, das bekanntlich, wie ich aus der Exegese voraussetzen kann, den Namen „Wolf" trägt. Er befragte das Rotkäppchen nach dem weltimmanenten *finis ultimus* (Endziel) seines Weges – und Rotkäppchen gab eine praktisch-theologische Analyse seiner Intentionen. Der Wolf, von diesen Auskünften unmittelbar existentiell angesprochen, zog seine zweckrationalen Schlüsse und entwarf seinen Plan. Er veranlaßte das Rotkäppchen zu einem systematischen Exkurs in die Blumen und begründete dessen Notwendigkeit mit der Plausibilitätsstruktur einer dadurch erreichbaren optimalen systematischen Konstruktion des Besuchsprogramms.

Das Rotkäppchen machte sich die Konzeption des Wolfes zu eigen, ohne die darin implizierten bedrohlichen Trugschlüsse analytisch zu reflektieren, geschweige denn aufzuarbeiten. Die Konsequenz: Der Wolf konnte ungehindert aus dem Argumentationszusammenhang ausbrechen und verfügte so über den günstigsten handlungstheoretischen Ansatz, einem anthropologisch nicht integrierbaren *appetitus naturalis sensitivus,* auf deutsch: einer Freßlust nachgeben zu können und die Großmutter in sicherem methodischen Zugriff zu verschlingen, bevor das Rotkäppchen, verwickelt in seinen Blumenexkurs, im Hause der Großmutter definitiv anweste.

Dies konnte freilich – ungleich der Parusie Christi – nicht lange „verziehen": Rotkäppchen erschien, oder, systematisch-theologisch zu äußerster Präzision vorgetrieben: Es ereignete sich im Hause der Großmutter, das heißt: Es weste an in jener analogielosen Weise von multidimensionalem Da-Sein, die menschliches Existieren unterscheidend auszeichnet. Rotkäppchen, mit sich selbst in jener Naivität identisch, die arglos fremde Nicht-Identität nicht wahrzunehmen vermag, versuchte, ein Stück dialogischer Existenz zu realisieren, und verwickelte den Wolf, den es für die Großmutter hielt, in einen herrschaftsfreien Diskurs über die spezifische Differenz zwischen tierischen und menschlichen Körperorganen: Man sprach über Ohren, Augen, Hände und Mund bzw. Maul. Der Terminus „Maul" war dabei von jener Dignität kommunikationstheoretischer Begriffe, die, wenn verlautet, den Übergang von abstrakter Handlungstheorie zu konkretem Handeln performativ auszulösen vermögen: Rotkäppchen hatte das Todesschicksal der Großmutter zu teilen.

An dieser Stelle ist eine alles entscheidende Zwischenbemerkung einzuschieben, die geeignet ist, mit äußerster Trennschärfe die Unterschiede zwischen einer rein humanwissenschaftlichen oder auch philosophischen und einer theologischen Betrachtungsweise des menschlichen Todesschicksals aufleuchten zu lassen. Jede außertheologische Betrachtung des Todes muß in ausweglosen Aporien der Vergeblichkeit, der buchstäblichen Ver-Nichtung menschlicher Sinntotalität bzw. der menschlichen Fragedynamik auf sie hin enden. Allein die Theologie ist zu der Aussage ermächtigt, daß im Tode menschliche Sinntotalität nicht vernichtet, sondern in eschatologischer Endgültigkeit aufbewahrt, gerettet, ja ich wage im Sinne Hegels zu sagen: „aufgehoben" ist.

So muß nun geurteilt werden, daß Rotkäppchens diakonisches Handeln durch seinen grausamen Tod nicht der Absurdität anheimfiel, vielmehr seine eschatologische Definitivität erreichte. Seinem Tod eignete darum – wie auch dem der Großmutter – durchaus transitorischer Charakter.

Auf der geschichtlichen Seite des unendlichen qualitativen Abstandes zwischen Zeit und Ewigkeit wurde dieser heilsgeschichtliche Zusammenhang manifest durch das Auftreten des Jägers. Dieser erkannte die tödliche egozentrische Selbstverhaftung des Wolfes an dessen Schnarchen, öffnete dessen Bauch und *er*öffnete damit der Großmutter und dem Rotkäppchen den Übergang zu neuem Leben.
So zeigen sich Rotkäppchen und die Großmutter als paradigmatische Figuren jener die Zeit und Geschichte transzendierenden Sinntotalität des Menschen, in der Tod und Leben, Leiden und Freude, Untergang und Auferstehung, Handeln und Empfangen, Freiheit und Gnade, Kerygma und Mythos, Existenz und Essenz, Individualität und Sozialität dialektisch miteinander vermittelt und paradox identisch sind – jener Sinntotalität, so möchte ich es in eine abschließende Formulierung gießen, die im Dunkel menschlichen Fragens immer schon erahnt, im Hell-Dunkel des Glaubens *er*griffen, in der Tageshelle systematisch-

theologischer Reflexion aber allererst umfassend *be*griffen wird. Wer es liest, der merke auf (vgl. Mt 24,15)!

Rotkäppchen – propädeutisch-theologisch

Es war einmal eine angehende Studentin, die in sich gewisse Motivationsstrukturen wahrnahm, reflektierte christliche Praxis zum Lebensentwurf zu machen. Ihre Eltern bemerkten dies und beschlossen, mit ihr eine praxisorientierte propädeutische Veranstaltung durchzuführen. Was lag näher, als die propädeutische Grundfrage: „Wozu Glaube und Religion?" in ihrer existentiellen Relevanz für die junge Frau im Rahmen einer christlichen Tat erfahrbar werden zu lassen? Zum Zeichen des neuen existentiellen Aufbruchs und als konfessorisches Identitätszeichen setzten sie ihr eine rote Mütze auf – gestiftet von der Großmutter – und nannten sie fortan „Rotkäppchen". Die ohne jeden Leistungsdruck gestellte Aufgabe lautete, der im Wald wohnenden Großmutter Kuchen und Wein zu bringen. Aus curricularen Gründen dürfe die junge Frau dabei nicht vom Wege abweichen und müsse insoweit eine gewisse Bindung an die propädeutischen Lehrveranstaltungsleiter, also an die Eltern, akzeptieren („Leiterbezogenheit"). Vor allem habe sie sich keiner anderen Studienplanung anzuvertrauen, da niemand außer den

Eltern mit ausreichender reflektierter Bewußtheit den propädeutischen Lehrveranstaltungsstil beherrsche.

Rotkäppchen beseitigte alle vorrangigen Störungen und brachte sich ein. Sie übernahm die Aufgabe und machte sich methodisch sicher auf den Weg. Unterwegs hatte sie eine Begegnung, die sie in ihrer anfänglichen Orientierungssicherheit aufs äußerste verunsicherte: Ein Wolf tauchte auf und verwickelte Rotkäppchen in ein Seitengespräch, das den themenzentrierten propädeutischen Ansatz der von den Eltern eingeleiteten Übung in nicht mehr aufzuarbeitender Weise durcheinanderbrachte. Rotkäppchen solle, insinuierte der Wolf, sozusagen als Zwischeneinheit vor der Fortsetzung des curricularen Weges, abseits vom Wege Blumen pflücken und sie der Großmutter mitbringen. Daß dies in der Handlungsstrategie des Wolfes auf eine perfekte Manipulation der propädeutischen Orientierung Rotkäppchens, ja auf eine totale Umfunktionierung der propädeutischen Veranstaltung als ganzer abzielte, ahnte Rotkäppchen nicht. So konnte der Wolf, von Rotkäppchen nicht wahrgenommen, als erster das Haus der Großmutter erreichen.

Als der Wolf an die Tür klopfte, schaltete die Großmutter eine Orientierungseinheit vor und erkundigte sich, wer da an der Tür stehe. Der Wolf verschleierte seine wahre Identität und antwortete mit sich zurücknehmender Stimme, Rotkäppchen stehe mit Kuchen und Wein vor der Tür. Da überwand die Großmutter alle Kommunikationsstörungen und intersubjektiven Friktionen und forderte den Wolf auf, die Klinke herunterzudrücken. Der Ausgang ist bekannt: Wenig später hatte der Wolf die Großmutter dominiert, das heißt: verschlungen und damit Rotkäppchen der Bezugsperson des propädeutischen Praktikums beraubt.

Rotkäppchen sollte dies freilich nicht sofort festmachen. Daher verkleidete sich der Wolf und ließ sich, als Rotkäppchen eintraf, auf ein Rollenspiel ein, in dem er selbst sehr überzeugend die Rolle der Großmutter übernahm. Es folgte eine lernintensive Gesprächseinheit, in der der Wolf der jungen Frau ohne zurückbleibende Frustrationsgefühle alle Fragen nach Ohren, Augen, Händen und Maul beantworten konnte. Die Voraussetzungen für eine themenzentrierte Interaktion auf der Basis einer theologisch-anthropologischen Übung wären gegeben gewesen, wenn nicht der Wolf beim Erklingen des Wortes „Maul" aus der Rolle gefallen wäre und, gewissermaßen in verfrühter Nacharbeit, Rotkäppchen verschlungen hätte.

Damit allerdings hatte sich für Rotkäppchen die ursprüngliche propädeutische Zielsetzung in einen existentiell höchst relevanten Sachbezug verwandelt: Der Wolf hatte seine Umfunktionierungsabsicht voll und ganz verwirklichen können, und Rotkäppchen mußte sich sagen, daß aus dem theologischen Propädeutikum höchster theologischer Ernstfall geworden war. Darauf war unsere Studentin allerdings infolge verfrühten Abbruchs der propädeutischen Phase denkbar schlecht vorbereitet, und so konnte eine vorübergehende Phase bloßer Passivität im Lernprozeß nicht verhindert werden – der plötzliche Sachbezug überwältigte einfach das Maß bereits erreichter methodischer Einübung.

Da die Eltern, hinsichtlich der Wendung der Dinge ohne jeden Informationsvorsprung, für wirksame propädeutische Hilfe ausfielen, konnte nur ein Leiterwechsel weiterführen, und der gelang denn auch, indem rechtzeitig der Jäger für die Mitarbeit im Dozententeam gewonnen werden konnte. Dieser, schon immer skeptisch gegen übertriebene methodische Feinplanung, versuchte zunächst nicht, Rotkäppchen zur Eigenaktivität zu motivieren, sondern praktizierte einen autoritären Einschnitt in den Bauch des Wolfes und holte das immer noch sich rein passiv verhaltende Rotkäppchen und anschließend auch die für die Fortsetzung der Lehrveranstaltung unentbehrliche Großmutter heraus. Damit war die ursprüngliche propädeutische Lernsituation wiederhergestellt, was man denn auch durch das gemeinsame Mahl bei Kuchen und Wein sofort auszuwerten begann. Der Wolf hingegen wurde von jedweder weiteren Mitwirkung im Propädeutikum ausgeschlossen.

Allerdings: Der radikale Wirklichkeitskontakt, der Rotkäppchen außerhalb aller curricularen Planung zuteil geworden war – man wird nicht anstehen zu sagen, daß er ein Kolleg in Eschatologie ersetzte –, beschleunigte bei Rotkäppchen den Lernfortschritt beträchtlich, und bald zeigte sich, daß der jungen Frau nicht mehr alle propädeutischen Einzelschritte zugemutet und nicht mehr das ganze Paket propädeutischer Veranstaltungen aufgeladen werden mußte. Rotkäppchen ließ sich also alsbald ins Proseminar aufnehmen, setzte zügig die theoretische Aufarbeitung ihrer ursprünglichen praxisbezogenen Motivationen fort und konnte weit unterhalb der Regelstudienzeit ihr Examen mit Auszeichnung bestehen.

Und so zeigt sich hier exemplarisch: Das beste Propädeutikum ist – die Wirklichkeit!

Rotkäppchen – kirchengeschichtlich

Die Zeit, in der sich jene Vorfälle ereigneten, die unter dem Namen „die Rotkäppchen-Wirren" bekannt sind, ist dem Kirchenhistoriker vertraut. Es ist jene Zeit des ausgehenden 15. Jahrhunderts, die man den „Vorabend" der abendländischen Reformation nennt. Die Forschungen von Bernhold Liese – wegen seiner Arbeiten über Martin Luther von den Studierenden liebevoll „der Lies-Luther" genannt – haben diese Abendepoche des Mittelalters unter allgemeinhistorischen wie theologiegeschichtlichen Aspekten ins Licht der historischen Erkenntnis gehoben. Neben ihm haben Henneke Güstrow durch seine kulturgeschichtlichen und Matthäus Krugwirt durch seine wirtschaftsgeschichtlichen und sozialgeschichtlichen Untersuchungen für das Verständnis dieser Zeit Pionierarbeit geleistet.

Deutschland war noch ganz überwiegend ein Agrarland. Nur 5 % der deutschen Bevölkerung lebte in den Städten – von denen keine mehr als 50 000 Einwohner hatte. Deutschland – soweit der Historiker diesen Begriff aus der Zeit der Nationalstaaten nicht als anachronistisch zu betrachten hat – war demgemäß ein riesiges zusammenhängendes Waldgebiet, soweit nicht Rodungen den Boden urbar gemacht hatten – und das war in weit geringerem Umfang der Fall, als wir uns heute vorzustellen geneigt sind. Das Kriminalitätsproblem war vergleichsweise gering, und so konnte es durchaus geschehen, daß eine ältere Frau allein in ihrem Haus im Wald wohnte, wobei die Infrastruktur sich auf den Fußweg durch den Wald beschränkte. Es gibt freilich gewisse Anhaltspunkte dafür, daß sich eben dies im Gefolge der Rotkäppchen-Wirren änderte.

Und nun zur Hauptperson. Rotkäppchen war die Tochter frühbürgerlicher Eltern von bescheidenem Vermögen – das sich freilich im Laufe ihres Lebens im Zuge des wirtschaftlichen Niedergangs verzehrte und die Eltern im Alter der Armut anheimfallen ließ. Sie waren Handwerker und daher noch ganz in die Ordnung der Stände und Zünfte, ihre Schutzwirkung, aber auch ihre Zwänge eingebunden, autonomes Denken und Handeln nicht gewohnt. So bekleideten sie auch ihre Tochter ganz selbstverständlich mit der Kopfbedeckung ihrer Zunft, einer roten Kappe. Dabei ist bis heute in der Forschung umstritten, ob die rote Kappe das Kennzeichen der Tuchmacher oder der Färber war, doch können wir dieses Problem für den Augenblick ausklammern. Wir wissen zudem, daß aus

jener Zeit eine Unzahl noch heute gebräuchlicher, nur geringfügig abgewandelter Namen stammen, die ihre Trägerin, ihren Träger entweder nach ihrem Beruf, ihrem Wohnort oder sonst einer Eigentümlichkeit bezeichnen.
So geht zum Beispiel der Name „Pesch" auf das Wort „Pesche" (sprich mit gedehntem *e*!) und dieses wiederum auf das lateinische *pascua* zurück – womit zu vermuten steht, daß die Träger dieses Namens, der übrigens am unteren Rhein auch als Ortsname vorkommt, einstmals Besitzer von Wiesen und also Viehzüchter gewesen sind. Für den mit dem Forschungsstand vertrauten Kirchenhistoriker ist es also keineswegs auffällig, daß ein Mädchen damals „Rotkäppchen" hieß: Der Name kennzeichnet seine Trägerin einfach nach dem, was sie auf dem Kopf hatte.

Weithin im Dunkeln dagegen verliert sich, was genau die Rotkäppchen-Wirren ausgelöst hat. Am ehesten kommt Licht in die Ereignisse, wenn wir einen Vergleich mit Luthers reformatorischem Durchbruch vornehmen. Ein solcher Vergleich ist durchaus legitim. Denn die Zeit, der Spitzfindigkeiten der spätscholastischen Theologie herzlich müde, war voll von der Suche nach einem neuen, unverbrauchten theologischen Ansatz, und manch einer glaubte, ihn gefunden zu haben. Worte, wie sie später Luther zur Kennzeichnung seines Durchbruchs verwendete: „Da fühlte ich mich wie neugeboren" – waren gang und gäbe. Luther steht damit in einer beachtlichen Sprachtradition, ja, es ist nicht einmal ausgeschlossen, daß er von den Rotkäppchen-Wirren gewußt hat, obgleich sie sich, wie noch zu zeigen sein wird, Hunderte von Kilometern von seiner Heimat entfernt abgespielt haben dürften.

Wie dem auch sei, bekannt ist, daß die Eltern Rotkäppchens, wie zahllose Glaubensgenossinnen und Glaubensgenossen in dieser predigtfreudigen, spätmittelalterlichen Zeit, stets sonntags nachmittags zur Predigt gingen. An einem bestimmten Herbstsonntag – es ist umstritten, ob es 1482 oder 1483 war – hörten sie eine Predigt über Mt 25, 31–46, über die große Gerichtsrede Jesu also. „Da rissen sie her durch", möchte man mit Luther in einem der Selbstzeugnisse über seinen Durchbruch sagen; denn von nun an war von ihrer ursprünglichen Absicht, das nachgeborene Mädchen der Sitte der Zeit gemäß ins Kloster zu schicken, nicht mehr die Rede. Sie hatten ganz neu verstanden, daß nicht Weltflucht, sondern im Glauben begründete Praxis der Nächstenliebe das Wesen christlicher Existenz ausmachte. Und daß demgegenüber alle Theorie zurückzutreten habe, oder genauer: daß die Orthopraxie der Orthodoxie bedingend und strukturierend vorauszugehen habe. Kurzum, man sagt nicht zuviel, hier die entferntere Vorbereitung jener theologischen Strömung der Gegenwart zu sehen, die unter dem Namen

„politische Theologie" bekannt ist. So packten sie Backwerk und Wein in einen Korb, übergaben diesen ihrer Tochter und schickten sie in den Wald, damit sie die Geschenke der im Wald wohnenden Großmutter überbringe und darin zugleich eine praxisbezogene Übung der Nächstenliebe übernehme – wobei es bis heute nicht gelungen ist, eindeutig festzustellen, ob es sich um die Großmutter väterlicherseits oder mütterlicherseits handelte.

Die kleinen Details „Backwerk" und „Wein" sagen dem Historiker sehr viel. Er wird hier nicht zunächst, frommer Assoziation nachgebend, eine Anspielung auf die Feier des Abendmahles erblicken. Er wird vielmehr mit dem erdschweren Realismus, der den Historiker auszeichnet, Rückschlüsse auf den Ort der Geschehnisse tätigen. Warum denn nicht Grütze und Bier? Warum nicht Reis und Tee? Backwerk und Wein jedenfalls verweisen in eine Gegend, die einerseits aus Gründen, die sogleich zur Sprache kommen, kalt sein muß, andererseits in der Nähe einer Weinregion liegt, und drittens, wie die *Kombination* von Backwerk und Wein beweist, unter französischem Einfluß stehen muß. Kurzum, es ist an das westliche Rheinland und seine Mittelgebirge zu denken – an die Eifel, den Hunsrück oder auch den Pfälzerwald.
Südlichere Gegenden scheiden aus, weil es dort entweder keine Wölfe gibt – diese pflegen in wär-

meren Gegenden nicht vorzukommen – oder weil dort kein Wein wächst, wie etwa in den Alpen. Wölfe jedenfalls müssen sehr zahlreich in den Wäldern jener Gegend ihr Wesen getrieben haben, und das nimmt nicht wunder, wenn man bedenkt, daß der letzte Wolf auf deutschem Boden um etwa 1850 im Bayerischen Wald erschossen wurde.

Es ist also nicht auffällig, daß ein Wolf dem Mädchen über den Weg lief. Der Wolf trägt zwar in der christlich-biblischen Tradition schon immer einen negativen Akzent, doch scheint dieser vor den Rotkäppchen-Wirren noch nicht so deutlich im allgemeinen Bewußtsein ausgeprägt gewesen zu sein. So ist es kein Wunder, daß Rotkäppchen zunächst dem Wolf ohne Mißtrauen begegnete. Der Wolf dagegen nutzte mit Arglist zwei heute nicht mehr leicht nachvollziehbare kulturgeschichtliche Faktoren schamlos aus: die fehlende Infrastruktur – also die Tatsache, daß nur der eine Weg sicher zum Ziel führte – und die noch völlig unberührte, von keiner Umweltverseuchung geschädigte Natur. So war es ihm ein Leichtes, Rotkäppchen zuerst auf die Vielzahl schöner Blumen hinzuweisen, von denen sie der Großmutter einen Strauß mitbringen solle, und anschließend in der sicheren Gewißheit davonzuschleichen, daß Rotkäppchen einige Zeit brauchen werde, bis sie wieder zu dem einzigen und sicheren Weg durch den unberührten Wald zurückfand.

Was nun folgte, wissen wir nur aus Bericht und Perspektive der Betroffenen, da Zeugen naturgemäß fehlen. Der Historiker wird daher an die überlieferten Berichte und insbesondere an die Dialoge mit gebotener methodischer Vorsicht herangehen. Die intensive Interpretationsbemühung des Kollegen von der Systematischen Theologie gerade an dieser Stelle (siehe oben *Rotkäppchen – systematisch-theologisch)* wird er eher zurückhaltend beurteilen, eingedenk der Problematik, daß wir weder die *ipsissima vox* (den authentischen Wortlaut) des Rotkäppchens, noch die des Wolfes, noch die der Großmutter in sicherer Überlieferung vor uns haben. Das *brutum factum* (die Tatsache als solche) ist allerdings gesichert: Der Wolf verschlang zuerst die überlistete Großmutter, hernach das getäuschte Rotkäppchen und fiel darauf – wen könnte das wundern! – in Tiefschlaf.

Auf festem Boden ist der Historiker wieder, wo der Jäger auftaucht, denn ihn belegen nicht nur Zeugen, sondern vor allem die Wirkungsgeschichte. Der „Jäger" – damals ein noch nicht zum „Förster" entfremdeter Beruf! Der Jäger *lebte* von der Jagd, und nicht etwa betrieb er sie als Luxussport. So verstand er die kleinsten Zeichen in Wald und Flur zu deuten, entdeckte den unpäßlichen Wolf – das Resultat ist bekannt.
Die Nachricht davon verbreitete sich naturgemäß bald und rasch – vergleichbar Luthers Ablaß-

thesen. Bald entstanden Märchen, Sagen, Gedichte, Lieder von „Rotkäppchen". Diese schöne Seite der Rotkäppchen-Wirren hat freilich ihre Kehrseite: Nachweislich beginnt seit dem Ende des 15. Jahrhunderts in Europa die systematische Ausrottung des Wolfes – bis dahin, daß man ihn heute künstlich wieder einführen muß, etwa in Wildparks oder im Nationalpark Bayerischer Wald.

Der Kirchenhistoriker, insofern auch sein Fach ein theologisches ist, kann sich hier nur schwer der Erkenntnis entziehen, daß die Rotkäppchen-Wirren ein historisches Paradigma der Feindschaft zwischen Mensch und Tier sind, die eine Folge der Sünde ist. Um so mehr wird er auch hier aus der Perspektive seines Faches beitragen können zur Erhellung der eschatologischen Weissagung des Propheten: „Der Wolf wird neben dem Lamm lagern …, der Löwe frißt Stroh" (Jes 11, 6.8).

Rotkäppchen – alttestamentlich

Der Midrasch vom Rotkäppchen erfreut sich unter den alttestamentlichen Erzählungen eines außergewöhnlichen Bekanntheitsgrades – auch bei solchen Zeitgenossinnen und Zeitgenossen, die sonst keine Zeile der Bibel gelesen haben, schon gar nicht vom Alten Testament. Das liegt zum einen an der in der Erzählung thematisierten, allgemeinmenschlichen Ursituation zwischen Leben, Handeln nach der Weisung der Gottheit, Todesnot und unerwarteter Rettung, zum anderen – und eben deshalb – an den Parallelen, die diese biblische Erzählung im Märchenschatz vieler außerbiblischer Völker hat, auch solcher, die kulturell gar nicht von der Welt des Alten Testamentes berührt sind, wie zum Beispiel der germanischen.

1 Zum Forschungsstand

Lange Zeit hat die Forschung angenommen, die Erzählung sei *nur* ein Midrasch, also eine zu Zwecken der Verdeutlichung einer theologischen Wahrheit frei gestaltete Lehrerzählung – in diesem

Falle prophetischen Inhalts mit eschatologischer Zuspitzung. Jüngste Untersuchungen sind aber darauf gestoßen, daß sie höchstwahrscheinlich auf eine aitiologische Sage zurückgeht. Wie Genesis 3 unter anderem die „Ursache" *(aitía)* für die besondere Abneigung der Menschen gegen Schlangen klarstellen soll, so die Rotkäppchen-Erzählung die Ursache der besonderen Feindschaft zwischen Mensch und Wolf, die ja in der Tat einer besonderen Erklärung bedarf, weil bekanntlich der Wolf von Haus aus nicht Menschen, sondern kranke und verendete Tiere reißt.

An vorderster Front der neuen Forschungslinie steht der biblische Archäologe Eduard Noordoem, der im Ostjordanland, das einstmals bewaldet war, Skarabäusfunde machte, die eindeutig auf einen historischen Kern der Rotkäppchen-Erzählung hinweisen.[1] Es muß, so geht aus den Bildern auf der Unterseite der Skarabäen hervor, dort einmal eine Wolfsplage gegeben haben, die tatsächlich viele Menschenleben kostete, aber so plötzlich endete, wie sie angefangen hatte (was man aus

[1] Ein *Skarabäus* ist ein Schmuckstück in der Form eines Mistkäfers mit Verzierungen oder Schriftzeichen auf der flachen Unterseite; verbreitet vor allem im alten Ägypten, als Import oder nachgeahmt auch in Palästina und Syrien gefunden. *Notabene:* Diese Anmerkung ist kein Märchen.

ziemlich genau datierbaren fossilen Wolfsknochenfunden schließt). Die Skarabäen nun zeigen Bildnisse, wie die Wolfsplage durch ein wunderbares Eingreifen Gottes ihr Ende nahm. Auch haben sich auf ihnen Hieroglyphen gefunden, die, nach langem Herumrätseln in Klartext übersetzt, eine verblüffende Ähnlichkeit mit Gen 3,15 aufweisen. Es findet sich dort nämlich ein Gottesspruch an den Wolf: „Feindschaft will ich setzen zwischen dir und dem Hirten. Du wirst ihm auflauern, und er wird dir den Bauch aufschlitzen."

Von diesen Inschriften her ist es verständlich, wenn daraus bald eine aitiologische Sage entstand, die als literarische Quelle der Rotkäppchen-Erzählung rekonstruiert werden kann. Wirkungsgeschichte bekam sie freilich erst in der Gestalt des biblischen Midrasch. Darum bleiben auch die bisherigen Forschungen von Niklas Köchel und Bertold Najowski nach wie vor unüberholt, die den prophetischen (Stichwort: „Tun-Ergehen-Zusammenhang") und den orientalistisch-religionsgeschichtlichen Hintergrund (Stichwort: „Hilfe am Morgen") lückenlos aufgehellt haben. Deshalb wird auch die Sammlung der einschlägigen Beiträge von Niklas Köchel unter den Studierenden respektvoll „das Köchel-Verzeichnis" genannt.

2 Der Inhalt der Erzählung

Wir sind damit beim bibeltheologischen Gehalt der Lehrerzählung. Doch rekapitulieren wir zunächst den alten Text. Er hat übrigens leider im Zuge der lutherischen Entscheidungen über den Umfang des Alttestamentlichen Kanons – vgl. dazu den bekannten und erhellenden Aufsatz unseres Kollegen Bernold Liese! – keinen Eingang in die Lutherbibel gefunden, sondern ist zu suchen unter den pseudepigraphischen K^{e}tubim (Schriften) der Weisheitsliteratur einer katholischen Bibelausgabe.

Ein junges Mädchen, das den Namen „Rotkäppchen" trägt (V. 1) – davon sogleich –, wird von seinen Eltern zur „jenseits des Waldes" wohnenden Großmutter geschickt, damit sie ihr frisch gebackene Brotfladen und Wein überbringe (V. 2). Unterwegs hat sie eine Begegnung mit einem einsamen Wolf, der offenbar an diesem Tage vergeblich nach Beute ausgeschaut hat, und – hier ist Sage nicht mehr von Historie zu trennen – kommt mit diesem in ein Gespräch (VV. 3–4). Rotkäppchen läßt sich ablenken und sammelt für die Großmutter noch einige Bitterkräuter (V. 5), während der Wolf plötzlich verschwunden ist (V. 6). Rotkäppchen erreicht das Haus der Großmutter (V. 7). Dort hat der Wolf sich inzwischen mit wölfischer List Einlaß verschafft, die Großmutter verschlungen und sich in ihren Kleidern auf die ärmliche Lagerstatt gelegt (VV. 8–9). Rotkäppchen erkennt den Wolf nicht, läßt sich vielmehr nochmals auf ein Gespräch mit ihm ein – bis diesen die Gier überwältigt und er auch Rotkäppchen verschlingt (VV. 10–14). Daß die Geschichte doch noch einen guten Ausgang nimmt, verdankt sich der Tatsache, daß die einsame Gegend zugleich auch der bevorzugte Aufenthaltsort von Hirten mit ihren Herden ist. Und Hirten in Palästina kennen sich bekanntlich mit Wölfen aus (VV. 15–16). Ein Hirte, der der Großmutter frisch geschlachtetes Lammfleisch überbringen wollte (V. 17), findet den unpäßlichen Wolf, tötet ihn, schneidet ihm den Bauch auf und rettet Rotkäppchen und die Großmutter in letzter Minute (VV. 18–19). Den Beschluß bildet der Bericht von einem großen Festmahl mit gebratenem Lamm, Bitterkräutern, mit Brotfladen und mit Wein (VV. 20–22).

3 Historisch-kritische Einzelerklärung

V. 1: Der uns geläufige Name „Rotkäppchen" in der deutschen Übersetzung ist zweifellos vorauseilende „hermeneutische Abneigung" in einem anderen Kulturkreis. In Palästina und den angrenzenden Gegenden tragen die Frauen keine Käppchen, sondern Schleier. Im hebräischen Urtext steht eine der bekannten *Status-constructus*-Formulierungen nach dem Modell: „die Statue meines Silbers“ = „meine silberne Statue“. So heißt es hier wörtlich: „Der Schleier meiner Röte“. Grammatisch sind beide Übersetzungen möglich: „mein roter Schleier“ und: „der Schleier meiner Rotheit“ im Sinne von „für meine roten Haare“. Obwohl es im Hebräischen ein Adjektiv „rot“ gibt, nämlich 'edom, so daß sich eine *Status-constructus*-Wendung eigentlich erübrigte, und obwohl rothaarige Menschen in der Gegend vorkamen – man denke an die Edomiter –, hat sich in der Forschung doch die erste Übersetzung durchgesetzt. Deshalb übersetze ich im folgenden konsequent mit „Rotschleier“.

V. 2: Der einsame Wohnort der Großmutter – „jenseits des Waldes“ muß hier die Jordan-Senke meinen, die, wie wir wissen, in alter Zeit jenseits der Waldgrenze lag – mag verwundern. Er ist allerdings in der Situation der alten Großfamilie noch außergewöhnlicher. Ihr einsames Leben ist nur zu erklären als Folge einer erzwungenen Ausgrenzung, vermutlich wegen Aussatz – und jeder Althistoriker weiß, wie hilflos die vorderorientalische Gesellschaft gegenüber Hautkrankheiten war, und zwar aus medizinischen und deshalb auch aus religiösen Gründen. Wenn Rotschleier daher von den Eltern mit den Grundnahrungsmitteln zu der ausgegrenzten Großmutter geschickt wird, läßt das nur einen Schluß zu: Eltern und Tochter sind tief davon durchdrungen, daß Ausgrenzung von Mitmenschen wider Gottes Willen ist. Ihre Aktion ist eine prophetische Handlung. Wir haben hier ein frühes Zeugnis – lange vor den Schriftpropheten Israels – für ein Grundthema der prophetischen Tradition vor uns, möglicherweise sogar seine von der Forschung bisher vernachlässigte Quelle.

VV. 3–4: Wie schon gesagt, lassen die Knochenfunde keinen Zweifel an der Glaubwürdigkeit der Nachricht von einem Wolf zu. Zoologen belehren allerdings die Orientalisten und Alttestamentler, daß die Knochenfunde auch an Hyänen denken lassen könnten. Möglicherweise haben wir es mit einer evolutionären Variante dessen zu tun, was wir heute im Wildpark Lüneburger Heide oder im Nationalpark Bayerischer Wald (wieder) besichtigen können. – Die historischen Sicherungsmöglichkeiten versagen nun allerdings bei dem „Gespräch" zwischen Rotschleier und dem Wolf – nicht anders als beim historischen Kern der Wunder Jesu. Wir können nur sagen: *Irgend etwas* an zumindest non-verbaler Kommunikation muß erfolgt sein, weil sonst der Fortgang der Geschichte unerklärlich ist.

V. 5: Warum Eltern und Rotschleier nicht *vorher* an die Bitterkräuter gedacht haben, wenn sie denn nötig waren, ist schwer zu erklären. Im Blick auf den Ausgang der Geschichte (vgl. VV. 20–22) sollten die Bitterkräuter allerdings eine providentielle Bedeutung bekommen, die sich erst einer abschließenden theologischen Auslegung voll eröffnen kann.

VV. 6–7: Wenn wir im Auge behalten, daß der Wald bei dem damals noch reichhaltigen Regen (über 500 mm im Jahr) den Charakter eines subtropischen Regenwaldes hat, verwundert das unbemerkte Verschwinden des Wolfes nicht. Naturkinder wie Rotschleier finden trotzdem auch ohne Infrastruktur ihren Weg durch den Regenwald.

VV. 7–9: Das Schicksal der Großmutter durch die Aktion des Wolfes bedarf keines Kommentars, weil hier die Schilderung des Textes voll mit den Adaptationen in anderen Kulturkreisen, etwa im deutschen Märchen vom Rotkäppchen, übereinstimmt.

VV. 10–14: Auch der Inhalt der VV. 10–14 ist aus den Parallelen im außerisraelitischen Märchenschatz geläufig. Dem Alttestamentler stellt sich jedoch die Frage, wie bei soviel prophetischer Bewußtheit, die Rotschleier und ihren Eltern unbedingt zuzuerkennen ist, Rotschleier ein weiteres Mal dem Wolf gegenüber arglos bleibt. Bei allem

Mißtrauen gegen vorschnelle Systematisierung kann der Bibelwissenschaftler hier eine Erinnerung an das Stichwort nicht unterdrücken, das sein berühmter Systematiker-Kollege Paul Tillich geprägt hat: „träumende Unschuld".

VV. 15–19: Mit V. 15f. ist der Orientalist wieder auf sicherem Gelände. Selbstverständlich kann unter den gegebenen kulturellen Bedingungen nicht, wie andernorts, von einem „Jäger" die Rede sein. Im Gegenteil, es beweist die Unbezweifelbarkeit des historischen Kerns, daß ein *Hirte* auftaucht, der zudem noch der Großmutter ein Lamm bringen will. Auch die Hirten waren ja damals Ausgegrenzte, Inbegriff der Verachteten und Marginalisierten, wie uns nicht zuletzt die Weihnachtsgeschichte jedes Jahr bezeugt. Marginalisierte üben Solidarität untereinander – das ist der schlichte Schluß, den wir zu ziehen haben. Aus Jo 10, 1–21 wissen wir auch von der Erbfeindschaft zwischen Hirten und Wölfen. Kein Wunder also, daß der Hirte hier sofort reagiert. *Ein* Wolf weniger!, mag er spontan gedacht haben. Gottlob schneidet er vorsichtig – es kann durchaus vermutet werden, daß Rotschleier und die Großmutter ihn durch Zeichen aus dem Bauch des Wolfes zur Vorsicht anhielten.

VV. 20–22: Nun erst erweist sich Rotschleiers Suche nach den Bitterkräutern auch dem historischen Befund nach als providentiell. Ahnungslos hat Rotschleier die Beilagen zum Lammbraten mitgebracht, der ursprünglich gar nicht vorgesehen war. Nach der großen Befreiungserfahrung aber ist klar, daß aus einer kleinen Versorgung mit Grundnahrungsmitteln ein großes Festmahl werden muß: mit gebratenem Lamm, Bitterkräutern, Brotfladen und Wein. Welchem Bibelkundigen fällt da nicht das Pessach-Mahl ein? In der Tat kann der Forscher hier Rückschlüsse nicht abwehren. Die genannten Wolfsfunde datieren aus dem 19. Jahrhundert vor Christus, also vor der israelischen Landnahme, die mit der Tradition des Pessach-Mahles beim Auszug aus dem „Sklavenhaus Ägypten" (Dt. 5,6) verbunden ist. Die Konsequenz ist unvermeidlich: Die Pessach-Tradition geht auf den Midrasch von Rotschleier zurück – und mit ihr dann letztlich auch die Tradition des christlichen Abendmahles, insoweit sie – bekanntlich ja umstritten – an das Pessach-Mahl anknüpft.

4 Theologische Auslegung

Alle historisch-kritische Einzelerklärung ist nur zusätzliche Auslegungshilfe, gelegentlich sogar fast ein Luxus für Studierende der Theologie! Wo kämen wir denn auch hin, wenn wir (zum Beispiel) auf die Herren Noordoem, Köchel und Najowski warten müßten, ehe wir angemessen die biblische Geschichte von Rotschleier verstehen und in christliche Praxis umsetzen könnten! Nein, keine Professorenkirche bitte, auch nicht auf noch so schönen Schleichwegen! Was uns also bindet und im Gehorsam gegen Gottes Wort gefangennimmt, ist der Text, wie er heute kanonisch (oder deuterokanonisch) *ist* – also nicht die aitiologische Sage, schon gar nicht das zugrundeliegende *brutum factum,* sondern der Midrasch in der endredaktionellen Gestalt. Oder um es in der Fachterminologie der Bibelwissenschaft festzuhalten: Nicht die diachrone, sondern die synchrone Lesung des Textes nimmt uns in die Auslegungspflicht.

Nun wissen wir aus der Exegese der Gleichnisse Jesu, daß bei einer *Parabel* immer und nur auf das *tertium comparationis* zu achten ist. Der Midrasch dagegen ist darin eher der *Allegorie* verwandt, daß *alle* Einzelheiten theologische Bedeutung haben. Und vor allem: Die handelnden Personen und ihr Tun sind nicht individuell, sondern kollektiv zu verstehen. Adam und Eva sind nicht ein prähistorisches Menschenpaar – Adam und Eva sind wir alle. Rotschleier, ihre Eltern, die Großmutter, der Hirte, der Wolf – wer sind *sie?*

Wir müssen bei der Gestalt der Großmutter einsetzen. Sie repräsentiert, wie die historisch-kritische Exegese ergab, die Ausgegrenzten, Marginalisierten, Verachteten. Die anderen Personen sind diejenigen, die auf irgendeine Weise mit ihnen zu tun haben und mehr oder weniger eindeutig sich auf der Bahn des Tun-Ergehen-Zusammenhangs an ihre Seite begeben. Wenn wir nun sorgfältig alle hermeneutischen Schritte vom Damals zum Heute bedenken und den alten Text heute buchstäblich „treffend", eine *krisis* bewirkend zur Sprache bringen, dann kann am Ende kein Zweifel sein: Die Großmutter repräsentiert die Studentinnen und Studenten. Sie sind ja gewiß die Ausgegrenzten der Universität – denn niemand wird bestreiten, daß das Universitätsleben für alle um so schöner ist, je besser es gelingt, die Studentinnen und Studenten außen vor zu halten. Daß diese hier durch eine Großmutter, also durch eine Frau und eine alte dazu, versinnbildet werden, gehört selbstverständlich zur „Bildhälfte" und muß im Zuge der neuen hermeneutischen Situation selbstverständlich transzendiert werden.

Rotschleier ist zu interpretieren als die Gruppe der Assistentinnen und Assistenten, der wissenschaftlichen Mitarbeiterinnen und Mitarbeiter, die die geistigen Grundnahrungsmittel zu den Ausgegrenzten transportieren. Der Wolf als untermenschliches Wesen steht für alle anonymen Mächte, die Studentinnen und Studenten ausgrenzen und ihnen den Zugang zu den geistigen Grundnahrungsmitteln versperren, als da sind: Studien- und Prüfungsordnungen, fehlende Raumkapazität, beschränkte Bibliotheksöffnungszeiten, staatliche Sparmaßnahmen und vieles mehr. Klar, daß die Eltern die Professoren sind. Daß es bei den Eltern um Frau *und* Mann geht, gehört natürlich wieder zur Bildhälfte, da es bekanntlich trotz aller Frauenrichtlinien so gut wie keine Professorinnen gibt. Die heutigen Ausgegrenzten sind also zu allem Unglück auch noch wissenschaftliche Halbwaisen. Es ist im übrigen nicht wenig bezeichnend, daß die Eltern im Midrasch – also die Professoren in der Wirklichkeit – zwar im prophetischen Protest mit Rotschleier, also ihren Mitarbeiterinnen und Mitarbeitern, völlig einig sind, aber nicht selber zu den Ausgegrenzten gehen, dies vielmehr durch ihre helfenden Geister erledigen lassen.

Am schwierigsten erscheint die Auslegung des Hirten. Aber wenn wir uns von einer beschränkten altbundesrepublikanischen Sicht frei machen, ist es doch wiederum nicht *so* schwer: Der Hirte, der die Situation rettet und für das Festmahl sorgt, ist der Bischof bzw. die Bischöfin. Auch Bischöfe können zu den Ausgegrenzten gehören, wie ein Blick in andere, außerdeutsche und außereuropäische Weltgegenden lehrt.

Alle Faktoren kommen also zusammen, die jetzt das Kerygma, ja das Evangelium dieses Midrasch in einem Satz zusammenfassen lassen: „Barmherzigkeit will ich – und nicht Opfer" (Hos 6,6).

Es ist auch im Licht dieses Kerygmas bezeichnend, daß die Eltern nicht beim Festmahl der Befreiung dabei sind. Aber die Professoren sind ja mit vollem Recht vom Festmahl erfahrener Barmherzigkeit ausgeschlossen. Denn wann hätte man je schon davon gehört, daß Professoren etwas mit Befreiung und Barmherzigkeit zu tun hätten?

Rotkäppchen – missionswissenschaftlich

Die Rotkäppchen-Parabel hat, wie jüngste missionsgeschichtliche Forschungen erweisen, ihre Wurzeln und wahrscheinlich auch einen historischen Kern in Vorgängen, die sich im 17. Jahrhundert christlicher Zeitrechnung auf dem hinterindischen Subkontinent, also in einem buddhistisch geprägten Land abgespielt haben. Das „Käppchen" ist dabei – wie die extensiven Forschungen des Buddhismus-Fachmannes Olaf Schauland ergeben haben – eine Europäisierung, wahrscheinlich ist auch die Farbe „rot" ein typischer Fall von eurozentrischer Vereinnahmung. Das Mädchen hat mit Sicherheit die Kopfbedeckung der armen Leute getragen: den breiten, flachen Strohhut. Die Überlieferung einer Farbe verdankt sich wohl dem aufgesetzten Blumenschmuck. Sachgemäß muß man „Rotkäppchen" zurückübersetzen mit „Strohblume" – und so wollen wir sie fortan nennen. Die Geschichte berichtet von einem frühen Beispiel interreligiöser Begegnung und interkultureller Vermittlung des Christentums. Es hat leider damals kaum Schule gemacht – vermutlich wegen des bald danach im benachbarten China ausgetra-

genen sogenannten „Ritenstreites", der die christliche Mission in Asien um Jahrhunderte zurückwarf, nicht nur die der katholischen Kirche, die den Streit vom Zaune gebrochen hatte.
Strohblumes Eltern waren neubekehrte Christen und, wie in solchen Fällen von Christen erster Generation nicht selten, streng auf Abgrenzung gegen ihre nichtchristliche Umwelt bedacht. Strohblume dagegen ging umständehalber in eine buddhistisch geprägte Schule und wuchs daher sozusagen religiös zweisprachig auf. Dies und ihr tiefes Durchdrungensein von der unaussprechlichen Namenlosigkeit Gottes wurden ihr zu einem bleibenden Impuls, sich den Fragen des interreligiösen Dialogs zu stellen. Den Eltern entging das nicht, und ängstlich suchten sie gegenzusteuern. So stellten sie Strohblume eine, wie sie meinten, unterscheidend christliche Aufgabe, in der sich der ganze exklusive Absolutheitsanspruch des Christentums konkretisieren sollte: ein Werk der Nächstenliebe. Strohblume sollte der Großmutter jenseits der Terassenberge mit den Reisfeldern, wo sie allein lebte, Reiskuchen und Sake (Reiswein) bringen. Strohblume akzeptierte diese Aufgabe mit Freuden, einmal deswegen, weil das Christentum die asiatische Tradition der vaterdominanten Familie mit der unbedingten Gehorsamspflicht der Kinder, zumal der Mädchen, keineswegs außer Kraft gesetzt, vielmehr sofort „getauft" hatte; sodann, weil ja auch Strohblume überzeugte Chri-

stin war; vor allem aber, weil sie in dieser Aufgabe, ohne daß die Eltern das wahrnahmen, einen Weg in die „große Leere" und zum „wahren Licht" sah und so die Vereinbarkeit von buddhistischem und christlichem Menschenbild am eigenen Leib zu erfahren hoffte.

So machte sich Strohblume auf den Weg – den wir uns im Hinterindien des 17. Jahrhunderts auf keinen Fall wie einen deutschen Wanderweg im Schwarzwald vorzustellen haben. Kein Wunder daß sie sich verirrte. Paradoxerweise half ihr ein Königstiger – der „Wolf" ist wieder eurozentrische Umdeutung –, die Orientierung wiederzufinden. Wo er herkam, mußte Wasser zu finden sein, und nur dort konnte die Großmutter wohnen. Buddhistisches All-Einheitsdenken, das die Welt, mit einem bekannten Buchtitel von Reginald und Michaela von der Brücken, als ein „Universum voller Gnade" erlebt, ließ Strohblume ohne Angst dem Tiger begegnen – vielleicht, die Quellen schweigen dazu, unterdrückte sie auch ihre Angst. Auf eine durchaus reale, nur uns verkopften Europäern nicht mehr zugängliche Weise dürfte sich auch der Dialog zwischen Strohblume und dem Tiger abgespielt haben.

Strohblume wußte, daß ihre Buddhistin gebliebene Großmutter natürlich erst recht von der Einheit aller Dinge durchdrungen war und daher viel von

Naturkräutern zur Linderung ihrer Altersleiden hielt. Nebenbei bemerkt: Auch in Europa sind Blumengeschenke ursprünglich nicht als Zimmerschmuck gedacht gewesen, sondern als Heilkräuter geschenkt worden. Strohblume jedenfalls sammelte Kräuter, behielt im Auge, in welche Richtung der Tiger davontrottete, und folgte später seinen Spuren. So fand sie das Haus der Großmutter. Dort hatte sich inzwischen ein Ereignis abgespielt, das nun doch zu einem Argument für die Realitätsnähe der christlichen Auffassung von dem durch den Sündenfall gestörten Verhältnis zwischen Mensch und Tier geraten muß – einer Störung, die menschheitlich universal ist und darum unabhängig vom religiösen Bekenntnis des Individuums. Die Großmutter suchte im Geist ihrer holistischen Religiösität den unbefangenen, liebevollen Umgang mit dem Tiger. Sie hat ihn gewiß auch kosend angeredet und gestreichelt, wie sie bei ihrer Enkelin zu tun pflegte. Der Tiger aber mißdeutete das als Aggression und reagierte seinerseits „holistisch": Er verschlang die Großmutter mit Haut und Haaren. Danach legte er sich in das Bett der Großmutter – kein Bett des europäischen 20. Jahrhunderts, sondern ein blumengeschmücktes Strohlager, vom Tiger also durchaus mit seinem Lager in der freien Natur zu verwechseln.

Strohblume hatte, ihrem interreligiösen Interesse folgend, seit langem heimlich Meditationsübungen gemacht, in der Erwartung, dadurch gerade ihre christliche Spiritualität zu fördern und zu erweitern. Nebenbei bemerkt: Auch in den jüngsten Veröffentlichungen von Theodosius Arontz ist auf diesen Umstand schon mehrfach hingewiesen worden. Seine Bedeutung kann man ja auch kaum unterschätzen, den er nimmt Begegnung und Vermittlungsbemühungen, wie sie etwa im Werk des Jesuiten P. Hugo Enomyia-Lassalle unternommen werden, paradigmatisch vorweg. Im Zuge dieser Übungen also war Strohblume schon über die Stufe der Meditation im Sitzen hinausgewachsen und inzwischen in der Lage, im Gehen zu meditieren. So erklärt es sich, daß sie – fast mechanisch – den Spuren des Tigers folgte, im übrigen aber ganz in ihre Meditation versunken war.

In diesem Bemühen, von sich selbst ganz leer zu werden, erreichte sie die Hütte der Großmutter und erkannte in deren Dämmerlicht nicht den statt der Großmutter auf dem Lager liegenden Tiger. Was die Folgen dieser Verwechslung angeht, deckt sich die europäische Version vom Rotkäppchen mit der asiatischen Vorlage. Den Tiger für die Großmutter haltend, erkundigte sich Strohblume nach Augen, Ohren, Hand und Mund der Großmutter, weil sie wußte, daß diese – bei der damaligen medizinischen Versorgung kein Wunder – in bezug auf diese Organe gewisse Altersbeschwerden hatte. Wiederum faßte der Tiger dies als Aggression auf, und es wiederholte sich, was vorher mit der Großmutter geschehen war. Für Strohblume ein nachhaltiger Schock, zumal nach der friedlichen, ganzheitlichen Begegnung mit dem Tiger auf dem Wege.

Der Fortgang der Geschichte liefert nun doch erneut einen Plausibilitätsaufweis für den christlichen Glauben. Man ist versucht, an die alte Wahrheit von der *anima naturaliter christiana,* der „von Natur aus christlichen Seele" zu denken. Ein Reisbauer nämlich kam zufällig zur Hütte der Großmutter, um nach seiner Gewohnheit mit ihr ein Gespräch zu führen und bei dieser Gelegenheit ihre Reisvorräte aufzufüllen. Dieser Reisbauer nun war trotz seines holistischen Lebensgefühls der paradiesischen Lebensgemeinschaft zwischen Mensch und Tier nicht mehr so gewiß und in diesem Realismus sich der radikalen Erlösungsbedürftigkeit der Welt bewußt. Er war, mit einem Wort, nicht weit vom Reiche Gottes (vgl. Mk 12, 34). Gar nicht in Meditation versunken, erfaßte er sofort die Lage, erwürgte den Tiger mit seinen eigenen Händen (wozu in Asien ein besonders hochprozentiger Schnaps die Kräfte verleihen soll!) und befreite Strohblume und die Großmutter. Das anschließende Festmahl wird sich jeder Asienkenner ausmalen können.

Für Strohblume hatte diese Erfahrung eine Wirkung besonderer Art. Sie begriff die Einmaligkeit und Endgültigkeit von Tod und Auferweckung nach christlichem Verständnis. Reinkarnationsvorstellungen – die ja immer mit Selbsterlösungsvorstellungen einhergehen – hing sie nicht länger an. Ihre interreligiösen Vermittlungsbemühungen wurden erdschwerer und verloren jeden Anflug einer synkretistischen Tendenz. Von nun an verband sich die unbegrenzte Offenheit für die transzendente Wirklichkeit Gottes und das göttliche Geheimnis der Welt als Schöpfung mit der bedingungslosen Entschiedenheit für das *'eph hápax*, das „Ein-für-allemal" des Christusereignisses – ein Paradigma, das auch heute noch in die Zukunft weist.

Die europäische Version der Geschichte im Märchen vom Rotkäppchen aber ist ein Beispiel gelungener interkultureller Vermittlung zwischen buddhistischem und christlichem Denken – nur: in diesem Fall zugunsten einer interkulturellen Vermittlung des *Buddhismus!* Denn ob es dem „Absolutheitsanspruch" des Christentums Abbruch tut oder nicht: Rotkäppchen ist Strohblume!

Rotkäppchen – praktisch-theologisch

Rotkäppchen hat natürlich nie gelebt. Alle Hypothesen der Kirchenhistoriker, Alttestamentler und Missionswissenschaftler (siehe die vorausgehenden Kapitel) beruhen zwar jeweils auf fachgerecht durchgeführten Indizienbeweisen, die aber den eindeutigen Fakten nicht standhalten. Inzwischen ist belegbar: Der Altmeister der (evangelischen) praktischen Theologie, Frohmut Kurz, hat die Erzählung von Rotkäppchen in den 50er Jahren dieses Jahrhunderts als sogenanntes seelsorgliches und zugleich kirchentheoretisches Modell erfunden, um daran einerseits seine Kirchentheorie, anderseits seine Konzeption einer zeitgemäßen Seelsorge narrativ durchzubuchstabieren. Er wurde dadurch für den Bereich der praktischen Theologie (im folgenden: PTh – selbst auf die Gefahr hin, daß dies als Schleichwerbung für eine bestimmte einschlägige Zeitschrift verstanden wird) der Initiator der „narrativen Theologie" – ein Jahrzehnt, bevor auch gewisse systematische Theologen beiderlei Konfession Geschmack daran fanden! – und zugleich der Inaugurator einer Diskussion, in der nicht weniger auf dem Spiel steht als die Plausibilität und Akzeptanz des Faches PTh selbst. Ja, man kann ohne Übertreibung sagen: in der es um die wissenschafts- und handlungstheoretische Sozialisation der PTh in der theologischen Gelehrtenrepublik geht. Dies alles wird sich im einzelnen zeigen, wenn wir diese Erzählung metapraktisch analysieren.

Rotkäppchen – benannt nach einem modischen Accessoir der 50er Jahre – ist ein Mädchen in der Adoleszenzkrise: nicht mehr Kind und noch nicht erwachsen-selbstverantwortlich. Mit narzißtischen Tendenzen ist auf dieser Altersstufe zu rechnen. Wie leider nicht selten, werden diese durch einen uneinsichtigen und wenig sensiblen Religions- und Konfirmandenunterricht eher verstärkt. Kein Wunder, denn die neueren Einsichten der PTh, insbesondere auf den Forschungsgebieten Religionspädagogik und Seelsorge, repräsentiert durch die Pioniere Wolf-Volkhart Eichner und Fulbert Rothügel, können sich in der überforderten älteren Pfarrerschaft noch nicht herumgesprochen haben.

So „genießt" Rotkäppchen einen noch nicht entideologisierten Religionsunterricht vom älteren Typ der „christlichen Unterweisung", in dem gegen alle entwicklungspsychologischen Einsichten – es sei nur erinnert an die schon sprichwörtlichen fünf Stufen der religiösen Entwicklung im Sinne von Jim Fowler – die Gesetzlichkeit des Be-

kenntniszwanges den Durchbruch des jugendlichen Selbstgefühls niederhalten.
Ein „Exodus" ist angesagt, wenn Rotkäppchen die Adoleszenzkrise überwinden und zur wahren „Freiheit eines Christenmenschen" im Sinne Luthers finden soll. Einsichtige Lehrer und Seelsorger mit umfassenderem Bildungshorizont, als bei Pfarrern erwartet werden kann, Seelsorger also vom Format eines Paul Cornelissen raten ihr – unter dem genannten Stichwort „Exodus" – zu einer themenzentrierten Interaktion.
An dieser Stelle kommt die andere Intention der Kurz'schen Modellerzählung zum Zuge: die Vorstellung einer ganz neuen Kirchentheorie. Erfahrungen unserer Jahre suggerieren die Auffassung, das Christentum – in Gestalt der herkömmlichen Kirche jedenfalls – sei eine Religion für die Landbevölkerung, eine religiöse Praxis für Gesellschaften von agrarischem Typus. Die Zahlen scheinen dafür zu sprechen: hohe Beteiligung am kirchlichen Leben auf dem Lande, niedrige und zurückgehende in der Stadt. Darum gibt es ja schon Arbeitsstellen für „Kirche in der Stadt" an theologischen Fachbereichen. Daß das Gegenteil historisch richtig ist, daß also das Christentum zuerst in den Städten Fuß faßte, muß die PTh jetzt nicht interessieren. Wohl aber die langfristig bedrohliche Praxis, Pfarrer, die man in der Stadt nicht mehr gebrauchen kann, dorthin zu versetzen, wo Fuchs und Hase sich gute Nacht sagen – in der

Meinung, dort könnten sie nichts verderben. Notabene: Pastor*innen* gibt es in diesem Zusammenhang nicht, den es gibt keine solchen, die man in der Stadt nicht gebrauchen kann.
Rotkäppchen wird also zum Modell für eine klarsichtige Seelsorgsstrategie, derzufolge sich die Kirche missionarisch um das neuheidnisch zu werden drohende sogenannte „flache Land" kümmern muß, dessen es ja im Norden Deutschlands genügend gibt. So kann denn die Geschichte beginnen.

Rotkäppchen unterzieht sich einem „Schwellenritus", auch „Passageritus" genannt, der zugleich Abschied (von der Kindheit) und Initiation (in die Verantwortung der Erwachsenen) ist. Der Ritus steht ganz im Zeichen des Neuaufbruchs – biblisch: „Exodus" – in die neue Lebenswelt. Von den Eltern religionspädagogisch klug unterstützt (sie könnten eine erleuchtete Predigt des Alttestamentlers Eduard Noordoem über den „Exodus-Gedanken" gehört haben), ist Rotkäppchen klar, daß es um einen Auszug aus der Stadt aufs Land geht. Dort wohnt glücklicherweise als Bezugsperson der themenzentrierten Interaktion die Großmutter in einem einsamen Haus im Wald, wie es sie im Dithmarschener Land immer noch gibt. Die zugleich kirchentheoretisch wie religionspädagogisch konzipierte Übung sieht vor, daß Rotkäppchen der Großmutter selbstgebackenen Kuchen –

selbstverständlich mit Zutaten aus biologischem Anbau – und Fliederbeerwein zu überbringen hat (Wein aus Weintrauben würde im Norden Deutschlands die Gepflogenheiten der sogenannten „sozialen Marktwirtschaft" mehr als theologisch und prophetisch zuträglich in Anspruch nehmen).

Unterwegs begegnet Rotkäppchen dem Wolf. Dieser ist – tiefenpsychologisch gut begründbar – Symbol der mit Klauen und Zähnen verteidigten, Freiheit niederhaltenden Tradition, die jede Bewältigung der Adoleszenzkrise verhindert. Es gelingt dem Wolf, Rotkäppchen aufzuhalten und es zu veranlassen, seinen Exodus zu unterbrechen, indem er sie zum Blumenpflücken verführt.
Norddeutsche wird dies verwundern – wissen sie doch nicht, wie eine blumenübersäte Wiese und ein blumengefüllter Wald aussieht. Aber die Geschichte ist ja, wie überzeitlich, so auch überregional. Die Symbolik ist jedenfalls klar: Die Blüten der Tradition haben immer einen Vorsprung an Verführungskraft.

Auch die Großmutter erliegt der Übermacht der Tradition. Anders ist das Symbol der vom Wolf verschlungenen Großmutter nicht zu deuten. Gleiches gilt von dem wenig später eintreffenden Rotkäppchen, das, verführt durch die Blumen, nicht einmal der bloßen Gewalt der Tradition, sondern mindestens zum Teil auch seiner eigenen jugendlichen Verführbarkeit zum Opfer fällt. Daß die Gesetzlichkeit der Tradition nicht endgültig obsiegt, ist jenen Vorgängen zu danken, die nicht ohne Grund unter der Überschrift stehen: *Dei providentia et ignorantia hominum* – frei übersetzt „durch Gottes Vorsehung und trotz der Dummheit der Menschen". Der Sieg der Tradition scheint nicht aufzuhalten. Aber „zufällig" kommt ein Jäger des Weges, Symbol für PTh als kritische Reflexikon auf das Handeln der Kirche und darum immer am Rande der Ausgrenzung aus Kirche und Gesellschaft. Der Jäger öffnet dem buchstäblich in der Tradition gefangenen Rotkäppchen den Weg zur Fortsetzung seines Exodus und befreit zugleich paradigmatisch die Großmutter, also das „flache Land", aus den Fesseln einer den lebendigen Glauben erstickenden, traditionellen Gestalt der Kirche.

Das Ende ist das „Feierabendmahl". Ist es wichtig zu entscheiden, ob es ein „richtiges" Abendmahl war? Es ist jedenfalls Ausdruck der bestandenen Aufgabe, der Identifikation aller Beteiligten mit der Zukunftsmacht der Sache des christlichen Glaubens, mit der Transformation von Tradition in neue Formen von Kirchesein, der Bedeutung der PTh für die Begleitung kirchlicher Sozialisation, kurz: für die Einheit von missionarischer, diakonischer und seelsorglicher Kirche.

Rotkäppchen – kirchenrechtlich

Rotkäppchen stammt aus einer konfessionsverschiedenen Ehe. Und zwar, wie man nachkonziliar nur mit Bedauern sagen kann: aus einer Zeit noch unter dem Eherecht des *Codex Iuris Canonici* (CIC) von 1917. Sie geriet damit in Probleme, die unter dem neuen CIC von 1983 leichter zu lösen wären. Denn das neue Kirchenrecht ist, wie gegen uneinsichtige, an kirchenrechtliches Denken nicht gewöhnte Theologen betont werden muß, die getreue Umsetzung der Neuorientierungen im Verständnis von der Kirche und ihrer hierarchischen Verfassung, die das Zweite Vatikanische Konzil eingeleitet hat. Gleichwohl – und dies ist vorauszuschicken – ist dem Kirchenrecht der Vorkonzilszeit und insbesondere dem Eherecht kein Vorwurf zu machen. Ist es doch im Bereich des Rechtes der getreue Sachwalter der amtlichen Vorgabe und insoweit auch in seinen abrogierbaren Setzungen wahrhaft „Heiliges Recht", das teilnimmt am heiligen, gottmenschlichen Wesen der Kirche, der es Struktur gibt „präzis wie die Mathematik", wie der berühmte römische Kirchenrechtler an der Lateran-Universität, Dino Stampa, so unübertrefflich formuliert hat.

Schweren Herzens hat sich die evangelische Mutter der Vorschrift des can. 1061 CIC (im folgenden stets CIC 1917, sofern nichts anderes vermerkt ist) gebeugt und ihr Kind in der katholischen Kirche taufen lassen. Die Kirche verkennt nicht die Härte einer solchen Forderung, aber sie kann ihr allgemeingültiges Recht, das Ausfluß ihres Selbstverständnisses als der wahren Kirche Jesu Christi ist, nicht nach individuellen Bedürfnissen richten, die diesem ihrem Selbstverständnis entgegenstehen. Dies gilt übrigens auch für die „Erleichterungen" im neuen CIC 1983, die die Kirche aus seelsorglichen Gründen gewährt hat, aber doch als Zugeständnisse betrachten muß, nicht etwa als Ausdruck einer gewandelten Auffassung von ihrem Wesen.

Für Rotkäppchen jedenfalls galt aufgrund ihrer Taufe, daß sie nach can. 87 *constituitur persona in ecclesia Christi* („sie wird als Person in der Kirche Christi begründet") – eine Bestimmung, die der unvergessene Nikolaus Morstadt in mehreren Untersuchungen so erleuchtet interpretiert hat. Sie konnte demnach alle Pflichten in der Kirche erfüllen, alle Rechte wahrnehmen, soweit dem nicht eine Sperre (*obex*) oder eine Kirchenstrafe (*censura*) entgegenstand. Das letztere konnte wegen fehlender Strafmündigkeit (vgl. can. 2226 in Verbindung mit can. 88, 89 und 2204) nicht in Be-

tracht kommen, so blieb nur die Möglichkeit einer – selbstverständlich subjektiv unverschuldeten – Sperre.
Damit fingen allerdings für Rotkäppchen die Probleme an, weil das Verhalten ihrer konfessionsverschiedenen Eltern nicht den Bestimmungen des kanonischen Rechtes entsprach. Denn es kam, wie es kommen mußte – und warum es im Nachhinein noch berechtigt scheint, daß die Kirche so lange schärfsten Widerstand gegen konfessionsverschiedene Ehen geleistet hat (vgl. can. 1060): Die Mutter hatte zwar der katholischen Taufe zugestimmt, aber der katholische Vater, selbst beruflich oft abwesend vom familiären Alltag, konnte nicht verhindern, daß die Mutter, auch auf Druck ihrer eigenen evangelischen Eltern, entgegen ihrem Versprechen das Kind evangelisch erzog und in den evangelischen Religionsunterricht schickte. Getrennter Kirchgang war bald die Normalität, denn der Vater hielt sich streng an die Bestimmungen von can. 1258 §§ 1 und 2 in Verbindung mit can. 2316, die jegliche Gottesdienstgemeinschaft (*communicatio in sacris*) mit einer nichtkatholischen Sekte untersagten.
Zu dem Zeitpunkt, wo die bekannten Geschehnisse sich ereigneten, deretwegen Rotkäppchen bald in aller Munde sein sollte, hätte sie längst zur Erstbeichte und zur Erstkommunion geführt werden können und müssen (vgl. can. 854 § 4). Davon konnte natürlich keine Rede sein. Im Gegen-

teil, es dürfte eine Demonstration aus antirömischem Affekt gewesen sein, Rotkäppchen gerade zur Zeit von Erstbeichte und Erstkommunion zur Großmutter in den Wald zu schicken, denn damit ließ sich aus protestantischer Sicht gleich ein Mehrfaches verdeutlichen: einmal die grundsätzliche protestantische Kritik an allem Sakramentalen und damit überhaupt an allem Amtlich-Institutionellen, zum anderen das Prinzip „die Schrift allein", die – angeblich – alles Kultische durch Werke der Nächstenliebe ersetzt, und schließlich die Widerlegung aller katholischen Verdächtigungen, die reformatorische Theologie lege keinen Wert auf die Bewährung des „reinen Glaubens" im ethischen Handeln.

Was so, geschützt von der mütterlichen Sorge und Begleitung der Kirche, eine wunderbare kindgemäße Einübung in ein Leben in Glaube, Hoffnung und Liebe nach den Geboten Gottes hätte werden können, wurde unter den gegebenen Umständen ein typisch protestantisches Glaubensexercitium des einsamen Individuums. Rotkäppchen hatte „Aug in Auge mit Gott" zu handeln, wie vor Jahren einmal Clemens Kardinal Ratzeburg die protestantische Spiritualität treffend auf den Punkt gebracht hat. Dies konnte nur in einer Überforderung des Kindes enden, das auf geistliche Führung durch das in der apostolischen Sukzession stehende Amt schlechterdings angewiesen war. Das zeigt sich daran, wie hilflos es sich den

Einflüsterungen des Wolfes anvertraute. Ja, der auf die Klarheit der juridischen Kirchenstruktur verpflichtete Kanonist wird nicht anstehen zu sagen: Es zeigt sich hier die systembedingte Schwäche des protestantischen Individualismus. Von der durch keinen institutionell-kirchlichen Halt gestützten Entscheidung des auf sich gestellten Individuums bis zum Abgleiten in eine diffuse Naturreligion ist es oft nur ein kleiner Schritt – wie ja nicht zuletzt auch bedenkliche Entwicklungen im Bereich der gegenwärtigen sogenannten „feministischen" Theologie beweisen. Dagegen hilft nur ein Personalismus, der unbeugsam beim Vorrang der Person gegenüber der Natur verharrt – und der ist allemal in einer durch ein „heiliges Recht" gesicherten katholischen Kirchenstruktur besser aufgehoben als in einem protestantischen, nur vorgeblich „personalistischen" Individualismus.

Doch kehren wir zu Rotkäppchens Geschick zurück. Es gelang dem Wolf – der darum hier geradezu als Delegat des „Fürsten dieser Welt" (vgl. Joh 14,30) angesehen werden muß -, das Kind von der klar erkannten Weisung des göttlichen Rechtes, nämlich des vierten Gebotes, abzubringen und erfolgreich zur Befolgung seiner eigenen, gegen das Gemeinwohl von Kirche und Gesellschaft gerichteten Interessen zu verführen. Notabene: Diese Übertretung göttlichen Rechtes muß allerdings der Klärung im *forum internum* (vgl. gegebenenfalls can. 258) überlassen werden, da Rotkäppchen einerseits noch nicht strafmündig und zu einem Delikt im Sinne des kirchlichen Strafrechts noch nicht fähig war, und da anderseits nach Lage der Dinge das Fehlverhalten keine Gehorsamsverweigerung gegenüber kirchlichen Vorgesetzten war, so daß can. 89 in Verbindung mit can. 119 und 2214 § 1 hier unberücksichtigt bleiben kann.

Wie die Kirche immer gelehrt hat, besteht die eigentliche Strafe der Sünde in den wesensgemäßen Folgen der Tat selber und nicht in einer äußerlich verhängten Strafmaßnahme. Das kirchliche Strafrecht, wiewohl ein ureigenes Recht der Kirche (vgl. can. 2214 § 1), hat demgegenüber vorwiegend medizinalen Charakter (vgl. ebd. § 2). So ist Rotkäppchens Geschick durch den als Großmutter verkleideten Wolf zunächst einmal die immanente Strafe seiner Übertretung göttlichen Rechtes, und einer von selbst eintretenden Tatstrafe (*excommunicatio latae sententiae*) gemäß can. 2217 § 1, 2°) bedurfte es nicht.

Allerdings ist die heilige Mutter die Kirche auch in ihrem Strafrecht noch unerschöpflich barmherzig nach dem Vorbild ihres Herrn. Sie handelte hier durch den Dienst eines hochgestellten Prälaten und Domkapitulars aus Rotkäppchens Heimatdiözese. Dieser war durch päpstliches Indult unter Dispens von can. 138 berechtigt, in jener Gegend der Jagd zu obliegen, da seine Familie dort ein entsprechendes Erbpachtrecht hatte. Als er an diesem Tag wieder seinen familiären Pflichten nachkam, erkannte er sofort die Situation im Hause der Großmutter. Vor allem begriff er die wahre Natur des Wolfes und vollzog daraufhin den Exorzismus (Teufelsaustreibung) gemäß can. 1151 und 1152, wozu er kraft Delegation von seiten des Ortsbischofs die beständige Vollmacht hatte. So mußte der Wolf Rotkäppchen und die Großmutter wieder hergeben und sich zu dem davon machen, der ihn gesandt hatte.

Hat sich die Kirche hier im Sinne des Ersten Vatikanischen Konzils auch in ihrer „unerschöpflichen Fruchtbarkeit in allen guten Werken" (Denzinger-Hünermann Nr. 3013) als glaubwürdig erwiesen, so ist anderseits nicht verwunderlich, daß Rotkäppchen und die Großmutter gemäß dem evangelischen Bekenntnis ihre Rettung vor dem Tode allein auf Gottes unverdientes Erbarmen zurückführten und einen Dankgottesdienst mit anschließendem Festmahl feierten – was auch der Apostolische Stuhl keineswegs mißbilligen möchte. Damit ist zugleich gesagt, daß Rotkäppchen auch nach ihrer Rettung durch den Dienst des kirchlichen Würdenträgers keineswegs einen Anlaß sah, in den Schoß der Kirche zurückzukehren, in der sie getauft war. Dies sollte Folgen haben, die zum Zeitpunkt der Ereignisse noch nicht absehbar waren, aber später zusammen mit der wiederbelebten Erinnerung für heftige Diskussionen in den Medien sorgten.

Denn zum heiratsfähigen Alter herangewachsen,

gedachte auch Rotkäppchen, sich zu verehelichen. Und zwar naturgemäß mit einen jungen Mann evangelischen Bekenntnisses. Dies versetzte ihren – wie bekannt: katholischen – Vater in größte Gewissensunruhe. In der guten, aber unklug verfolgten Absicht, unter allen Umständen Rotkäppchen vor einer kirchlich nicht als gültig anerkannten Eheschließung zu bewahren, machte er dem künftigen evangelischen Schwiegersohn klar, daß seine Tochter mit ihm nur dann eine auch von der katholischen Kirche als gültig anerkannte Ehe eingehen könne, wenn er gemäß can. 1094–1103 nach katholischem Ritus vor dem katholischen Pfarrer und zwei Zeugen sich trauen lasse. Auf die erstaunte Frage, wieso denn in seinem Fall die Ehe zwischen ihm und der evangelischen Tochter ungültig sein solle, wo doch die Kirche sonst Ehen zwischen getauften evangelischen Christen gemäß can. 87 in Verbindung mit can. 1036 § 1 als gültig anerkenne, ja sie sogar gemäß ihrem Glauben als sakramental ansehe, erläuterte ihm der Vater, aufgrund einer – auf Rechtsicherheit bedachten – Entscheidung Papst Pius' XII. zu can. 1099 § 2 Satz 2 von 1949 sei für die katholische Formpflicht nicht die religiöse bzw. konfessionelle Erziehung, sondern ausschließlich die Taufe maßgeblich – und Rotkäppchen sei gemäß den kirchenrechtlichen Bestimmungen damals katholisch getauft worden, also Mitglied der katholischen Kirche. Und er vergaß auch nicht, realistisch, aber mit einem leise drohenden Unterton hinzuzufügen: Rotkäppchen habe im Falle einer evangelischen Trauung jederzeit die Möglichkeit, sich aus dieser Ehe wieder zurückzuziehen und einen anderen Mann zu heiraten, sogar einen Katholiken, denn kirchenrechtlich habe ja gar keine Ehe bestanden. Denselben Sachverhalt erklärte der Vater auch seiner Tochter, nicht ohne hinzuzufügen: Im Falle einer evangelischen Trauung könne ihr künftiger „Ehemann" jederzeit sich scheiden lassen und kirchlich neu heiraten, sogar eine Katholikin – selbstverständlich nach Einholung der nötigen päpstlichen Dispens, die aber der Ortsbischof im Rahmen der sogenannten Quinquennalvollmachten (das sind die alle fünf Jahre neu an die Bischöfe delegierten Dispensvollmachten des Apostolischen Stuhls) regelmäßig erteile.

Nun waren beide Nupturienten in ihrem evangelischen Glauben so verwurzelt, daß das Ansinnen, sich nach den Bestimmungen des katholischen Kirchenrechts richten zu sollen, ihnen als Zumutung erschien. Anderseits wollten beide sich auch nicht den vom Brautvater vor Augen geführten Gefahren aussetzen: Die Aufklärung über die kirchenrechtliche Lage hatte Zweifel in ihre Herzen gesät. Der junge Mann zog sich zurück und heiratete nach einigen Jahren eine andere junge Frau. Rotkäppchen aber blieb unverheiratet.

Reporter der Regenbogenpresse und Mitarbeiterinnen von Talk Shows stießen auf diese Vorgänge, erinnerten sich an die unvergessene Geschichte aus Rotkäppchens Kindheit und entfachten eine beispiellose Medienkampagne gegen die katholische Kirche, in der diese der Verletzung der Menschenrechte bezichtigt wurde. Dies wurde dem weisen Papst Paul VI., dem Vor-Vorgänger des regierenden Papstes, zum Anlaß, das geltende Eherecht auf seine Mißbrauchsmöglichkeiten einerseits und seine seelsorglichen Konsequenzen anderseits überprüfen zu lassen und 1970 in dem päpstlichen Erlaß *Matrimonia mixta* („Die Mischehen") das Kirchenrecht im Hinblick auf die konfessionsverschiedenen Ehen neu zu ordnen. Nach Erledigung einiger vergleichsweise einfacher Dispensformalitäten haben die konfessionsverschiedenen Brautpaare praktisch die freie Wahl der Trauungsform: katholisch, evangelisch oder gegebenenfalls sogar nur standesamtlich – und jedesmal unter voller Anerkennung der Gültigkeit. Alle bisherigen automatischen Exkommunikationen wurden abgeschafft, die in der Vergangenheit eingetretenen aufgehoben. Der neue CIC von 1983 übernimmt in can. 1124–1129 diese Neuregelung und ergänzt sie durch die Bestimmung, daß – im Gegensatz zur Anordnung Pius' XII. – Katholiken, die sich in einem förmlichen Akt von der Kirche getrennt haben, auch nicht mehr der kirchlichen Formpflicht unterliegen (can. 1117 CIC 1983).

Der „Fall Rotkäppchen" kann also nach 1970 nicht mehr passieren. Im Heiligen Jahr 2000 soll auf einem Internationalen Kirchenrechtler-Kongreß in Rom Bilanz gezogen werden, wie sich die Neuordnung des Eherechtes, die der „Fall Rotkäppchen" indirekt veranlaßt hat, in den vergangenen 30 Jahren bewährt hat, und ob sie der Kirche am Beginn des dritten Jahrtausends ihrer Geschichte einen Weg in die Zukunft eröffnet.

Rotkäppchen – neutestamentlich

Die Geschichte von Rotkäppchen – wir übergehen hier, zur Vermeidung bloß gelehrter Fachsimpelei, die Frage, ob das der ursprüngliche Name ist und wie er auf aramäisch, der Sprache Jesu, gelautet haben könnte; vgl. dazu allerdings auch hier die einschlägigen Hypothesen des Kollegen vom Alten Testament! – die Geschichte von Rotkäppchen also liest sich auf den ersten Blick wie ein Gleichnis. Eine eindeutige Bildhälfte, ein ebenso klarer Sachgehalt, unwirkliche Züge in der Bildhälfte, die auf die Sachhälfte hinweisen (ein sprechender Wolf, zwei Menschen, die der Wolf offenbar unversehrt in seinem Magen unterbringen kann, aus dem sie ebenso unversehrt wieder errettet werden), eine durch und durch anschauliche, von abstrakten Begriffen freie Erzählweise, die, wie neuerdings auch die Gleichnisse Jesu, einer literaturwissenschaftlichen Analyse zugänglich ist.

Die *formgeschichtliche* Zuordnung zur Gattung der Gleichnisse stößt allerdings auf den zweiten Blick auf unüberwindliche Schwierigkeiten. Einmal ist bei Parabeln, im Unterschied zur Allegorie, nicht jeder Zug der Bildhälfte zu übertragen, vielmehr gibt es nur *ein* sogenanntes *tertium comparationis,* nur *einen* Zug, der von der Bildhälfte in die Sachhälfte zu übertragen ist und also die „Lehre" des Gleichnisses enthält. Bei der Rotkäppchen-Geschichte sind nun aber ganz offenkundig mehrere Vorgänge in der Bildhälfte sachhaltig, also zu übertragen. Zum anderen fehlt sowohl in der literarischen Form wie im Sachgehalt das eine große Thema der jesuanischen Gleichnisse: die Königsherrschaft Gottes. Die Erzählung fängt eben *nicht* an: „Mit der Königsherrschaft Gottes ist es wie mit einem jungen Mädchen namens Rotkäppchen, das ..." Und endlich sind auch die unwirklichen Züge nicht nur den Gleichnissen vorbehalten. Als sogenannte „Naturwunder", von denen weder ein Exeget noch ein Systematiker genau sagen kann, was an historischem Kern sich hinter diesbezüglichen biblischen Erzählungen verbirgt, finden wir sie auch in andere Jüngerbelehrungen einbezogen – man denke an die Tempelsteuermünze im Maul des Fisches (Mt 17, 27). Gerade diese letztere Geschichte gibt uns denn auch einen Fingerzeig: eine Abfolge von fragwürdigen Vorgängen mit einer eindeutigen moralischen Nutzanwendung am Schluß. Etwa so wie bei der Erzählung vom barmherzigen Samariter (Lk 10, 25–37) und bei der vom Pharisäer und Zöllner (Lk 18, 10–14). Es handelt sich, formgeschichtlich, um eine Beispielerzählung, in der die positive Hauptfigur Punkt für Punkt nachgeahmt werden soll. Die moralische Quintessenz lautet: Wer Barmherzigkeit übt, ist immer bei Gott in Gnade und wird errettet, auch noch bei selbstverschuldetem Unglück.

Doch eben hier beginnen die *redaktionsgeschichtlichen* Komplikationen. Den sorgfältigen Forschungen von Joachim Isaias verdanken wir die Sammlung „unbekannter Jesusworte" – unter ihren auch die Rotkäppchen-Geschichte. Sein „Enkel-Schüler" Timotheus Schramberg hat nachgewiesen, daß die Erzählung aber nicht so auf uns gekommen ist, wie sie im Munde Jesu gelautet hat. Ihr ursprünglicher „Sitz im Leben" ist der Streit mit den Schriftgelehrten um die Abwägung zwischen Gesetz und Barmherzigkeit als Wegen zum Heil, etwa im Zusammenhang von Mt 9, 10–13; 12, 1–8. Die uns überlieferte Fassung aber hat aus der ursprünglichen Beispielerzählung eine soteriologische Predigt gemacht, deren Kerygma eindeutig einen von der paulinischen Theologie beeinflußten Redaktor ausweist: Auf dem Weg durch Leid und Tod, also auf dem Weg des Kreuzes, zur Auferstehung! Nicht festzustellen war bisher, ob auch die ursprüngliche Erzählung im Munde Jesu einen historischen Kern hat oder ob sie nur auf eine selbständige jüdische Erzählung zurückgeht, die Jesus – ähnlich wie beim Gleichnis vom großen Gastmahl – umgeformt hat. Vielleicht kann der Altmeister für dieses Forschungsgebiet,

Nikolaus H. Hunzenbach, aufgrund seiner umfassenden Vertrautheit mit den jüdischen Quellen zur Zeit Jesu in naher Zukunft noch Licht in diese dunkle Frage bringen.

Die Interpretation muß sich natürlich an die uns überlieferte, also *paulinisch redigierte* Fassung halten - alles andere müßte sich letztlich auf unsichere Rekonstruktionen stützen. Demnach ist der erzählte Hergang folgender:
Rotkäppchen ist die Tochter wohlhabender Jerusalemer Gutsbesitzer mit Weinbergen im fruchtbaren Unterland zum Mittelmeer hin. Die im Unterland wohnende Großmutter mit den landesüblichen Grundnahrungsmitteln Brotfladen und einfachem Wein zu versorgen, ist eine Selbstverständlichkeit ihres Glaubens. Sie folgen dabei dem prophetischen Lobpreis der Barmherzigkeit - was ja für Jesus der Anknüpfungspunkt und für den paulinischen Endredaktor die Erinnerung an Gal 5, 6 und die paulinische Parainese ist. Es bedurfte dazu für die Eltern nicht einmal des vierten Dekaloggebotes. Zudem könnte auch ein Gedanke schon Pate gestanden haben, der später im Hebräerbrief unter dem Stichwort „Väter und Mütter im Glauben" (Heb 11!) groß ausgearbeitet wird. So wird Rotkäppchen losgeschickt. Unterwegs begibt sich die Begegnung mit dem Wolf. Zum formgeschichtlichen Problem siehe oben, zur Sache wird sogleich noch das Nötige zu sagen sein. Es gelingt

dem listigen Tier, Rotkäppchen davon zu überzeugen, daß die Gaben für die Großmutter aus sachlichen und theologischen Gründen ergänzungsbedürftig sind: Der Mensch lebt nicht nur vom Brot allein – sondern auch von Kräutern und Früchten. Rotkäppchen erliegt guten Gewissens dem versucherischen Ansinnen einer subtilen „Gerechtigkeit aus den Werken", eines heimlichen Leistungsdenkens, es verläßt sich nicht ausschließlich auf das Wort der Verheißung, sondern „tut das Böse, das es nicht will" (vgl. Röm 7) und ermöglicht damit dem Wolf den unbemerkten Vorsprung bei der Großmutter. Diese, arglos und verletzlich wie alle, die auf Barmherzigkeit statt auf Gesetzlichkeit hin leben, erliegt ebenso wie Rotkäppchen den Versuchungskünsten des Wolfes, von dem ja nicht von ungefähr das Weisheitswort vom „Wolf im Schafspelz" gilt. Sie bezahlt es mit dem grausamen, gewaltsamen Tod des gerechten Propheten – so scheint es jedenfalls. Rotkäppchen, mit Gedanken voller *kaúchesis,* voller Selbstruhm wegen der ergänzten Geschenke beim Haus der Großmutter ankommend, sollte mit diesen alsbald zuschanden werden. Tief in Anfechtung ob des veränderten Aussehens der „Großmutter", „innen" den „reißenden Wolf" (vgl. Mt 7, 15) nicht erkennend, läßt sie sich abermals auf ein Gespräch mit dem Wolf ein, an dessen Ende der Wolf, wie es seine Art ist, die Beherrschung verliert und auch Rotkäppchen verschlingt – buchstäblich wie ein un-

schuldiges Lamm. Jesu Erzählung nimmt hier sein späteres Wort vorweg: „Seht, ich sende euch wie Lämmer unter die Wölfe" (Mt 10, 16).
Der Abschluß der Geschichte trägt eindeutig mythologische Züge, die auch Jesus selbst schon in der ursprünglichen Fassung keineswegs tilgen mochte. Sie besagen, daß Leiden und Sterben um der Barmherzigkeit willen die Bedeutung einer Stellvertretung haben, aus der neues Leben auf die anderen übergeht. Es bedarf dazu nur dessen, der sie gleichsam in Kraft setzt, hier versinnbildet durch die Figur des Jägers. Und es ist – wie könnte es bei neuem Leben durch Gott auch anders sein – ein Leben in Freude und Friede, im jüdischen Kontext ohne Festmahl undenkbar.

Um die Auslegung dieser, wie gesagt, kerygmatisierten Beispielerzählung Jesu hat sich besonders Egbert Rauhe einen Ehrenplatz in der Forschungsgeschichte verdient. Im Munde Jesu, wie schon angedeutet, richtet sich die Geschichte an die Adresse derer, die den Buchstaben des Gesetztes über die situationsgerechte Pflicht zur Barmherzigkeit stellen, und sagt ihnen: „Selbst wer beim Werk der Barmherzigkeit teuflischer Versuchung erliegt, fällt nicht aus dem Heil heraus." Die Kerygmatisierung entgrenzt und universalisiert natürlich die gruppenspezifische Mahnung. Rotkäppchen ist ein soteriologisches Modell, an dem der Weg des Menschen in das Heil Gottes demonstriert wird. Im Klartext: *Rotkäppchen – das sind wir alle.* In ihm sollen wir uns selber erkennen und verstehen. So analysiert, verschlingen sich in dieser Verkündigungserzählung vier Motive.

1. Da ist das Motiv der christlichen Diakonie. Im Hintergrund steht die paulinische Parainese, insbesondere Gal 6. Der Indikativ will zum Imperativ werden. Der Glaube wirkt durch die Liebe, und das Gesetz Christi erfüllt, wer des anderen Last trägt. Ausdruck dieses grundlegenden Zusammenhanges ist der Korb mit Brot und Wein, Symbol des zum Leben Notwendigen. Und es ist die subtile *parábasis,* die „Übertretung" Rotkäppchens, dieses Symbol durch Ergänzung von bloß Erfreulichem verfälscht zu haben. Nein, in der Sorge für das *Lebensnotwendige* und nur darin soll sich ganz konkret die *koinonía,* die solidarische Gemeinschaft mit der Großmutter gleichsam verleiblichen.

2. Das andere Motiv ist der Wolf als Symbol satanischer Bedrohung des menschlichen Heils. Feierliche Stellen belegen diese Sinndeutung: Mt 7, 15; 10, 16; Jo 10, 12; Apg 20, 29. Er bringt Rotkäppchen vom rechten Weg ab und lenkt ihre Aufmerksamkeit vom einzig Notwendigen weg – ein ganz typisch biblisches, ja neutestamentliches Motiv.

3. Das dritte Motiv ist das unheilsgeschichtliche Moment, ausgedrückt im Erfolg des Wolfes, die

diakonische Absicht Rotkäppchens und damit die kerygmatische Bedeutung ihres Handelns radikal in Frage zu stellen. So wird aus der Rotkäppchen-Geschichte gleichsam ein Abriß der Unheilsgeschichte. Der Mensch verweigert sich – seiner Meinung nach in bester Absicht – seinem göttlichen Auftrag und überläßt dem Widersacher Gottes das Feld. Es ist die Zeit der Langmut Gottes (vgl. Röm 2, 4; 3, 26), die es zuläßt, daß innergeschichtlich der Widersacher der Absicht Gottes zuvorkommt.

4. Das vierte Motiv ist das der endgültigen Zurechtbringung. Das Auftreten des Jägers hat messianische Bedeutung, sein Handeln überwindet das Unheil, der Unheilsbringer wird in den ewigen Tod gestürzt.

Diese kerygmatischen Motive bündeln sich im Zuge der theologischen Auslegung zu einer Gesamtinterpretation, einer Beobachtung und einer Botschaft.

Die Gesamtinterpretation: Die Rotkäppchen-Geschichte ist das komplementäre, soteriologische Modell zu dem vom leidenden Gottesknecht. Um dem naheliegenden Einwand gleich vorzubeugen: Wenn wir schon überhaupt mit echten Jesusworten außerhalb der kanonischen Überlieferung rechnen, warum sollen wir dann ausschließen müssen, daß es auch weitere authentische soteriologische Interpretamente über die in den kanonischen Schriften hinaus geben kann? Die Komplementarität besteht darin, daß der Gottesknecht für die stellvertretende Übernahme der Schuld durch Jesus steht, also sozusagen die harmartiozentrische Dimension des Erlösungsgeschehens repräsentiert, während Rotkäppchen für die Eröffnung neuen Lebens in der Solidarität aller steht: der Begüterten mit den Armen, der Gesunden mit den Kranken, der Jungen mit den Alten, der Frauen mit den Männern. Kein Zweifel, diese positive Dimension des Erlösungsgeschehens ist im Laufe der Christentumsgeschichte immer wieder zu kurz gekommen, besonders in einer – nicht Luther selbst anzulastenden – enggeführten lutherischen Tradition. Insofern ist es nicht ohne theologiegeschichtliche Tragik, daß der so notwendige Gegenakzent, den die Rotkäppchen-Geschichte gerade in ihrer kerygmatisierten Version bereithält, durch die Kontingenzen der Kanonbildung keine nachhaltige Wirkungsgeschichte entfalten konnte.

Die Beobachtung: Stößt man erst einmal in solches Neuland der Forschung vor, dann kann wohl nicht lange unbeachtet bleiben, daß die Geschichte auch ein deutliches Wort zur Frauenfrage sagt. Darauf kann hier leider nicht andeutungsweise genauer eingegangen werden – das muß einer eigenen Reflexion vorbehalten bleiben. Nur soviel: Kaum zufällig sind die positiven Hauptfiguren allesamt Frauen. Der Vater bleibt völlig im Schatten: er dürfte höchstens den Wein geerntet und gekeltert haben. Die Fladen hat unstreitig die Mutter gebacken. Ganz gegen den Zeitgeist wird die Tochter, nicht ein Sohn auf den gefährlichen Weg geschickt, und das Ziel ist wiederum eine Frau. Und der Jäger? Seine Funktion kommt ja über die Funktion eines Hilfsdienstes zum Leben gar nicht hinaus. Er spiegelt also eher ein fernes Licht vergangenen Matriarchates, ähnlich wie Gen 2, 24, wonach der *Mann* die eigene Familie verläßt, um in die der Frau einzutreten, nicht umgekehrt.

Die unbedeutende Rolle des Mannes verstärkt sich schließlich im Blick auf *die Botschaft.* Der Schluß der Erzählung hat klar mythologischen Charakter. Auch hier gilt Bultmanns bekannter Satz abgewandelt: Wir können nicht elektrisches Licht und Radioapparate benutzen und daran glauben, daß zwei Menschen unversehrt aus dem Bauch eines Wolfes herausgeholt und in dieses Leben zurückgeführt werden. Auch erweist die unverkennbare Verwandtschaft mit der Jona-Geschichte in dieser Hinsicht Rotkäppchen als eine sekundäre Bildung. Sollte die Geschichte einen historischen Kern haben, so ist schmerzlicherweise davon auszugehen, daß die Großmutter und das Mädchen tatsächlich von dem Wolf zerrissen wurden. Wie man es auch wendet: Rotkäppchen ist buchstäblich in das neue Leben der *anderen* in christlicher Eigentlichkeit hinein errettet worden. Des Jägers bedurfte es dazu nur aus Gründen der Schlüssigkeit der Erzählung – was seine obsolete Nebenbedeutung erhellt. Auf diesen Umstand hat Henning Petersen schon vor Jahren in einem subtilen Essay hingewiesen.

Damit ist nun die Botschaft der Rotkäppchen-Geschichte klar: *Rotkäppchens Sache geht weiter!* Die Geschichte ist – als soteriologisches Modell – ein Interpretament, ja ein Kompendium biblisch-gläubiger Existenz. In ihr erkennen wir Zuspruch und Anspruch, Gabe und Auftrag, Indikativ und Imperativ, Kerygma und Parainese, kurz: den Wandel vom Alten zum neuen Äon, in den wir versetzt werden. So kann der Neutestamentler hier nur den erleuchteten Worten seines Kollegen von der Systematischen Theologie zustimmen, mit denen er die Botschaft der Rotkäppchen-Geschichte auf den Punkt brachte (siehe oben): „So zeigen Rotkäppchen und die Großmutter sich als paradigmatische Figuren jener die Zeit und Geschichte transzendierenden Sinntotalität des Menschen, in der Tod und Leben, Leiden und Freude, Untergang und Auferstehung, Handeln und Empfangen, Freiheit und Gnade, Kerygma und Mythos, Existenz und Essenz, Individualität und Sozialität dialektisch miteinander vermittelt und paradox identisch sind, jener Sinntotalität, die im Dunkel menschlichen Fragens erahnt, im Hell-Dunkel des Glaubens *er*griffen, in der Taghelle systematisch-theologischer Reflexikon aber allererst umfassend *be*griffen wird."

Zu welcher Taghelle der Neutestamentler aber, wie diese Untersuchung beweist, seinen gewichtigen Beitrag leistet!

Rotkäppchen – feministisch-theologisch

„... daß die Geschichte (von Rotkäppchen) auch ein deutliches Wort zur Frauenfrage sagt" – meint der Kollege vom Neuen Testament am Ende seines Rotkäppchen-Kommentars hervorheben zu sollen (vgl. den vorangehenden Beitrag gegen Schluß). Das ist die typische Anbiederung des Patriarchen, der mit der Zeit gehen, aber dennoch Patriarch bleiben will. Feministische Theologinnen werden nicht darauf hereinfallen. Die Rotkäppchen-Geschichte ist nicht *ein* Wort zur Frauenfrage, sie ist *das* Wort zur Frauenfrage!

Der Vater bleibe ganz im Hintergrund – meint der Neutestamentler? Rotkäppchen stammt aus einer völlig vaterdominanten Familie. Der Jäger als Helfer zum Leben? Daß der Patriarch doch einfach nicht darauf verzichten kann, immer nur von *seiner* „Leben" spendenden Bedeutung zu faseln! In Wahrheit ist gerade die Figur des Jägers, wie sich noch zeigen wird, verfälschende patriarchale Redaktion der ursprünglich ganz anders ausgehenden Geschichte. Und der Wolf als Inbegriff des Bösen? Welche Diffamierungen hat das friedliche, umweltfreundlich kranke und verendete Tiere beseitigende Geschöpf nicht schon alles zu erdulden gehabt! Der Wolf als Inbegriff des Bösen – das sind Männerphantasien, die nur eine Absicht haben: das Feindbild des Mitgeschöpfs festzuhalten, wo dieses dem Mann-Menschen das alleinige Verfügungsrecht über die gute Schöpfung streitig macht. Nein, es war alles ganz anders. Die Geschichte von Rotkäppchen ist – im unverfälschten historischen Kern wie in ihrer literarischen Gestalt – die Geschichte der Frauen-Emanzipation.

Rotkäppchen entstammte also einem vaterdominanten Elternhaus – wie im Spätmittelalter, die Zeit des historischen Kerns der Geschichte, nicht anders zu erwarten war. Schon der Name „Rotkäppchen" ist patriarchale Verharmlosung durch den Redaktor. Das Mädchen zeigte sich natürlich nur „züchtig" verschleiert – um bei niemanden die Habgier auf das „Kleinod" des Vaters zu wecken. Darum ließ der Vater die Tochter auch nie allein aus dem Haus. Ihre Stellung in der Familie entsprach der Männerhierarchie mit der aus den Untersuchungen von Corinna Dahlroth und Rosa Elisabeth Amsel bekannten Abfolge: Mann – erbberechtigter Sohn – andere Söhne – Ehefrau – Töchter – Knechte bzw. Gesellen – Mägde.

Nun ist es für Mittelalter-HistorikerInnen eine bekannte Tatsache, daß es das ganze Mittelalter hindurch immer wieder Frauen gab, die ungeachtet der herrschenden und von den meisten Frauen auch internalisierten Frauendiskriminierung immer wieder die erstaunlichsten intellektuellen Durchbrüche durch die herrschende Ideologie und praktischen Ausbrüche aus den herrschenden Unterdrückungsstrukturen zuwege brachten. Und dies nicht etwa mit den sprichwörtlichen „Waffen einer Frau", also ihren „männermordenden" Verführungskünsten, wie sich die Übertölpelten dann gern herausreden, sondern durch die ursprüngliche Überlegenheit ihrer Einsicht und kreativen Kraft. So auch bei Rotkäppchen. Eines Tages, als der Mann gerade einmal außer Hauses war und die Söhne und Knechte nicht zuhören konnten – gottlob war das „Frauenzimmer" denn doch für die Männer tabu! –, rief die Mutter ihre Tochter zu sich und besprach mit ihr einen raffinierten Plan. Sie sollte unter dem Deckmantel eines Werkes der Barmherzigkeit die Großmutter besuchen und mit ihr sozusagen einen „Drei-Generationen-Plan" zur Frauenbefreiung ausarbeiten. Dem Vater sagte sie, die Großmutter sei krank und bedürfe aus Gründen des 4. Gebotes der Hilfe. Deshalb müsse Rotkäppchen ihr mit nahrhaftem Bio-Brot – was denn sonst in der vorindustriellen Welt des Mittelalters! – und frisch gekeltertem Wein eine Stärkung überbringen, da sie sich zur Zeit selbst nicht helfen könne. Den Einwand, es sei doch sicherer, wenn einer der Söhne sich auf den Weg mache, versuchte die Mutter mit dem nicht eben durchschlagenden Argument zu entkräften, es handle sich doch um *ihre* Mutter, um Rotkäppchens Großmutter mütterlicherseits. (Man muß hier wissen: Was die männliche Kirchengeschichtsforschung nicht herausgefunden hat, vgl. oben *Rotkäppchen – kirchengeschichtlich,* das nachzuweisen ist der Frauenforschung gelungen: Es handelte sich um die Großmutter mütterlicherseits). Den Vater überzeugte dieses Argument natürlich nicht, und er bestand darauf, daß Rotkäppchen den, wie er meinte, gefährlichen Weg in Begleitung des kräftigsten der Brüder antreten sollte. Die Mutter stimmte zu – mit einem vom Vater unbemerkten Augenzwinkern zu Rotkäppchen hin.

So machten sich also Rotkäppchen und ihr Bruder auf den Weg. Auf dem unvermeidlichen Weg durch den Wald begegnete ihnen ein Wolf. Und hier ist nun eine methodische Zwischenbemerkung erforderlich. An dieser Stelle beginnt in der literarischen Überlieferung der Geschichte die redaktionelle Verfälschung im Interesse des Patriarchats. *Spätestens* hier. Denn natürlich war sie auch schon vorher im Spiel. Aber bis hierhin kam der Redaktor noch mittels bloßen Weglassens wichtiger (oben geschilderter) Details. Ab hier aber muß er direkt verfälschend eingreifen und die Geschichte wahrheitswidrig umschreiben. Es ist der historischen Frauenforschung, vor allem ihrer Protagonistin, Lisa Göss-Homme, erst in jüngster Zeit gelungen, durch Anwendung literarkritischer Methoden, wie sie aus der biblischen Exegese geläufig sind, die ursprüngliche Gestalt der Geschichte zu rekonstruieren und die redaktionelle Bearbeitung als das zu entlarven, was sie ist: Fälschung. Es ist nach allen Erfahrungen mit der männlichen Wissenschaft kein Wunder, daß dies erst so spät gelang. Und doch ist es ein wunderbares Beispiel, wie die Patriarchen am Ende mit ihren eigenen Waffen geschlagen werden können.

Rotkäppchen und ihr Bruder begegneten also dem Wolf. Für Rotkäppchen hatte das gar nichts Erschreckendes. Als Frau hatte sie sich trotz des frauenfeindlichen gesellschaftlichen Kontextes ihre innere Harmonie mit ihren Mitgeschöpfen bewahren können. Umgekehrt führte auch der Wolf nichts Böses im Schilde – er wollte sich einfach mit Rotkäppchen unterhalten. Anders reagierte der Bruder. Typisch Mann, wurde er erst von Panik ergriffen, dann erwachte seine Aggressivität. Er nahm den erstbesten abgebrochenen Ast vom Boden und ging auf den Wolf los. Das Tier, wehrloser, als man ihm gemeinhin zutraut, ergriff die Flucht, um eine Hoffnung auf mitgeschöpfliche Kommunikation ärmer.

Immerhin, mit genau dieser Reaktion hatte Rotkäppchen gerechnet – und so auch die augenzwinkernde Mutter genau verstanden. Sie nutzte die kurze Abwesenheit des Bruders, der hinter dem Wolf her war, um ihn abzuschütteln und ihren Weg allein fortzusetzen. Zunächst pflückte sie noch eine Reihe von Heilkräutern – und nutzte dabei das Geheimwissen weiser Frauen, das ihr ihre Mutter mitgeteilt hatte und das dank der Stupidität der Männer nie durch die Türen des „Frauenzimmers" gedrungen war. Dann setzte sie ihren Weg fort und langte wohlbehalten bei der Großmutter an. Der Wolf war auch schon bei ihr – er lag friedlich und von der Großmutter mit Resten ihrer Mahlzeit versorgt, neben ihrem Sessel. Rotkäppchen überbrachte ihre Geschenke und besprach mit der Großmutter den „Drei-Generationen-Plan". Der sah vor, zu gegebener Zeit mit der Unterstützung von Frauen aus allen drei Generationen die patriarchalen Strukturen der Gesellschaft (und der Kirche) zuerst zu verunsichern – durch feministisch-theologische Basisarbeit –, dann zu unterlaufen – durch Eindringen in berufliche Männerdomänen, getreu dem alten (vorfeministischen!) Stichwort vom „Marsch durch die Institutionen" –, und schließlich zu stürzen durch Wiedererrichtung des Matriarchates. Frauen und Töchter mochten die Männer vielleicht noch kleinhalten können. Der geballten Wucht dreier Generationen würden sie nicht standhalten können. Der Wolf hörte dieser Strategie-Debatte aufmerksam zu und dachte sich sein Teil in Erinnerung an seine Auseinandersetzung mit Rotkäppchens Bruder. Anschließend hielt man ein Festmahl, bei dem ganz selbstverständlich auch der Wolf zu Gast war.

Und die Sache mit dem Jäger, der angeblich Rotkäppchen und die Großmutter dem Bauch des Wolfes entrissen hat? Nun, sie hat einen historischen Kern – der aber durch den Redaktor bis zur Unkenntlichkeit entstellt wurde. Kurze Zeit nämlich, nachdem Rotkäppchen sich auf den Weg gemacht hatte, gelang es auch der Mutter, in einem unbewachten Moment das Haus zu verlassen. Als Rotkäppchen und die Großmutter gerade ihre Konferenz abgeschlossen hatten, stieß die Mutter zu ihnen und wurde mit lautem Hallo begrüßt. Nach Hause zurückzukehren, hatte sie natürlich nicht vor. Sie wollte mit Mutter und Tochter auf ihre Stunde warten.
Der Vater aber suchte tagelang vergeblich nach seiner Frau. Auf den naheliegenden Gedanken, sie könnte bei der Großmutter sein, kam er nicht. Seine Vorstellungen waren vielmehr typisch männlich: Entweder war sie auf dem Weg des Ehebruchs – oder sie war in ein Kloster eingetreten. Als er sie einfach nicht mehr fand, starb er vor Gram. Er – nicht die beiden Frauen – war der Leidtragende dieser Geschichte. War es auch ein verdientes Schicksal, so kann man doch einen Anflug von Mitleid nicht unterdrücken: Warum war es denn unmöglich, zu einer neuen Gemeinschaft

von Frauen und Männern zu finden? Aber nein! Der *Redaktor* weist der männlichen Nachwelt den Weg aus der Klemme: Der Mann sucht – und wird zum Erlöser der Frauen!
In Wahrheit aber leben Rotkäppchen, ihre Mutter und die Großmutter in den heutigen Frauen noch immer. Sie *leben* „Gott" in ihrer heilen Beziehung – wozu Dorothea Söllinger, Carter Heyman und Elisabeth Schüssling-Firenze das Nötige gesagt haben. Und wenn die Stunde kommt – und sie ist schon da –, dann treten sie aus ihrer Verborgenheit heraus und künden der Welt die alte und neue Frohbotschaft von der Gottheit der biblisch-christlichen Überlieferung, die sich den *Frauen* offenbart hat.

Rotkäppchen – ein bischöfliches Hirtenwort

Liebe Schwestern und Brüder in Christus!

Viele Christinnen und Christen unserer Tage, wer wüßte es nicht, leiden daran, daß Glaube und Kirche in der Welt von heute zunehmend an Einfluß und Bedeutung verlieren. Säkularismus, Liberalismus und Individualismus in unserer Gesellschaft, die unser Heiliger Vater, Papst Johannes Paul II., in seinen Apostolischen Schreiben der letzten Jahre anzuklagen nicht müde wird, verführen die Menschen immer mehr dazu, nur noch sich selbst zu suchen. Besitz, Erfolg, Gewinn, Karriere und eine falsch verstandene Selbstverwirklichung sind zu den höchsten Gütern geworden. Weil aber Gott, Jesus Christus, Religion, Kirche, christliches Leben sich nicht in bare Münze und Aktienkurse umrechnen lassen, stirbt die Frage danach ab, werden die Menschen verhärtet gegenüber dem Anruf aus der unsichtbaren Wirklichkeit Gottes. Vor unseren Augen und Ohren greift jener praktische Atheismus und Materialismus um sich, von dem das Zweite Vatikanische Konzil in der Pastoralkonstitution „Über die Kirche in der Welt von heute" ge-

radezu prophetisch vorausgesagt hat: Menschen „nehmen die Fragen nach Gott nicht einmal in Angriff, da sie keine Erfahrung der religiösen Unruhe zu machen scheinen und keinen Anlaß sehen, warum sie sich um die Religion kümmern sollten" (Art. 19). Wir Christen, die wir nicht von Gott lassen wollen, gelten dann als altmodisch, verschroben, als Menschen von gestern. Wo ist das herausfordernde Glaubenszeugnis, liebe Schwestern und Brüder, das die „religiöse Unruhe" weckt, wo sie nicht vorhanden ist, und ihr das rechte Ziel weist, wo sie aufgebrochen ist?
Da kommt uns nun ein Ereignis zu Hilfe, das ich nicht zögere, eine Gabe des Heiligen Geistes zu nennen, der der Kirche beisteht bis ans Ende der Welt (vgl. Mt 28,20; Joh 16,13–15). Sie alle haben in den letzten Wochen in den Medien die ausführlichen Berichte über die Tat einer jungen Christin gelesen, gehört oder gesehen, die exemplarisch ihren christlichen Glauben in jeglicher Hinsicht bezeugt und uns vorgelebt hat. Ich meine jenes junge Mädchen, das – zum Schutz ihrer Anonymität – als „Rotkäppchen" bezeichnet wird. Die Botschaft ihres christlichen Zeugnisses läßt sich in drei Kernsätzen zusammenfassen, die ich Ihnen in diesem „Hirtenwort zur österlichen Bußzeit" zur Besinnung vorlegen möchte.

1. „Glaubwürdig ist nur die Liebe"

Dieses Wort des verstorbenen, von unserem Heiligen Vater besonders hochgeschätzten Theologen Hans von Melchior könnte wie eine Überschrift über dem stehen, was Rotkäppchen getan hat. Glaubwürdig war zunächst die Liebe zu ihren Eltern. Nicht gezwungen, sondern buchstäblich in der Freiheit der Kinder Gottes, das heißt aus Liebe, folgte sie der Weisung von Vater und Mutter, der Großmutter den Dienst der Liebe zu erweisen. Dies war darum nicht nur eine Tat der Liebe zu ihrer Großmutter, sondern auch und zuerst eine Tat des Gehorsams im Sinne des 4. Gebotes: Du sollst Vater und Mutter ehren. Ja, eines heroischen Gehorsams! Denn er war nur zu leisten aufgrund der Tugend der Tapferkeit, die das junge Mädchen aufbringen mußte, um allein durch den Wald zu gehen. Wer erinnert sich denn nicht durch aktuelle Fernsehsendungen, wie gefährlich solche einsamen Wege durch den Wald heute sind? Die nötige Tapferkeit, die die natürliche Angst überwindet, konnte Rotkäppchen nur aufbringen durch ein grenzenloses Gottvertrauen, das ihr eine unerschütterliche Hoffnung auf den Gott einpflanzte, der uns verheißen hat, daß wir unter seinen Flügeln sicher geborgen sind (Ps 36,8; 91,4).

Sodann aber galt ihre Liebe der Großmutter. Daß sie ihr etwas zu essen und zu trinken bringen wollte, ist keineswegs eine Banalität. Unsere Gesellschaft ist so altenfeindlich, wie sie kinderfeindlich ist, und so ahnen wir oft nicht mehr, wie mühsam es für alte Leute werden kann, sich etwas zu essen und zu trinken herzurichten. Rotkäppchen hat zusammen mit ihren Eltern die elementare Voraussetzung der Liebe erfüllt, über die wir auch mit unseren evangelischen Schwestern und Brüdern trotz aller immer noch trennenden Unterschiede zwischen unseren Kirchen vollständig einig sind: Sie hat sich in die *wirkliche* Not des Nächsten, in diesem Falle der Großmutter, hineingedacht und hineingefühlt und dann entschieden in die Tat umgesetzt, was der Not der Großmutter wirklich aufhalf. Sie hat zudem alles noch in einer ansprechenden Weise hergerichtet und verpackt, weil sie wußte – ohne dazu einer tieferen theologischen Theorie zu bedürfen -, daß Menschen untereinander nicht nur materielle Güter, sondern auch Zeichen der Liebe brauchen, die zweckfreien Gesten und Symbole, die nichts anderes ausdrücken wollen als: Ich bin dir in Liebe zugetan, ich will, daß du dich freust, oder mit den Worten des großen Kirchenlehrers Thomas von Aquin: Ich will dir in Freundschaft verbunden sein (vgl. Summa Theologiae, II-II 23,1).

So sehen wir: Rotkäppchen hat dadurch ihren Glauben so überzeugend vorgelebt, daß sie eine ganze Reihe wesentlicher christlicher Tugenden verwirklichen mußte und zu verwirklichen wußte, bevor sie überhaupt einen Schritt aus dem Elternhaus hinaus tat.

2. Liebe ist immer gefährdet

Wir haben nun alle erfahren müssen, daß es Rotkäppchen nicht vergönnt war, den Königsweg der Tugenden unbehelligt zu Ende zu gehen. Ja, *eine* Tugend hat sie, wenn auch verzeihlich in ihrem zarten Alter, vermissen lassen: die Tugend der Klugheit. Gemäß der Weisung des Herrn „Seid klug wie die Schlangen und arglos wie die Tauben" (Mt 10,16) weiß die christliche Klugheit zu unterscheiden zwischen den richtigen und den falschen Mitteln zum Ziel. Das Ziel ihres christlichen Handelns war Rotkäppchen leuchtend klar. Aber ihre kindliche Unerfahrenheit machte es ihr trotz der eingegossenen Tugend der Gottes- und Nächstenliebe, der Mutter aller Tugenden (vgl. Katechismus der Katholischen Kirche, Nr. 1826–1827), unmöglich zu bemerken, daß vom vorgezeichneten Wege abzuweichen, und wäre es auch um eines Blumenstraußes willen, nicht der rechte Weg zum Ziel sein konnte. Wer will es freilich dem jungen Ding verargen, daß es von dem Wunsch beseelt war, die Zeichen der Liebe noch durch einen Strauß von Blumen aus Gottes schöner Natur zu ergänzen und zu krönen? Rotkäppchen fand sich in einem echten Gewissenskonflikt, in einer Güterabwägung, der es noch nicht gewachsen sein konnte. Die Liebe war dadurch gefährdet, insofern Rotkäppchen ängstlich werden konnte, sich noch einmal auf den Mut zur Liebe einzulassen.

Mit diesem sittlichen Fehlverhalten, gleichsam als dessen Rückseite, war ein anderes Versagen unmittelbar verbunden: die Selbstüberschätzung. Auch sie ist zwar verzeihlich, denn sie entsprang nicht einen bewußten Willen, die Tugend der Demut hintanzustellen, wie das bei einem erwachsenen Christen zu vermuten wäre. Nein, auch hier war eher kindliche Unerfahrenheit im Spiel. Wir sehen daran: Auch unter der Herrschaft der Liebe sind nicht automatisch alle Tugenden zugleich gegeben. Liebe ist gefährdet, weil sie ein Leben lang lernen muß und dabei auch Fehler macht.

Immerhin mußte auch Rotkäppchen später, als alles doch noch ein glückliches Ende genommen hatte, ihr Gewissen erforschen, ob sie es nicht an der auch in ihrem Alter schon möglichen Aufmerksamkeit hat fehlen lassen. Jede Gewissensentscheidung – Sie wissen es, liebe Schwestern und Brüder! – entspringt der aufmerksamen Prüfung, auf welche Weise die durch das Lehramt der Kirche verkündete, sittliche Norm in gegebener Situation anzuwenden ist. Die darauf gerichtete Aufmerksamkeit ist darum Teil der Klugheit. Diese kann als oberste unter den praktischen Tugenden unsere Gewissensentscheidungen nur leiten, wenn wir in der notwendigen Aufmerksamkeit auf die Erfordernisse der Situation nicht nachlassen. Fehlende Aufmerksamkeit da, wo sie erforderlich wäre, ist darum eine Sünde gegen die Klugheit. Darum muß auch das kindliche Gewissen in einer ihm gemäßen Weise schon dazu herangebildet werden, es an der Aufmerksamkeit, die ihm schon möglich ist, nie fehlen zu lassen. Ich zögere nicht, dies einen integralen Bestandteil der christlichen Erziehung zu nennen, zu der sich Eltern bei der Trauung und die Paten bei der Taufe verpflichtet haben. Wie sollen wir sonst hoffen dürfen, einstmals erwachsene Christinnen und Christen zu haben, die mit der heute in Kirche und Welt so notwendigen Tugend der christlichen Klugheit ausgerüstet sind?

Die Folgen ihrer Unaufmerksamkeit hatte Rotkäppchen zunächst selbst zu tragen. Zwar müssen wir uns vor dem allzu eilfertigen Fehlschluß hüten, Gott selbst habe unverzüglich Rotkäppchens Versagen gestraft. Welch ein Bild von unserem Gott, der doch ein Gott der Liebe ist (vgl. 1 Joh 4,16), wenn wir annehmen müßten, er habe Rotkäppchens kindliche Unklugheit und Unerfahrenheit gleich mit dem Tode bestraft! Und vor allem: Wofür hätte er denn auch die Großmutter bestrafen sollen? Nein, gerade hier beginnt überdeutlich jene, so möchte ich es einmal formulieren, übernatürliche Bedeutung des Ereignisses, durch die es zu jenem Glaubenszeugnis, ja zu jenem großartigen „Erweis des Geistes und der Kraft" (1 Kor 2,4) wird, von dem ich eingangs sprach. Denn eben darin kommen Rotkäppchens Glaubenszeugnis und Gottes Antwort zusammen. Dies will unser dritter Kernsatz zusammenfassen:

3. *Liebe ist stärker als der Tod*

Daß Rotkäppchens verzeihliches, ja unvermeidliches Versagen zunächst mit dem Übergriff des unersättlichen Wolfes endete – zuerst gegenüber der Großmutter, sodann gegenüber der Enkelin –, ist so unbegreiflich, daß der Unglaube hier vor lauter unlösbaren Rätseln steht. Doch wer an Gott glaubt, wird gleichsam auf den ersten Blick erwarten, daß auch hier entsprechend gilt, was der Herr im Johannesevangelium mit den Worten ausdrückt: „Es sollen die Werke Gottes offenbar werden an ihm" (Joh 9,3). Nicht als ob Rotkäppchens Liebe, sofern sie eine *menschliche* Tat ist, den Tod überwindet! Aber es sollte „offenbar" werden, wie *Gott* sich an denen, die selbstlos lieben, als rettende Liebe erweist und darin uns zeigt, daß auch unsere menschliche Liebe selbst noch in ihrem Versagen immer schon getragen ist von der alles durchherrschenden Liebe Gottes.

Und noch eines wird uns in diesen Ereignissen zum Nachdenken aufgegeben: Gott handelt in seinem Werk der Rettung nicht ohne uns Menschen.

Es bedurfte des Jägers, damit die Rettung aus dem schon unabwendbar scheinenden Tode geschehen konnte. Wie unser Herr Jesus Christus von Gott dem Blindgeborenen über den Weg geschickt wurde, damit, wie wir hörten, „die Werke Gottes an ihm offenbar werden" sollten, so schickte er der bedrängten Großmutter und dem wehrlosen Kind den Jäger über den Weg. So ist es Gottes weise Anordnung: In der Nachfolge Jesu sollen wir Menschen anderen Menschen in Gottes Namen zu Hilfe eilen. Und noch eines: Nicht von ungefähr wird der *Jäger* zum Retter, nicht irgendein beliebiger Mensch! Was will ich damit sagen? Es bedurfte des *sach- und fachkundigen* Helfers – guter Wille allein reichte hier nicht. Unsere Bereitschaft zur Hilfe bedarf der Sachkunde – bedarf, um noch einmal daran zu erinnern, der Klugheit und Aufmerksamkeit, nicht nur des guten Gefühls.

Beides, die rettende Hilfe und die Klugheit, die sie erst wirksam macht, ist – und mit diesem Gedanken möchte ich diese Besinnung zur österlichen Bußzeit schließen – auch von einer weitreichenden ökumenischen Tragweite. Wie Sie wissen, hat unser Heiliger Vater in seiner Ökumene-Enzyklika *Ut unum sint* („Auf daß sie eins seien") von 1995 den Fortschritt der ökumenischen Beziehungen zu unseren nicht-katholischen Schwesterkirchen an die Spitze seiner Anliegen gestellt, nicht zuletzt im Hinblick auf das kommende Heilige Jahr 2000.

Das Glaubenszeugnis und die Lehre aus den Ereignissen um Rotkäppchen zeigen nun eine ganz einzigartige Konvergenz, eine Übereinstimmung zwischen der Lehre unserer katholischen Kirche und der Lehre unserer evangelischen Schwesterkirchen. Martin Luther, dessen 450. Todestages im Jahre 1996 auch die katholische Kirche mit tiefem Respekt gedacht hat, war zutiefst davon durchdrungen, daß der reine Glaube sich immer im guten Werk erweisen, ja, wie er wörtlich gesagt hat, in ihm „Fleisch annehmen" muß. Ebenso hat er immer wieder den Satz gewagt, daß wir im guten Werk unserem Nächsten „ein anderer Christus werden". Und schließlich hat Luther darauf gedrungen, daß unsere guten Werke *wirklich* gute Werke sein müssen, also solche, die dem Nächsten wirklich dienen und helfen – was wiederum Sachkenntnis und Aufmerksamkeit voraussetzt. Nicht zuletzt durch die Arbeit katholischer Lutherforscher sind diese Zusammenhänge in den letzten Jahrzehnten herausgearbeitet und unterstrichen worden. Dadurch wurde ein ganz unsinniger Vorwurf, den man in der katholischen Kirche lange Zeit gegen die evangelische Lehre erhoben hatte, endlich gegenstandslos gemacht, der Vorwurf nämlich, die evangelische Lehre vom reinen Glauben begünstige die sittliche Gleichgültigkeit.

Wenn ich also eingangs davon sprach, daß die Ereignisse um Rotkäppchen eine Gabe des Heiligen Geistes an die Kirche sind, so muß und darf ich dies nun ergänzen: Es ist ein Geschenk an die Ökumene. Wir alle sind in dieser österlichen Bußzeit aufgerufen, im Geiste dieses Geschenkes uns um die neue Gemeinschaft unter den getrennten Kirchen zu bemühen und unablässig daran weiterzuarbeiten, daß im Lichte des Handelns Gottes an Rotkäppchen und seiner Großmutter auch die verbleibenden Gegensätze zwischen den Kirchen überwunden werden.

Dazu gebe uns Gott seinen Segen. Und zum Zeichen dieser Hoffnung wünsche ich Ihnen allen eine gesegnete österliche Festzeit und erteile Ihnen meinen bischöflichen Segen.

† *Clemens*
Bischof von Weiterstadt

Rotkäppchen – wissenschaftlich überhaupt

Es war einmal[1] eine kleine süße Dirne, die hatte jedermann lieb, der sie nur ansah, am allerliebsten aber ihre Großmutter, die wußte gar nicht, was sie alles dem Kinde geben sollte.[2] Einmal schenkte sie ihm ein Käppchen von rotem Sammet, und weil ihm das so wohl stand, und es nichts anders mehr tragen wollte, hieß es nur das Rotkäppchen.[3] Eines

[1] „Es war einmal" ist die typische Eingangsformel des deutschen Hausmärchens. – Die folgende Textfassung ist die der „Kinder- und Hausmärchen" von Jakob und Wilhelm Grimm nach der ersten Ausgabe von 1812–1816, ausgewählt und mit einer Einführung versehen von Karl Rauch (Märchen europäischer Völker Bd. IV), Hamburg–Gütersloh–Stuttgart–Wien–Darmstadt o. J.

[2] Den der patriarchalen Tradition der Aufklärungszeit und der Romantik verpflichteten Editoren wohl unbewußt, ist hier ein versteckter Hinweis auf ursprüngliche matriarchale Sozialstrukturen auch im germanischen Raum stehengeblieben. Vgl. dazu neuerdings Alexander Mitscherleicht, Die mutterlose Gesellschaft, Frankfurt am Main 1974, 1023–1467.

[3] Rotkäppchen ist die hochdeutsche (also Hannoveraner Dialekt-)Form des Diminutivs von Rotkappe. Das *chen* entspricht dem Bayerischen *erl,* dem schwäbischen *le,* dem alemannischen *li,* dem fränkischen *ele,* dem böhmischen

Tages sprach seine Mutter zu ihm: „Komm, Rotkäppchen, da hast du ein Stück Kuchen und eine Flasche Wein, bring das der Großmutter hinaus; sie ist krank und schwach und wird sich daran laben.[4] Mach dich auf, bevor es heiß wird und wenn du hinauskommst, so geh hübsch sittsam und lauf

---

(und österreichischen) *'l,* dem kölnischen *sche,* dem niederländischen *je* und dem norddeutsch-plattdeutschen *ken.* Die Hauptfigur unseres Märchens heißt also auf Bayerisch „'s Rotkapperl", auf Schwäbisch „'s Rotkäpple", auf Alemannisch „'s Rotkäppli", auf Fränkisch „'s Rotkäppele", auf Böhmisch/Österreichisch „'s Rotkäpp'l", auf Kölsch „et Rotkäppsche", auf Niederländisch „het Rootkappje" und auf plattdeutsch „dat Rotkäppken". Vgl. zu den komplizierten linguistischen Zusammenhängen das Standardwerk von Horst Axelmann, Das Diminutiv in den Weltsprachen. Unter besonderer Berücksichtigung des neutestamentlichen Griechisch und der deutschen Märchensprache, Athen-Hamburg 1988, bes. §§ 17–21. Dort weitere Spezialliteratur.

[4] Der naive Hinweis auf Kuchen und Wein als Medizin gegen Krankheit und Schwachheit läßt den vorneuzeitlichen Ursprung der Geschichte erkennen. Da zudem Paulus laut 1 Tim 5,23 seinem Schüler Timotheus empfiehlt, Wein gegen Magenerkrankungen zu trinken, ist in der integren christlichen Gesellschaft das Vertrauen auf diese Weisung ebenso selbstverständlich wie die Gewißheit der Schöpfung in sieben Tagen. Von sinnvoller Zweckrationalität modernen Zuschnitts zeugt die Ideenwelt der Mutter selbstverständlich nicht. Vgl. dazu Klaus-Gabriel Kodaillé, Lust und Last der Zweckrationalität. Eine Untersuchung im Anschluß an Sören Kierkegaard, Hamburg–Hofgeismar 1991.

nicht vom Weg ab: sonst fällst du und zerbrichst das Glas, und die Großmutter hat nichts. Und wenn du in ihre Stube kommst, so vergiß nicht, guten Morgen zu sagen, und guck nicht erst in alle Ecken herum."[5]

„Ich will schon alles gut machen", sagte Rotkäppchen zur Mutter und gab ihr die Hand darauf.[6] Die Großmutter aber wohnte draußen im Wald, eine halbe Stunde vom Dorf. Wie nun Rotkäppchen in den Wald kam, begegnete ihm der Wolf.[7] Rotkäppchen aber wußte nicht, was das für ein böses Tier war, und fürchtete sich nicht vor ihm.[8]

---

[5] An dieser Stelle ist die repressive Struktur der (mutmaßlich) spätmittelalterlichen Familie und ihre zerstörerische, Angst erzeugende, Vertrauen verhindernde Wirkung auf die kindliche Psyche unübersehbar. Vgl. dazu die analytisch und therapeutisch gleich geniale Interpretation von Edmund Dräuermann, Das unbekannte Rotkäppchen. Psychogramm einer Kindertragödie, Paderborn 1992 – eine Untersuchung, die bereits weltweite Diskussionen ausgelöst hat.

[6] Der hanseatische Gestus des bekräftigenden Handschlags darf nicht zu voreiligen Schlüssen auf den „Sitz ihm Leben" der Geschichte verleiten. Zuviele Indizien sprechen gegen einen norddeutschen Ursprung der Geschichte. Vgl. dazu weiter oben die erleuchteten Darlegungen des Kirchenhistorikers.

[7] Vgl. auch dazu Dräuermann, a.a.O. 280–364 (Das Wolf-Symbol – Archetyp des angsterzeugten und angsterzeugenden Über-Ich).

[8] Es ist in der Forschung heftig umstritten, ob hier, mit der älteren Auffassung, an Paul Tillichs „träumende Un-

„Guten Tag Rotkäppchen", sprach er. „Schönen Dank, Wolf." – „Wo hinaus so früh, Rotkäppchen?"[9] – „Zur Großmutter." – „Was trägst du unter der Schürze?" – „Kuchen und Wein: gestern haben wir gebacken; da soll sich die kranke und schwache Großmutter etwas zu gut tun und sich

---

schuld" zu denken ist, oder, mit jüngeren interdisziplinären Untersuchungen, an das ferne Echo eines holistischen Weltbildes und der Harmonie des Menschen mit seinen „älteren Geschwistern", den Tieren. Die jüngere These besteht auf der Grundeinsicht: Wie die Menschen, so die Tiere. M.a.W.: Der Wolf ist nur „ein böses Tier", weil die Menschen ihn für ein solches halten, ihn dadurch zu einem solchen machen und dann entsprechend reagieren – *vermeintlich* „re"-agieren, müßte man präzisieren, denn in Wahrheit ernten sie nur, was sie gesät haben. Es ist selbstverständlich an dieser Stelle unmöglich, diese lebhafte Debatte entscheiden zu wollen.

[9] Man beachte den signifikanten Hinweis auf die Tageszeit – von der bisher nicht die Rede war! Da die Großmutter nur eine halbe Stunde vom Dorf entfernt wohnt, steht die Wissenschaft vor dem Problem, ob anzunehmen sei, daß – da ja Rotkäppchen die Großmutter „laben" soll – die Großmutter schon am frühen Vormittag Wein zu sich zu nehmen gewohnt war, was nur durch Alkoholismus zu erklären wäre, oder ob sich hier verschiedene Schichten redaktioneller Bearbeitungen anzeigen. Angesichts der pädagogischen Absicht des Märchens ist das letztere anzunehmen, da ein pädagogisch engagierter Erzähler kaum die ansonsten Vertrauen erweckende Gestalt der Großmutter als Alkoholikerin dargestellt hätte. Völlig im Dunkeln bleibt dann aber die Intention der pädagogisch so unsensiblen späteren Bearbeiter!

damit stärken."[10] – „Rotkäppchen, wo wohnt deine Großmutter?" – „Noch eine gute Viertelstunde weiter im Wald, unter den drei großen Eichbäumen, da steht ihr Haus, unten sind die Nußhecken, das wirst du ja wissen", sagte Rotkäppchen. Der Wolf dachte bei sich: „Das junge, zarte Ding, das ist ein fetter Bissen, der wird noch besser schmecken als die Alte: du mußt es listig anfangen, damit du beide erschnappst." Da ging er ein Weilchen neben Rotkäppchen her; dann sprach er: „Rotkäppchen, sieh einmal die schönen Blumen, die rings umherstehen, warum guckst du dich nicht um? Ich glaube, du hörst gar nicht, wie die Vögelein so lieblich singen? Du gehst ja für dich hin, als wenn du zur Schule gingst, und ist so lustig haussen in dem Wald."[11] Rotkäppchen

---

[10] Vgl. die Hinweise in Anm. 4!

[11] Der ganze, mit dem Vorwurf des Wolfes abschließende Dialog ist ein typisches Märchenelement, für das die sogenannte „märchengeschichtliche Schule" der Märchenforschung – die natürliche Gegnerin des durch Edmund Dräuermann repräsentierten psychoanalytischen Ansatzes – den Begriff der „virtuellen projektiven Transformationsextrapolation" geprägt hat. „Virtuell", weil der Dialog zu seiner eigenen Zeit nur der Möglichkeit nach abläuft und erst später durch die erinnernde Erzählung verbale Gestalt bekommt; „projektiv", weil er innere Gefühle und Ängste als äußeres Geschehen imaginiert und dieses für Realität nimmt; „Transformation", weil der Dialog ursprünglich der Dimension der Empfindung zugehört und erst sekundär in Worte und Begriffe transformiert wird, und „Extra-

schlug die Augen auf, und als es sah, wie die Sonnenstrahlen durch die Bäume hin und her tanzten, und alles voll schöner Blumen stand, dachte es: „Wenn ich der Großmutter einen frischen Strauß mitbringe, der wird ihr auch Freude machen; es ist so früh am Tag, daß ich doch zu rechter Zeit ankomme"[12], lief vom Wege ab in den Wald hinein und suchte Blumen. Und wenn es eine gebrochen

---

polation", weil die innere Realität im Medium der transformativen Projektion nun tatsächlich eine Quasi-Außenrealität wird, die ihrerseits handlungsleitend auf das innere Geschehen zurückwirkt – wie ja der Fortgang der Geschichte beweist. Im Licht dieses Begriffs lassen sich durch genaue Beobachtungen am Text (der Eifer der Informationshäufung zur Selbstbeschwichtigung, am Ende das unterstellte gemeinsame Wissen mit dem Wolf usw.) die ursprünglichen Gefühle und Ängste auf seiten von Rotkäppchen rekonstruieren. Vgl. dazu umfassend Fulko Steven Sky, Projective Reality. A Key Notion to the Analysis of Fairy-Tales, London–New York–Disney Land 1985.

[12] Im Unterschied zum vorangehenden „Dialog" handelte es sich bei diesem „Gedanken" Rotkäppchens um einen normalen „inneren Monolog" – „normal" deshalb, weil er in manchen Gleichnissen Jesu ebenso begegnet wie im klassischen deutschen Drama. Er scheint geradezu ein Stilelement der europäischen Kultur zu sein, das auf deren Introvertiertheit und Selbstbezogenheit hinweist. Vgl. Francois Vougénot, Le monologue interne depuis les paraboles des Jésus jusqu'au drame classique allemand. Une étude diachrone socio-psychologique de la culture Européenne, Paris–Lausanne 1984.

hatte, meinte es, weiter hinaus stände eine schönere, und lief darnach und geriet immer tiefer in den Wald hinein.[13] Der Wolf aber ging geradeswegs nach dem Haus der Großmutter und klopfte an die Türe. „Wer ist draußen?" – „Rotkäppchen, das bringt Kuchen und Wein, mach auf." – „Drück nur auf die Klinke", rief die Großmutter, „ich bin zu schwach und kann nicht aufstehen."[14] Der

---

[13] Zu beachten ist hier – wie auch schon in der missionswissenschaftlichen Fassung der Rotkäppchen-Geschichte zum Ausdruck kam –, daß die Blumen, trotz ihrer poetischen Beschreibung, nicht so sehr als Zimmerschmuck, sondern vor allem als Heilkräuter „Freude machten". Das könnte die gewisse Redundanz von Rotkäppchens Bemühungen um immer mehr Blumen erklären, denn in den damaligen Zeiten vorwissenschaftlicher Pharmazie mußte Quantität die Qualität ersetzen.

[14] Es könnte so scheinen, als ob wir im Dialog Großmutter–Wolf einem erneuten Beispiel der in Anm. 11 erläuterten virtuellen projektiven Transformationsextrapolation gegenüberstehen. Doch dem ist nicht so, und zwar aus zwei Gründen: Einmal sieht die Großmutter den Wolf ja nicht, kann also auch keine Ängste hegen und sie projektiv-verbalisierend verarbeiten. Zum anderen ist die Wirkung des Dialogs, anders als bei Rotkäppchen, nicht eine im Inneren verbleibende psychische Bewegung, die zusammen mit ihrem Anlaß Gegenstand der projektiven Verbalisierung wäre, sondern ein Ereignis in der physischen Außenwelt: Die Tür springt auf – wie sogleich deutlich wird. Wir haben es hier also mit einer in ihrem ursprünglichen Vorgang nicht mehr rekonstruierbaren, aber realen non-verbalen Kommunikation und ihrem performativen

Wolf drückte auf die Klinke, die Türe sprang auf, und er ging, ohne ein Wort zu sprechen, gerade zum Bett der Großmutter und verschluckte sie.[15] Dann tat er ihre Kleider an, setzte ihre Haube auf, legte sich in ihr Bett und zog die Vorhänge vor.[16]

Gehalt zu tun – die Verbalisierung stammt von einem Außenstehenden, vermutlich dem später auftretenden Jäger, nicht vom Subjekt des Geschehens. Die Forschung spricht daher in diesem Fall von einer realen non-verbal-performativen Dialogpotentialität; vgl. Sky, a.a.O. 547–761.

15 „Ohne ein Wort zu sprechen" – auch unter der märchenhaften literarischen Ausgestaltung verrät sich wie in einem unwillkürlichen Reflex die Realität, daß Tiere natürlich dadurch vom *homo sapiens sapiens* wesentlich unterschieden sind, daß sie der Sprachfähigkeit ermangeln. Im übrigen ist der Bericht nach Abzug einiger märchengemäßer Überhöhungen durchaus glaubhaft, wenn man veranschlagt, daß ausweislich der Gräberfunde die körperliche Akzeleration noch nicht eingesetzt hatte, die Menschen mithin klein waren, die kranke Großmutter zudem als schmächtige Person zu denken ist, während die Tiere die evolutionsgeschichtliche Reduktion ihres Körperwuchses – man denke zum Vergleich an die Reduktion des Dinosauriers zur Eidechse – noch vor sich hatten. Ein damaliger Riesenwolf konnte also durchaus einen schmächtigen alten Menschen zuzüglich eines kleinen Kindes „verschlingen".

16 Sind die Überlegungen in Anm. 15 stichhaltig, dann kann der Fortgang des Textes nur als literarische Stilisierung gewertet werden. Die Kleider der Großmutter können dem Wolf nicht gepaßt haben, und dieser nicht in deren Bett. Vermutlich verwickelte sich der unpäßliche Wolf hoffnungslos in den Stoffarrangements des großmütter-

Rotkäppchen aber war nach den Blumen herumgelaufen, und als es so viel zusammen hatte, daß es keine mehr tragen konnte, fiel ihr die Großmutter wieder ein, und es machte sich auf den Weg zu ihr.

Es wunderte sich, daß die Türe aufstand, und wie es in die Stube trat, so kam es ihm so seltsam darin vor[17], daß es dachte: „Ei[18], du mein Gott, wie ängstlich wird mir's heute zu Mut, und ich bin sonst so gerne bei der Großmutter!" – Es rief: „Guten Morgen", bekam aber keine Antwort. Es ging zum Bett, zog die Vorhänge zurück: Da lag die Großmutter und hatte die Haube tief ins Gesicht gesetzt und sah so wunderlich aus.[19]

---

lichen Schlafzimmers – was die spätere Verwunderung Rotkäppchens zusätzlich erklären würde.

[17] Aha! Vgl. Anm. 16.

[18] Älterer deutscher Ausruf des Erstaunens, auch des Spottes und der Mahnung (was aber hier ausscheidet). Nicht zu verwechseln mit dem französischen „Ai" = Ausruf des spontanen Schmerzes (deutsch: „Au!"). „Ei" ist in diesem Sinne synonym mit dem ebenfalls älteren „O", englisch/amerikanisch „Oh", altgriechisch „idoú", lateinisch „ecce!", italienisch „ecco!", indianisch „Howgh!", neu-studentendeutsch „Super!" im Sinne von „Affengeil!"

[19] Zu beachten ist, daß Rotkäppchen den Wolf nur instinktiv ahnt, aber nicht rational erkennt! Das erklärt die eigenartige Spannung zwischen deutlichem, nämlich sehr reale Angst erzeugendem Gefühl und blindem, die Realität abwehrendem Verstand – in der Nebenabsicht des Erzählers zweifellos ein Symbol der ewigen *conditio humana*

„Ei[20], Großmutter, was[21] hast du für große Ohren!" – „Daß[22] ich dich besser hören kann." – „Ei, Großmutter, was hast du für große Augen!" – „Daß ich dich besser sehen kann." – „Ei, Großmutter, was hast du für große Hände!" – „Daß ich dich besser packen kann." – „Aber Großmutter, was hast du für ein entsetzlich großes Maul!" – „Daß ich dich besser fressen kann."[23]

(etwa: Wesensbefindlichkeit des Menschen). Nur Leserinnen und Leser dürfen sich schon „aufgeklärt" fühlen – wie die Zuschauer eines Kriminalfilms, bei dem diese schon klüger sind als die Ermittler auf der Leinwand.

20 Vgl. Anm. 18.

21 „Was … für" ist eine altertümliche Variante für „warum … so" – inzwischen auch umgangssprachlich eingebürgert.

22 In Kombination mit „was … für" eine immer noch grammatisch falsche Formulierung für „damit". Grammatisch korrekt, nämlich im Sinne eines Konsekutiv-Satzes, nur in Verbindung mit „warum … so".

23 Für den neuerlichen Dialog zwischen Rotkäppchen und dem Wolf gelten im Prinzip die Erläuterungen in Anm. 11. Freilich mit zwei gewichtigen Unterschieden. Erstens: Rotkäppchens Fragen sind, dem Erzählduktus zufolge, echte – und begreifliche, vgl. Anm. 16! – Fragen, nur die Antworten des Wolfs sind „projective reality" (Sky). Zweitens: Die Abfolge der Fragen und Antworten anhand der Organausstattung des menschlichen Subjektes mit der auch in der Formulierung sich anzeigenden dramatischen Zuspitzung bei der letzten Frage soll offenbar nicht nur Rotkäppchens Projektionen verbalisieren, sondern zugleich die sich steigernden Triebansprüche des Wolfs repräsentieren, sozu-

Kaum hatte der Wolf das gesagt, so tat er einen Satz aus dem Bette und verschlang[24] das arme Rotkäppchen.

Wie[25] der Wolf sein Gelüsten gestillt hatte, legte er sich wieder ins Bett, schlief ein und fing an, überlaut zu schnarchen.[26] Der Jäger[27] ging eben

---

sagen seine non-verbalen Projektionen im Medium von Rotkäppchen transformierender Extrapolation. Es kommen also in geglückter literarischer Steigerung Rotkäppchens virtuelle projektive Transformationsextrapolation, seine inneren Monologe sowie die non-verbalen, aber mittels menschlicher Intervention transformablen Projektionen des Wolfs zusammen. Die Forschung hat für diese Synthese den Begriff der „rationalen symbiotischen Repräsentation" geprägt. Womit u.a. dies bewiesen ist, daß Projektionen keineswegs der Realität und Realität setzende Potentialität entraten müssen – wie der Fortgang der Berichtes sogleich ausweist.

[24] Vgl. Anm. 15.

[25] Kinder-Umgangsdeutsch im Sinne von „als". Allerdings nicht ohne beträchtliche Legitimationsbasis im lateinischen „ubi" = sobald als. Weshalb bei diesem Gebrauch von „wie" an humanistischen Gymnasien von einer Verunsicherung der SchülerInnen abzuraten ist!

[26] Die beiden letzten Sätze bilden den tragischen Höhepunkt der Geschichte, dem nach den Regeln des klassischen Dramas die Wende zum Guten folgen muß – hier eingeleitet durch das „satirische Moment": dem Schnarchen des Wolfes, das zugleich den Fortgang de Handlung inauguriert.

[27] Warum nicht, *ein* Jäger? Wir müssen aus dieser Nuance schließen, daß es damals schon die Vorform des heutigen beamteten Försters mit Jagdmonopol gab.

an dem Haus vorbei und dachte: „Wie die alte Frau schnarcht, du mußt doch sehen, ob ihr etwas fehlt." Da trat er in die Stube, und wie er vor das Bette kam, so sah er, daß der Wolf darin lag. „Finde ich dich hier, du alter Sünder", sagte er, „ich habe dich lange gesucht."[28] Nun wollte er seine Büchse anlegen, da fiel ihm ein, der Wolf könnte die Großmutter gefressen haben und sie wäre noch zu retten: schoß nicht, sondern nahm eine Schere und fing an, dem schlafenden Wolf den Bauch aufzuschneiden.[29] Wie er ein paar Schnitte getan hatte, da sah er das rote Käppchen leuchten, und noch ein paar Schnitte, da sprang das Mädchen heraus und rief: „Ach, wie war ich erschrocken, wie war's so dunkel in dem Wolf seinem Leib!"[30] Und dann kam die alte Großmut-

---

28 In diesem Satz ist die ganze Katastrophe der interanimalischen Relation zwischen Mensch und Wolf zusammengedrängt. Diese Katastrophe ist mit sicherem methodischen Zugriff aufgearbeitet bei Hermann Piscator, Der Wolf – dein Freund und Begleiter. Geschichte einer Katastrophe unter besonderer Berücksichtigung der Theologie Friedrich Schleiermachers, 2 Bde. Kiel–Hamburg–Heidepark 1981/86. Vgl. auch die Erhebungen des Kirchenhistorikers im Beitrag: *Rotkäppchen – kirchengeschichtlich.*

29 Die Bemerkung erweist nicht nur die Geistesgegenwart, sondern auch die hohe handwerkliche Kompetenz des Jägers. Denn hätte nicht schon der erste Schnitt den Wolf getötet, die Folgen für den Fortgang der Ereignisse wären unabsehbar gewesen!

30 Wie man sieht, hat Rotkäppchen die Projektions- und

ter auch noch lebendig heraus und konnte kaum atmen.[31] Rotkäppchen aber holte geschwind große Steine, damit füllten sie dem Wolf den Leib, und wie er aufwachte, wollte er fortspringen, aber die Steine waren so schwer, daß er gleich niedersank und sich totfiel.[32]

Da waren alle drei vergnügt[33]; der Jäger zog dem Wolf den Pelz ab und ging damit heim, die

---

Extrapolationsvorgänge immer noch nicht durchschaut: Es mißversteht den Aufenthalt im Bauch des Raubtiers als ein Beleuchtungsproblem.

31 Die Lebenserfahrung der Großmutter und ihre Vertrautheit mit den Gefahren des Waldes duldete keine Illusionen: Sie begriff das wahre Problem, nämlich die nur begrenzten Ressourcen an Atemluft! Nachvollziehen kann das unschwer, wer einmal in einem verschlossenen Lift stecken geblieben ist! Zugleich belegt die Bemerkung den engen zeitlichen Rahmen des Geschehens. Der Wolf muß wirklich *sofort* ins Scharchen verfallen sein, und der Jäger muß, von freundlicher Fortuna geführt, *sofort* beim Haus der Großmutter aufgetaucht sein. Was wiederum a posteriori das Übermaß des wölfischen Triebanspruchs ausweist.

32 Offenbar ein literarischer Pleonasmus zur dramaturgischen Absicherung des guten Ausgangs der Geschichte! Denn wie wir zwingend in Anm. 29 gezeigt haben, muß der Wolf schon tot gewesen sein. Auf die logische Inkonsistenz weist auch der Umstand, daß der Wolf erst gar nicht springen, demnach also *nicht* sich „totfallen", sondern eben nur „niedersinken" konnte – was eine Todesfolge schwer verständlich macht.

33 Die Wortwahl „vergnügt" beschwört eine alte Kostbarkeit der deutschen Sprache. „Vergnügt" sein heißt „genug",

Großmutter aß den Kuchen und trank den Wein, den Rotkäppchen gebracht hatte, und erholte sich wieder, Rotkäppchen aber dachte: ‚Du willst dein Lebtag nicht wieder allein vom Wege ab in den Wald laufen, wenn dir's die Mutter verboten hat.'[34]

sein „Genügen" haben im Sinne erlangter Sinntotalität des Lebens, um mich mit den Worten des Kollegen von der Systematischen Theologie auszudrücken. Gemeint ist also das genaue Gegenteil von „Vergnügen" = Zerstreuung und Amusement. Noch die Sprache der Barockzeit hütete den kostbaren Schatz dieses Wortes. Man denke an Johann Sebastian Bachs Kantate „Ich habe genug!" Die Formulierung der Rotkäppchen-Geschichte bringt uns hier in dramatischer Weise das Phänomen des Sprachverfalls zu Bewußtsein. Im gefüllten Sinne kommt das Wort „genug" nur noch in theologischen Sprachspielen vor, wenn von der „Genugsamkeit" der Schrift die Rede ist – und auch dafür steht mehrheitlich schon das Fachwort „Suffizienz".

34 Rotkäppchen hat später diese vom Erzähler insinuierte Schlußfolgerung indirekt bestätigt: Sie bekam gar keine Gelegenheit mehr, ihre Standhaftigkeit hinsichtlich ihres guten Vorsatzes auf die Probe zu stellen. Vgl. dazu ihren Bericht in: *Epilog im Himmel.*